Guy
Stern

Wir sind nur
noch wenige

 aufbau

# Guy Stern

# Wir sind nur noch wenige

*Erinnerungen
eines hundertjährigen
Ritchie Boys*

Aus dem Amerikanischen
von Susanna Piontek

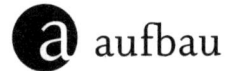

Die Originalausgabe erschien 2020 unter dem Titel
*Invisible Ink. A Memoir*
bei der Wayne State University Press, Detroit.


Redaktion: Heinz Starkulla jr.


Mit 39 Abbildungen im Bildteil

ISBN 978-3-351-03943-1

Aufbau ist eine Marke der Aufbau Verlage GmbH & Co. KG

1. Auflage 2022
© Aufbau Verlage GmbH & Co. KG, Berlin 2022
Für diese Ausgabe © Guy Stern, 2021
Einbandgestaltung Anzinger und Rasp, München
Satz Greiner & Reichel, Köln
Druck und Binden CPI books GmbH, Leck, Germany
Printed in Germany

www.aufbau-verlage.de

Gewidmet meiner Frau Susanna Piontek,
geliebter Gefährtin im Leben,
kluger Beraterin und Schriftstellerkollegin

# INHALT

# VORWORT

Nachdem ich den unwiderruflich letzten Satz dieser Autobiographie in ihrer ersten, der englischen Fassung beendet hatte, dachte ich über einen passenden Titel nach. Drei kamen in die engere Wahl. Einer beschrieb Ereignisse, die meinem Leben immer wieder eine neue Richtung gaben – und davon gab es reichlich. Nur wenige dieser Vorkommnisse waren vorhersehbar. Ich nannte sie »Zufallsbegegnungen«, und für eine Weile dachte ich, mein Buch würde diesen Titel tragen.

Ich nenne hier nur eine Auswahl an Ereignissen, die diesen Titel so passend erscheinen ließen, um die Berg- und Talfahrt meines Lebens zu beschreiben; dazu gehören zahlreiche Zufallsbegegnungen mit Fremden, die an verschiedenen Wendepunkten auftauchten: Als ich 15 Jahre alt war, rettete mir die Begegnung mit einem gütigen amerikanischen Konsul das Leben. Meine Familie wurde ermordet, nachdem ein engstirniger Rechtsanwalt in St. Louis ihre Rettung vereitelte. Nach Ende des Zweiten Weltkrieges wurden meine Pläne durcheinandergewirbelt. Eines der seltenen Treffen mit einem meiner militärischen Vorgesetzten, der im Zivilleben als Ressortleiter für die *New York Times* arbeitete, brachte mich nach New York. Ein kurzes Telefonat förderte den Aufenthaltsort eines lange vermissten Cousins zu Tage. Meiner Frau begegnete ich nur, weil man sie in letzter Minute überredet hatte, einen meiner Vorträge zu besuchen. Einen bis dahin unbekannten Zweig ihrer Familie machte ich ausfindig, indem ich mich eines Nachts in der Schweiz nahe Locarno verlief. Als ich diese Autobiographie schrieb, holten mich ferne Kriegserinnerungen ein, ausgelöst durch die Zufallsbegegnung mit einem britischen Gentleman, der früher in Bristol gelebt hatte: Wie wir die größte Invasion in der Geschichte vorbereiteten, tauchte in allen Einzelheiten wieder in meiner Erinnerung auf. Anders als Einstein meint, würfelt Gott – oder ist es das Schicksal? – vielleicht doch.

Eine andere Titelidee lautete: »Von Leben, Leid, Liebe und Literatur«, daran gefiel mir vor allem der wohlklingende Stabreim. Während meines langen und ereignisreichen Lebens bin ich von vielen Weggenossen überreich mit Liebe beschenkt worden. Für viel zu kurze Zeit überwiegend von Eltern und Geschwistern. Mein Leid lässt sich mit dem Holocaust und dem viel zu frühen Tod meines Sohnes Mark und meiner Frau Judy zusammenfassen. Was die Literatur angeht, so tauchte ich schon als Kind in die Bücherwelt ein. Ich wurde Professor für Literatur, und Literatur hielt mich auch als Emeritus fest im Griff. Sprache war die Leidenschaft meines Lebens und Rettungsring zugleich. Die Fähigkeit, mit Worten zu überzeugen, hat sich mein ganzes Leben hindurch in gefährlichen Situationen als hilfreich erwiesen. Zum Beispiel gelang es mir während meiner Zeit als Dekan in den 1960er Jahren, einen eskalierenden Studentenaufstand zu beruhigen, indem ich an die Vernunft der Protestierenden appellierte. Viele Jahre zuvor, 1937, stand ich vor einem US-amerikanischen Konsularbeamten und bat ihn um ein Visum für Amerika als Zufluchtsort. Damals 15 Jahre alt, stammelte ich die richtigen Antworten auf seine Fragen in leidlichem Englisch, erhielt den nötigen Stempel in meine Papiere und entging dadurch dem Schicksal meiner Großmutter und meiner Eltern und Geschwister – sie alle kamen im Holocaust um.

Immer war mir Sprache Stütze und Inspiration, Arbeit und Muße, Leitstern und Liebe. Neue Wörter haben mich stets fasziniert: Als Kind saugte ich sie auf wie ein Schwamm und brachte manchmal die Erwachsenen mit meinem reifen Wortschatz aus der Fassung. Die Besitzer der Zigarrengeschäfte in meiner Vaterstadt Hildesheim, die wir Kinder unaufhörlich wegen Sammelbildern nervten, verscheuchten meine Spielkameraden meistens barsch aus ihren Läden. Aber mich hörten sie oft an, wahrscheinlich, weil meine gehobene Ausdrucksweise sie amüsierte. Und so landeten etliche der begehrten Karten mit Bildern von Autos, Tieren, Länderflaggen und Städten in meinen Alben.

Zwei Quellen speisten meinen unersättlichen Appetit auf sprachliche Leckerbissen: Zum einen las ich mich quer durch alle Regale und verschlang alles von Cowboygeschichten bis zu deutschen Klassikern. Aber wichtiger noch waren die beständigen Gespräche mit meiner Mutter. Mein Deutsch ist im wahrsten Sinne des Wortes meine Mutter-Sprache. Sie war eine unerhört kluge Frau mit einem unfehlbaren Gespür für das richtige Wort. In unserer ganzen weitverzweigten Familie war sie die Gelegenheitsdichterin. Anlässlich meiner Bar Mizwa stellte sie ein umfangreiches Gedichtalbum zusammen, in dem sie liebevoll die Eigenheiten aller Abendgäste – und es waren einundzwanzig – aufs Korn nahm. Auch mich verschonte sie nicht: »Zigarrentabak schmeckt auch aus der Pfeife.« Ich hatte einmal eine der Zigarren, die mein Vater für Kunden bereithielt, aufgedröselt und aus einer tönernen Spielzeugpfeife zu rauchen versucht.

Mein eigenes Bemühen, jemanden zu veräppeln, konnte viel zügelloser ausfallen, so bei der einzigen – und ziemlich beschämenden – Begegnung mit Ausländern in meiner Kindheit. Offenbar waren wir Hildesheimer wohl etwas provinziell und fremdenfeindlich. Eines Tages, ich war 14 Jahre alt, begegnete ich zwei jungen französischen Damen, die elegant angezogen und sorgfältig geschminkt waren. Sie überquerten den Marktplatz vor der St.-Andreas-Kirche. Eine beträchtliche Anzahl von Jugendlichen und Erwachsenen umkreiste sie wie Satelliten. Noch nie hatten wir geschminkte Frauen gesehen, und darum ließen wir um die Wette witzige (nein, ehrlich gesagt: dämliche) Kommentare los. Ich selber bot den Damen meinen Malkasten an. Wenn ich an diesen Jugendstreich zurückdenke, färbt sich mein Gesicht röter, als das Rouge auf den Wangen der beiden armen Französinnen. Aber mein Sprach-Gusto wurde bei dieser Gelegenheit befriedigt. Eine der Damen antwortete mit einem Ausdruck, den ich im Französischunterricht noch nicht gehört hatte. »Ta gueule«, sagte sie zu mir. Als ich den Marktplatz verließ, dämmerte mir, was mir da energisch gesagt worden war: »Halt's Maul!« Natürlich war ich erst einmal betreten. Aber zuletzt war ich stolz wie Oskar: Ich hatte einen Ausdruck gelernt, der in meiner Französischstunde verpönt gewesen wäre. Nur ein Jahr später wurde ich wie meine jüdischen Mitbürger zum Ziel von Beleidigungen.

Als ich 14 Jahre alt wurde, nahmen meine Eltern mich zu Stücken für Erwachsene in unserem Stadttheater mit. Ich kann mich noch immer an vereinzelte Szenen erinnern, so aus einem Drama mit dem Titel *Onkel Bräsig*. Ich weiß noch, dass der Darsteller der Titelrolle immer dann aufs Hinterteil plumpste, wenn man es am wenigsten erwartete, und ich habe die komische Aufforderung behalten, die er dauernd seinem Freund an den Kopf warf: »Dass du die Nas' ins Gesicht behältst!« Ich begriff nicht, warum sich das Publikum an dieser Stelle vor Lachen ausschüttete. Aber da mag etwas Zweideutiges im Text oder im Spiel gewesen sein, das sich dem Verständnis des Vierzehnjährigen entzog.

Kein Zweifel, meine Besuche im Hildesheimer Stadttheater waren eine gute Vorbereitung für ein Leben als Literaturprofessor. Hätten meine Eltern weiterleben dürfen – sie wären stolz darauf gewesen, welchen Beruf ich ergriff und was ihre prägende Rolle dabei gewesen war. Das macht mich natürlich traurig, aber unendlich viel mehr quält es mich, wenn ich mir vorstelle, wie sie, die die deutsche Sprache liebten, ebendiese Sprache wahrscheinlich in den Momenten vor ihrem Tod durch

Mörderhand in ihrer niederträchtigsten Form zu hören bekamen. Ein Satz, den mein verstorbener Kollege Robert Kahn von der Rice-University prägte, drückt das kurz und bündig aus: »Ich hasse die Sprache, die ich liebe.«

Ich kann nur mutmaßen, wie meine Eltern oder mein Bruder Werner oder meine Schwester Eleonore »liquidiert« worden sind, um es im Nazi-Jargon zu sagen. Auch Werner wird wohl bei seinem Tod die geliebte und verhasste Sprache gehört haben. Es war das Todesurteil für ihn mitsamt seinen jugendlichen Traumvorstellungen. Als ich mich von dem knapp Elfjährigen verabschiedete, konnte ich seine Talente noch gar nicht ermessen. Aber vor Jahren erhielt ich den Brief eines mir unbekannten Arztes im Ruhestand aus dem Rheinland: »Ich war ein Klassenkamerad Ihres Bruders am Gymnasium Josephinum in Hildesheim. Ich muss Ihnen sagen, im Sport war Ihr Bruder eher linkisch. Aber immer, wenn unser Deutschlehrer wünschte, dass ein Gedicht vollendet vorgetragen werden sollte, rief er Werner auf. Er verhalf selbst schlechten Gedichten zu Glanz.« Mehr als 70 Jahre, nachdem ich meinen Bruder zum letzten Mal gesehen hatte, las ich diesen Brief voll Verzweiflung. Es scheint, dass Werner eine eindeutige Begabung hatte, die sich nie erfüllen durfte. Wir beide waren von unseren Eltern so sorgsam gefördert worden. Manchmal schäme ich mich dafür, der einzige Überlebende meiner unmittelbaren Familie zu sein – und somit der Einzige, der das Vermächtnis meiner Eltern fortführen kann.

Für die amerikanische Ausgabe dieses Buches entschied ich mich letztendlich für den Titel »Invisible Ink«, also »Unsichtbare Tinte«. Das muss ich erklären: Wenn es einen heftigen Einschnitt in meinem Leben gab, dann gewiss die Machtergreifung der Nazis 1933. Ich war damals elf Jahre alt. Als Ende Januar die bittere Nachricht ausgegeben wurde, dass ein Diktator und Demagoge nun unser Heimatland regieren würde, richtete mein Vater eine Ansprache an seine kleine Familie. Er hielt nur selten feierliche Reden. Als unverbesserlicher Optimist neigte er nicht zur Verzweiflung, aber er war auch nicht naiv. »Auf uns kommen schwere Zeiten zu«, sagte er. »In den nächsten Jahren wird es zwingend notwendig sein, keinerlei Aufmerksamkeit auf uns zu ziehen. Wer auffällt, fällt rein. Wir alle müssen sein wie unsichtbare Tinte. Bleibt unauffällig, bis wir wieder in Erscheinung treten und uns zeigen können, wie wir sind.«

Ich befolgte seinen Rat während der Jahre von 1933 bis 1937, die ich noch in Deutschland unter der Nazi-Herrschaft erlebte. Ja, selbst noch, nachdem ich in die USA gekommen war, das Land der Freiheit, konnte ich mich nicht davon lösen. Wenn man erst einmal eine Tarnkappe aufgesetzt hat, ist es schwierig, sie wieder abzunehmen. Das gelingt nur schrittweise. Einige wichtige Schritte sind mir in Erinnerung geblieben. Zum ersten Mal konnte ich die Tarnkappe einen Tag nach meiner Ankunft in den Vereinigten Staaten etwas lüften: Als wir auf der Bahnfahrt von New York nach St. Louis in Chicago umsteigen mussten, bummelten wir in der Wartezeit kurz durch die Stadt. Dabei kam ich zum Maxwell Market. Das war eine Art Flohmarkt, auf dem sich hauptsächlich jüdische Händler im Kaftan tummelten. Ihre freie und lockere Art, begleitet von gutmütigem, lautem Lachen, ließ mich zum ersten Mal ahnen, was das amerikanische Versprechen »Freiheit für alle« bedeutete. Noch ein Stück weiter konnte ich meine Tarnkappe während meiner Jahre an der Soldan High School in St. Louis absetzen. Da nahm mich einmal mein Sozialkundelehrer, »Doc« Bender, ein feinfühliger frommer Jude, kurz beiseite: »Ich freue mich, dass du über meine Scherze lächelst. Aber du darfst ruhig laut lachen, wie der Rest der Klasse auch.« Das merkte ich mir gut.

Langsam änderte ich mich, doch mir war bewusst, dass ich ein Stück weit immer noch etwas vortäuschte oder spielte, wenn ich mich als aufgeschlossener Teenager gab. Aber eine Woche vor meinem Abschluss an der Highschool im Juni 1939 wurde ich weit selbstbewusster. Ich konnte nicht zum Abschlussball gehen, weil ich an jenem Abend als Abräumkellner im Chase Hotel arbeiten musste. Der Ball fand ebenfalls im Chase Hotel statt, in einem der Säle direkt neben »meinem« Fiesta Grill. Ich brachte tatsächlich die Frechheit, Unverfrorenheit, Chuzpe auf, in Hilfskellner-Uniform in den Ballsaal zu marschieren. Das war mindestens so auffällig, als wäre ich im Sportleibchen meiner Highschool erschienen.

Meine Jahre in der Armee und als Hochschullehrer taten ihr Übriges. Sowohl ein Feldwebeldienstgrad als auch ein Dozent, der Erstsemester unterrichtet, sollte besser lebenszugewandt und durchsetzungsfähig sein. Und so verschwanden an mir die letzten Spuren »unsichtbarer Tinte«, die mein Vater mir als Überlebensmaxime eingebläut hatte. Oder doch nicht?

Nein: Der letzte Schritt war, dieses Buch zu schreiben. Ich neige zur Zurückhaltung, aber wenn man eine Autobiographie schreibt, kann man sich schlecht verbergen. Daher ist es in Ordnung, wenn ich mich auf den folgenden Seiten nicht an diese Ermahnung halte. Und ich hoffe inständig, dass kommende Generationen nicht unter einer Tyrannei leben müssen, die es erforderlich macht, wie unsichtbare Tinte zu sein.

Wenn ich mich aber selbst von den letzten Spuren dieser unsichtbaren Tinte dadurch befreien konnte, dass ich meine Lebenserinnerungen in englischer Sprache aufschrieb, dann erscheint es mir auch angemessen, die deutsche Übersetzung dieser Memoiren unter einem anderen Titel folgen zu lassen: »Wir sind nur noch wenige. Erinnerungen eines hundertjährigen Ritchie Boys«. Als ich 1943 mit Kameraden in Camp Ritchie, Maryland, auf einen Kriegseinsatz in Europa vorbereitet wurde, hätte ich mir nicht träumen lassen, dass wir »Ritchie Boys« so viele Jahrzehnte später einige Berühmtheit erlangen sollten. Dass erst spät über uns gesprochen wurde, lag auch an unserer Schweigepflicht über den Einsatz, an die wir nun nicht mehr gebunden sind. Meines Wissens gibt es von den ursprünglich etwa 15 000 Ritchie Boys (es waren kaum Frauen dabei) nicht einmal mehr 200. Wir sind in der Tat also nur noch wenige. Umso größer erschien mir die Verpflichtung, als einer der letzten Veteranen der Truppe Zeugnis abzulegen über ein außergewöhnlich langes, ereignisreiches Leben. Nach dem Krieg wurde ich Hochschullehrer und bewegte mich auf dem Campus so mancher amerikanischen und deutschen Universität. Als Germanist machte ich die Pflege der Exilliteratur zu meinem Herzensanliegen. Im Krieg wie im Frieden ließ Deutschland mich nicht los, auch nicht als amerikanischen Staatsbürger. Und ich hoffe, in meinem langen Leben zu einem Vermittler und Versöhner zwischen beiden Völkern geworden zu sein.

# KAPITEL 1

## Ein beinahe idyllischer Anfang

Im frühen zwanzigsten Jahrhundert galt die Entfernung, die die Heimatstädte meiner Eltern trennte – etwa 250 Kilometer –, als gewaltig. Die Orte lagen in einer ländlichen Umgebung, und der Weg zwischen ihnen war beschwerlich. Es überrascht mich selbst heute noch, wenn sich im Laufe eines Gesprächs, ob in den USA oder Deutschland, Erkennen in den Zügen meines Gegenübers spiegelt, wenn ich die Ortsnamen Vlotho in Westfalen oder Ulrichstein in Hessen erwähne. Vlotho, der Geburtsort meiner Mutter, breitet sich entlang der Weser aus. Nur eine Straßen- und eine Eisenbahnbrücke überspannten den Fluss; das ist immer noch so. Und Ulrichstein konnte sich, wie heute, der Tatsache rühmen, dass es »Hessens höchstgelegene Stadt« und sein Naturpark Hoher Vogelsberg eine »Grüne Lunge« sei.

Und doch trafen sich mein Vater und meine Mutter trotz Entfernung und Unzugänglichkeit, sonst hätte diese Chronik nicht das Licht der Welt erblickt. Ich könnte weder berichten, dass ich mit 14 die Weser durchschwommen, noch, dass ich den Vogelsberg erklommen habe, getrieben von väterlichem Ehrgeiz bezüglich meiner körperlichen Entwicklung.

Wie trafen sich denn Hedwig Silberberg, Tochter eines erfolgreichen Kaufmanns aus Vlotho, und Julius Stern, Sohn des Besitzers eines kleinstädtischen Bekleidungsgeschäfts? Mein Vater wurde von seinem älteren Bruder Hermann großgezogen, nachdem ihr Vater starb, als Julius erst zehn Jahre alt war. Zunächst besuchte er Klassen in der Dorfschule, ergänzt durch jüdischen Unterricht in einem Wohnhaus von 1849, gleich neben einem anderen Gebäude, damals und heute kurzerhand »Das Judenbad« genannt.

Papa wechselte später für zwei Jahre auf eine Oberschule in einer etwas größeren Stadt, zeigte aber wenig Neigung dafür. Die Grundlagen für seinen späteren Beruf erlernte er dadurch, dass er in dem Geschäft aushalf, das sein Bruder Hermann weiterführte. Er kannte sich aus mit Textilien! Ich wäre niemals eingedrungen in das geheimnisvolle Vokabular von Stoffen und Kleidungsstücken wie Beiderwand, Paletot und Schlüpfer, wenn mein Vater diese Ausdrücke nicht ständig benutzt hätte.

Für meinen Vater war die Mitarbeit bei seinem Bruder natürlich nur ein Anfang. Er brauchte mehr kaufmännische Erfahrung. Einer von Onkel Hermanns Geschäftsfreunden, ein Handelsreisender, wusste von einer offenen Gesellenstelle im Textilgewerbe im Kaufhaus Rüdenberg im malerischen Vlotho. Papa mochte den Ort, erzählte er mir, und seine spätere Position als Erster Verkäufer sagte ihm zu. Aber das war nicht der einzige Grund.

Hedwig war der Augenstern von Israel und Rebekka Silberberg. Sie hatten sehnsüchtig die Ankunft einer Tochter erwartet, nachdem ihnen in relativ schneller Folge drei stramme Jungen geboren worden waren. Hedwig und Julius trafen sich gewissermaßen über den Ladentisch hinweg: Meine zukünftige Mutter machte einen kleinen Einkauf bei Rüdenberg, und mein zukünftiger Vater bediente sie. Fotos bezeugen, dass sie ein glückliches, attraktives Paar waren, gut aufeinander eingespielt, doch uns Kindern haben sie nie von ihrer Romanze erzählt. Es wäre ihnen nicht im Traum eingefallen, über Intimes zu sprechen. Es war eine Zeit, in der der steife Kragen, den mein Vater an fünf oder sechs Tagen in der Woche trug, nicht nur ein Kleidungsstück war, sondern auch ein Symbol für soziale Tugendhaftigkeit. Jedenfalls lässt sich beweisen, dass das Treffen über den schicksalhaften Ladentisch hinweg ein glückliches Vorzeichen für die beiden darstellte: Kein halbes Jahr danach besaß mein Vater die Kühnheit, sich einem scheinbar unüberwindlichen Hindernis zu stellen.

Das Hindernis hieß Israel Silberberg. Mein ehrwürdiger Großvater war die Verkörperung eines deutschen Patriarchen, dessen Wort in der Folgezeit des Ersten Weltkriegs Gesetz war. Der Kaiser hatte abgedankt, doch die unanfechtbare Autorität der Familienoberhäupter blieb. Macht und Ansehen zierten nun diese kleinen Herrscher. Und da Macht kein Vakuum duldet, hatte nun in allen Familienangelegenheiten mein Großvater das Sagen. Der war zwar vom Temperament her ein kleinerer Tyrann als der Kaiser, aber sein Wille war dennoch Gesetz. Hatte er nicht seinen jüngsten Sohn Benno nach Amerika verbannt, als der Heranwachsende in seiner jugendlichen Aufsässigkeit frech geworden war? Und nun wollte mein künftiger Vater ihn um die Hand der Augapfel-Tochter bitten, die er erst einige Jahre zuvor auf eine Höhere Töchterschule geschickt hatte? Das war ein Schultyp der oberen Mittelschicht, in dem edle Fächer wie Kunst und Literatur mit Hauswirtschaftslehre kombiniert wurden. Soweit ich mich erinnere, lag Mutters Schule im nahe gelegenen Bielefeld. Ein Buch über Mädchenerziehung in dieser Zeit deutet darauf hin, dass solche Schulen nicht sehr anspruchsvoll waren. Unerschrocken trat mein Vater dem Patriarchen entgegen – und der gab tatsächlich seinen Segen zur Eheschließung. Zwei Jahre später erblickte ich das Licht der Welt im katholischen Krankenhaus von Hildesheim. Meine Begegnung mit dem Katholizismus setzte sich fort, als ich mein Studium an einer Universität der Jesuiten begann.

Diese einleitenden Sätze zu schreiben, war einfach: Ich konnte mich dabei auf die Schilderungen meiner Eltern, Verwandten und Freunde verlassen. Doch auf meine eigenen Erinnerungen zurückgeworfen, trat mir bald eine Erkenntnis wieder ins Bewusstsein, die Goethe vor mehr als 200 Jahren verkündet hat. Er bezeichnete seine Rückschau als »Fragmente einer großen Beichte«. Auch ich bedauere, wie zersplittert meine Erinnerungen mitunter ausfallen, und ich gebe zu, dass sie gelegentlich Geständnissen ähneln, die natürlich nie weit entfernt sind von Selbstreflexion. Und ein Geständnis gleich vorweg: Der Mörtel, der die Fragmente zusammenhält, besteht aus Vermutungen, Notbehelfen und Schlussfolgerungen.

Von Beginn an war das Leben meiner Eltern von unermüdlicher Arbeit geprägt. Und ihre Mühe zahlte sich aus – bis die Inflation zuschlug. Jahre später erzählte mir meine Mutter, wie es dabei zugegangen war: »Ich stand an der Tür, schon in Hut und Mantel, Einkaufstasche in der Hand, und wartete darauf, dass dein Vater nach Hause kam. Er rannte die Stufen herauf, drückte mir seinen Tagesverdienst in die Hand, und ich lief zum Markt. Nach einer Stunde wäre das, was dein Vater eingenommen hatte, schon nichts mehr wert gewesen.«

In schlechten wie in guten Jahren behielt meine Mutter ihre Sorgen für sich und auch mein Vater machte sich nur selten Luft. Wir drei Geschwister, geboren in Hildesheim, hatten nie das Gefühl, uns mangele es an etwas. Das lag unter anderem daran, dass meine Mutter einfache Speisen in Leckerbissen verwandeln konnte. Gelegentlich stellte sie mit Milch gefüllte Suppenteller ans Fenster, bis Sauermilch daraus geworden war. Sie fügte etwas Obst und eine Schicht Zucker hinzu, und das Saure und Süße vermischte sich zu einem hervorragenden Abendessen. Das gelang ihr ganz ohne einen modernen Kühlschrank, so, wie er heute selbstverständlich ist. Auch konnte sie kulinarische Hexereien allein durch Worte bewirken. Wenn mein Vater manchmal mit übrig gebliebenen Butterbroten von der Arbeit nach Hause kam, benutzte meine Mutter die märchenhafte Bezeichnung »Hasenbrot« dafür: Brot, das man einem Hasen abgejagt hatte. Mein Bruder und ich wetteiferten um solche Zauberhappen. Mit Liebe schmeckt alles.

Meine Eltern kämpften sich nach oben. Eine Anschaffung macht sichtbar, wie klein die Schritte waren, in denen sich ihr mühsamer Aufstieg vollzog: Als sie die Möbel für ihre Hildesheimer Wohnung kauften, gönnten sie sich nur einen bequemen Polstersessel. Beide liebten es, sich an Feiertagen in ihm auszuruhen – und so beschlossen sie, sich abwechselnd in seine einladenden Arme sinken zu lassen. Aber als Vaters Geschäft nach den Inflationsjahren einträglicher wurde, warfen sie wirtschaftliche Bedenken über Bord, kauften den gleichen Sessel noch mal und feierten ein Fest, als er geliefert wurde.

Selbstverständlich wurde 1938 das gesamte Eigentum meiner Familie, wie das aller Juden, von der Nazi-Regierung beschlagnahmt, und meine Familie wurde in ein sogenanntes Judenhaus abgeschoben. Shakespeare verdanken wir die poetische Bemerkung, dass »der, der meine Geldbörse stiehlt« (oder aber meine Sessel), »einen Dreck stiehlt«. Aber kann man das so gelassen sehen, wenn so viel Schweiß für die »bloßen« Gegenstände vergossen wurde?

Wenn ich unseren Wochenablauf rekonstruiere, kann ich heute ermessen, wie sehr meine Eltern sich abrackerten.

Papa stand als Erster auf, kurz vor sechs, Mutter ein paar Minuten später. Sie steckte die belegten Brote, die sie am Abend zuvor eingepackt hatte, in seine Manteltaschen, mahlte schnell einige sorgfältig abgezählte Kaffeebohnen und schenkte ihm ein Glas frisch gepressten Orangensaft ein. Lange bevor Säfte in Deutschland alltäglich wurden, hatte sie darüber gelesen, wie gesund das sei. Mein Vater trank den Saft und eine Tasse Kaffee zu seinem Marmeladenbrot und machte sich auf den Weg. Er nahm zwei Koffer mit, einen großen und einen kleinen, die mit Stoffmustern der Modesaison gefüllt waren. Diese Proben legte er Stammkunden wie auch möglicher neuer Kundschaft vor. Für die kleinen Töchter besonderer Kunden nahm er auch eine Reihe von Stoffmustern doppelt mit. Aus diesen »Puppenlappen« ließen sich elegante neue Kleider für die Puppengarderobe schneidern. Und schwer waren diese Koffer! Kurz bevor ich – nach den Regeln der jüdischen Religion – im Alter von 13 Jahren zum Mann wurde, wollte ich beweisen, wie männlich ich schon war. Aber ich fand heraus, dass ich jeden Muskel anspannen musste, um einen dieser Koffer auch nur ein paar Schritte weit zu tragen. Da halfen meine ganzen Turnübungen nicht. Vater, knapp fünfzigjährig, kleingewachsen, schleppte beide Koffer vier Stockwerke runter, drei Straßen weit zur nächsten Straßenbahnhaltestelle und weiter zum Bahnhof. Dort bestieg er einen Zug nach Elze, Gronau oder Nordstemmen – Ortschaften, die auch heute noch auf Karten des Landes Niedersachsen wenig Raum einnehmen. Ich begleitete ihn ein- oder zweimal während der Schulferien auf so einer Fahrt und hatte Schwierigkeiten, mit ihm Schritt zu halten, vor allem, wenn er von einem Bauernhof zum nächsten raste. Einmal schlug ich ihm vor, ein Auto zu kaufen. »Das würde unseren ganzen Gewinn verschlingen«, antwortete er. Was immer man auch sonst über die Weimarer Republik sagen kann – die Züge verkehrten erfreulicherweise pünktlich!

Vater kehrte in der Regel zwischen sechs und sieben Uhr abends nach Hause zurück, es sei denn, er war in Orten wie Gronau, wo er zahlreiche Kunden hatte. Dann übernachtete er in einer Pension. Ansonsten tauchte er kurz vor dem Abendessen bei uns auf. Werner und ich aßen dann zusammen mit unserem Dienstmädchen in der Küche, und unsere Eltern nahmen die Abendmahlzeit alleine ein. Es gab Suppe, Fisch, Kartoffeln und Gemüse, zubereitet nach ständig wechselnden Rezepten. Natürlich mussten sich beide nicht nur körperlich stärken, sondern auch geistig erholen. Mama hatte in der Zwischenzeit den Haushalt bewältigt, zwei Jungen gezähmt und ihre Hausaufgaben beaufsichtigt, und nicht zuletzt hatte sie sich um Kunden gekümmert, die während eines Stadtbummels bei uns vorbeischauten, anstatt die regelmäßige Ankunft unseres Vaters bei ihnen zu Hause abzuwarten.

Den Nachtisch durften wir gemeinsam mit den Eltern essen. Papa erkundigte sich, wie es uns in der Schule ergangen war, und dabei ging es nicht darum, ob sich meine Noten in Algebra verbessert hätten. Er wollte auch wissen, ob ich immer noch jeden Tag mit diesem garstigen Klassenkameraden Heuer raufte. Er zahle kein Schulgeld dafür, knurrte mein Vater, dass ich zwischen den Schulstunden Mitschüler verhaue oder von ihnen verhauen werde und mit einem blauen Auge heimkomme.

Nach dem Gottesdienst am Samstag erledigten Mama und Papa den Versandhandel des Geschäfts. Sie packten die Waren ein, die während der Woche bei Papa bestellt worden waren. Zu dritt trugen wir sie nach unten auf einen »firmeneigenen« Handwagen. Den zogen Vater und ich zu einem Gasthaus, das etwa eineinhalb Kilometer entfernt lag. Dort wurden die Pakete dem Fuhrmann ausgehändigt, der am Wochenende seine endlosen Runden zwischen Hildesheim und den umliegenden Dörfern vorbereitete. Er fuhr mit einem Pferdewagen umher, später bediente er sich der Pferdestärken eines Lastwagens. Anscheinend hatte er ein gutes Auskommen, weil er die Postgebühren unterbot. Das war natürlich auch der Grund, warum Papa ihm seine Pakete mitgab.

Sonntags unternahm Vater mit der Familie Ausflüge. Er folgte damit einem stadtweiten Brauch, und so wurden unsere Streifzüge immer wieder durch Begegnungen mit Nachbarn oder Mitgliedern der jüdischen Gemeinde unterbrochen. Werner und ich wurden mit Erwachsenen-Klatsch berieselt, den wir vor dem Einschlafen zu kapieren versuchten. Aber das Hauptvergnügen war die sonntägliche Kaffeestunde in einem der Cafés im Freien, am Ende eines strammen und ausgedehnten Spaziergangs durch den Park. Papa bestellte exotische Kuchen, zum Beispiel mit Erdbeeren und Schlagsahne, dazu Kaffee und Kakao. Zur Abwechslung packte Mama belegte Brote für unser sonntägliches Abendessen ein. Wir nahmen sie mit in einen nahe gelegenen Gasthof, bestellten Getränke dazu und kamen erst Stunden nach unserer üblichen Schlafenszeit nach Hause. Ich finde diesen Brauch reizvoll; in Münchner Biergärten darf man immer noch mitgebrachtes Essen verzehren. Und das tun meine Frau und ich, wenn wir uns dort mit Freunden treffen.

Montags begann der Alltagstrott immer wieder von Neuem. Er unterschied sich nicht wesentlich von dem meiner jüdischen Klassenkameraden – wobei sich natürlich etliche Familien, die sehr viel finanzkräftiger waren, einen aufwendigeren Lebensstil erlauben konnten.

Eine meiner Klassenkameradinnen, ein Mädchen aus einer Familie der Oberschicht, machte sich über unsere Lebensweise als »tägliches Milchreismampfen« lustig. Ich wusste es besser: Der Milchreis enthielt auch manche herrlichen Früchte.

Meine Eltern gehörten einem Kulturverein für Theaterbesucher an, der Zweigstellen in praktisch allen deutschen Städten hatte. Als ich über typische Kindervorstellungen wie *Peterchens Mondfahrt* hinausgewachsen war, kauften meine Eltern für ihren Sohn, der schon damals das Theater liebte, Karten zusätzlich zu ihrem Abonnement. Nachdem ich Friedrich Schillers *Wilhelm Tell* gesehen hatte, las ich das Drama immer wieder, bis ich ganze Passagen deklamieren konnte, sehr zum Leidwesen meines Vaters, dem manche Verse des Dramatikers zu hochgestochen waren. Meine Eltern nahmen mich auch zu musikalischen Veranstaltungen mit. Ironischerweise (aus meiner heutigen Sicht) hatten sie ein offenes Ohr für Wagner und hörten bei Kurt Weill weg. Als Abschiedsgala für eine beliebte Hildesheimer Schauspielerin, die an eine Berliner Bühne verpflichtet worden war, hatte unser Stadttheater Weill-Brechts *Dreigroschenoper* angesetzt. Dazu nahmen mich meine Eltern nicht mit, denn sie befürchteten anrüchige Sprache und Bühnenszenen – was sich für sie auch bewahrheitete. Als sie nach der Vorstellung nach Hause kamen, haderten sie noch immer mit dem Stück: »Wie konnte sich diese große Schauspielerin zum Abschied nur solch einen Schund aussuchen?«

Meine Mutter hat auch Richard Wagner nicht unkritisch über sich ergehen lassen; freilich vermute ich, dass sie nichts von seinem himmelschreienden Antisemitismus wusste: Mama und Papa hatten mich im zarten Alter von sechs Jahren zu meiner ersten Oper mitgenommen. »Wir haben dir die Geschichten von Siegfried vorgelesen, jetzt kannst du das im Opernhaus in Hannover sehen.« Was soll ich sagen? Der Junge war ganz aus dem Häuschen. Während der Zugfahrt nach Hause froh lockte ich über Lohengrins Tapferkeit, seine Kühnheit im Duell, als er Friedrich von Telramund zerschmetterte, und seine harte Haltung gegenüber Elsas Blauäugigkeit. »Na ja«, sagte meine Mutter, »das war aber sicher keine ritterliche Art, Elsa ohne stichhaltigen Grund zu verlassen.« Damals kam mir zum ersten Mal zu Bewusstsein, dass es eine feministische Sichtweise von Literatur gibt.

Mit 14 Jahren kam ich in den Stimmbruch; ich wurde vom Kind zum Jugendlichen. Meine Liebe zur Musik blieb. Und als unser Kantor Joseph Cysner kundgab, dass er zusammen mit Frau Moses, der Gattin des Vizepräsidenten der Synagogengemeinde, und Herrn Rubenstein, einem begabten Geiger und angesehenen Gemeindemitglied, Haydns *Kindersymphonie* aufzuführen plante, war ich buchstäblich der Erste, der mitmachen wollte. Ich wählte als mein Instrument die Kindertrompete aus. Natürlich wusste damals niemand von uns, dass Haydns angebliche Komposition gar nicht von ihm stammte – das ergab erst die spätere Forschung.

Dem Probespiel sah ich mit gewisser Beklommenheit entgegen. Aber wie sich herausstellte, war das unnötig, da mein Instrument, wie die meisten Spielzeuginstrumente dieser Symphonie, nur einen einzigen Ton von sich gab. Die Probe war entsprechend einfach. »Ich spiele jetzt den Anfang der *Kindersymphonie*, und ihr hebt die Hand, wenn ich den siebten Takt erreiche«, sagte Frau Moses. Hektisch begann ich den Rhythmus zu schlagen – und bestand den Test. Wir traten gegenüber der Synagoge im vollbesetzten Saal des jüdischen Gemeindehauses auf. Ich blies begeistert auf meiner Tröte und erntete lauten Beifall von der Familie Stern. Meine Freunde und ich sonnten uns in unserem musikalischen Triumph, bis ein älterer Freund – zur Hölle mit ihm – unsere Selbstzufriedenheit über diese virtuose Darbietung dämpfte. »Glaubt ihr etwa, dass all diese Leute gekommen sind, um euch spielen zu hören? Denkt noch mal nach! Wisst ihr nicht, dass Katie Moses bei ihren Auftritten in der Öffentlichkeit jeden Mann zwischen 20 und 70 anzieht?« Der Begriff »Sexbombe« war mir damals nicht geläufig, allenfalls ahnte ich, was eine »flotte Biene« sein könnte. Ich nannte meinen Freund einen Zyniker.

Dass ich pubertierte, konnte man auch daran sehen, dass ich neuerdings zur Aufsässigkeit neigte, insbesondere gegen Religiosität. Bei einem der Besuche im Haus meiner Großeltern begann ich, Moses Mendelssohn und seine Anhänger zu lesen. Dabei entdeckte ich einige der vielen verstandesgesteuerten Widerlegungen der Bibel, die zur Zeit der Aufklärung üblich waren. Die Sichtweise, die in diesen Texten vertreten wurde, passte exakt mit der Geringschätzung zusammen, die mein Großvater gegenüber den Wundererzählungen hegte, mit denen das Alte Testament durchsetzt ist. Er war überzeugt: Dergleichen konnte sich einfach nicht zugetragen haben. Die Zweifel, die die Philosophen und er geweckt hatten, fielen bei mir auf fruchtbaren Boden. Ich zögerte auch nicht, meine aufkeimenden Ketzereien unter meinen Zeitgenossen zu verbreiten. Mein Glaubensabfall fiel bald in der ganzen Gemeinde missliebig auf. Die Säulen unseres Glaubens schwankten! Unser Jugendleiter, Kantor Cysner, von uns liebevoll »Seppl« genannt, wurde eingespannt, um mir meine abwegigen Vorstellungen auszutreiben. Er nahm mich nach einem unserer Samstagstreffen beiseite. Als guter Debattierer erklärte er meine Quellen für fragwürdig. Aber ich gab nicht nach. Seppl missbilligte meine

Sturheit. Aber darunter konnte ich spüren: Er respektierte, dass ich bereit war, meinen eigenen Weg zu gehen. Meine Ketzerei hielt auch weiterhin den Argumenten von Rabbinern und Priestern stand, die zu verschiedenen Zeiten zufällig meinen eigenwilligen Lebensweg kreuzten.

## KAPITEL 2

## Die Nazis ergreifen die Macht

Aber all dieses knabenhafte Nachsinnen wurde von einem Ereignis überschattet, das das Ende der Welt verhieß, in der wir
gelebt hatten. Bald würde es auch das Ende meiner Kindheit
und Jugend bedeuten. Am 31. Januar 1933 gaben alle Klassen unseres Gymnasiums ihre Stundenpläne auf. Die meisten meiner
Lehrer und Mitschüler verhielten sich, als wäre der Messias in
unsere Mitte getreten und hätte ein Ereignis verkündet, das den
Ruhm des Vaterlandes wiederherstellen würde. Unsere Lehrer gaben bekannt, dass am kommenden Abend in jeder Stadt
Deutschlands eine Parade aller wahren Patrioten zum öffentlichen Zeugnis dessen stattfinden werde, dass Adolf Hitler nun
die Geschicke unserer Nation lenke. An der glorreichen De-
monstration sollte ausnahmslos jeder Schüler teilnehmen. Wir
jüdischen Schüler beobachteten, dass unser Mathematiklehrer
Dr. Heinrich leise in seine Klasse kam und lediglich verkündete,
dass die gegebene Hausaufgabe auf die nächste Zusammenkunft
verschoben werde; dann verließ er den Raum wie auf Zehen-
spitzen. Wurde das auch von meinen nicht-jüdischen Klassenkameraden bemerkt?

Als ich nach Hause kam, waren meine Eltern todernst. Uns
Jungen wurde mitgeteilt, dass wir die Wohnung unter keinen
Umständen verlassen dürften. Dann klingelte das Telefon. Einer
der örtlichen Kunden meines Vaters war am Apparat. Seine
enthusiastische Stimme war im ganzen Wohnzimmer hörbar.

»Meine Frau und ich kommen heute Abend zu Ihnen rüber! Sie haben einen besseren Blick auf diesen unvergleichlichen Fackelzug!« Es gab keine Möglichkeit, diese Selbsteinladung abzulehnen. Ohne es eigentlich zu wollen, blickten wir also abends alle aus unserem Wohnzimmerfenster und wurden Zeugen dieses Marsches nationaler Überheblichkeit. Im Zwielicht jener einschüchternden Zurschaustellung ungezügelter Macht erschien eine bunt gemischte Gruppe von Jugendlichen, die Hildesheimer Gymnasiasten – keine Mädchen. Ich entdeckte sogar einige meiner Schulkameraden. Sie marschierten nicht im Gleichschritt. Bald würden sie es lernen.

Die Nazis machten sich eine stetig gesteigerte Ikonographie zu eigen, eine Symbolik von Feuer und Zerstörung. Erst Jahre später, als ich über diesen berüchtigten Abend nachdachte, wurde mir bewusst, dass ich Zeuge eines ersten Schritts geworden war. Flammen und Brände begleiteten das Dritte Reich von seinem schrillen Anfang bis zum apokalyptischen Untergang. Ein endloser Fackelzug hatte die Nacht in meiner Heimatstadt und in ganz Deutschland zum surrealen Tag gemacht. Am 27. Februar desselben Jahres verzehrten die Flammen des Reichstagsbrandes auch die letzten Spuren der Weimarer Verfassung; am 10. Mai 1933 verbrannten die Nazis Bücher; fünf Jahre später, am 9. und 10. November 1938, zündeten sie die Synagogen an. 1939 fingen sie an, europäische Städte zu bombardieren und niederzubrennen; 1942 wurden die Krematorien der Vernichtungslager entzündet, und zwischen 1942 und 1945 gingen ganze deutsche Städte in Feuer und Rauch auf, einschließlich der Leiche des Hauptbrandstifters dieses Weltenbrands.

Jener Januarabend im Jahr 1933 leitete den Ausschluss von Juden aus der deutschen Zivilgesellschaft ein und zwang sie in einen ausgestoßenen Zustand, »an outcast state«, um Shakespeare zu zitieren. Die Vernichtung unserer Wurzeln erfolgte dabei eher allmählich. Spielkameraden und beste Freunde wurden von ihren Eltern, und wahrscheinlich auch von Lehrern, angewiesen, uns zu ignorieren. Sie begannen, ohne Gruß an uns vorbeizugehen. Wir wurden aus unseren Sportvereinen und Jugendorganisationen hinausgeworfen, verbannt aus Schwimmbädern, von der Teilnahme an Naturwanderungen und Diskussionsgruppen. Die bitterste Trennung war für mich der Ausschluss aus meinem geliebten Turnverein Eintracht. Das tat weh. Und deshalb erinnere ich mich besonders lebhaft daran: Im Frühling 1934 war ich 12 Jahre alt. Hitler war seit etwa einem Jahr an der Macht. Wir saßen an einem sonnigen Sonntagmorgen am Frühstückstisch. Meine Eltern, mein Bruder und ich tranken noch eine Tasse Kaffee, meine kleine Schwester lag in ihrem Kinderbettchen. Wir waren entspannt; man konnte immer noch, wenn auch nur kurz, die schlechten Nachrichten ausblenden, die im Radio zu hören oder in den Zeitungen zu lesen waren. Plötzlich schellte es an der Tür. Wer könnte an einem Sonntagmorgen so früh klingeln? Die Außenwelt brach plötzlich über uns herein, fegte wie ein Windstoß ins Haus und hatte Angst in ihrem Gefolge. Mein Vater ging zur Tür. Aber die fünf Personen, die vor unserer Wohnung standen, waren nicht von der gefürchteten Geheimpolizei. Papa erkannte Männer des Sportvereins Eintracht, dem ich angehörte. Sie kamen herein, meine Mutter bot ihnen Plätze an, aber sie blieben stehen. Verlegen standen sie da, in ihrer Sonntagskleidung, und schließlich begann ein Delegationsmitglied, Herr Stöwesandt, mit stockender Stimme zu sprechen. Er war mir vertraut. Er war der Vater von Heinz, einem guten Freund von mir. Wir waren beide in einer Jungen-Fußballmannschaft, und als ich ein Tischfußball-Set mit kleinen Metallspielern als Geburtstagsgeschenk erhalten und Mannschaften zusammengestellt hatte, kam Heinz zu uns nach Hause, um das Spielzeug einzuweihen (ich schlug ihn 8:7).

Herr Stöwesandt kaute auf seinen Worten herum: »Wissen Sie, wir mögen Ihren Günther sehr. Er ist ein ziemliches As auf dem Turnpferd. Bloß am Barren ist er nicht so gut. Und Ihr

Günther hat so wunderbare und lustige Berichte über die Ausflüge geschrieben, die Herr Behrens organisiert hat. Aber sehen Sie, wir haben Befehle von ganz oben, nämlich die Mitgliedschaft aller Juden in unserem Verein zu beenden.«

Ich konnte es nicht glauben. Ich war ein guter Sportler und, soweit ich wusste, der einzige Jude im ganzen Verein. Könnten sie nicht eine Ausnahme machen? Die Stimme meines Vaters schnitt in diese unreifen Gedanken hinein. Entschieden sagte er: »Wir verstehen Ihren Standpunkt.« Und dann gingen sie fort. Aber an der Tür drehte sich Herr Stöwesandt noch einmal um und sagte: »Günther, wenn du in unser Stadion kommen und die Bahnen benutzen willst, ist das für uns in Ordnung.« Ich habe es nie getan.

Natürlich änderte sich auch unser Unterricht im Klassenzimmer. Der Nazi-Begriff lautete, er musste »gleichgeschaltet« sein, der Nazi-Linie folgen. Überall wurden nationalsozialistische Kulturamtsleiter eingesetzt, und Köpfe rollten, bis hinunter zu den Kindergärtnerinnen. Unser Gymnasialdirektor wurde in die tiefste Provinz verfrachtet, und pflichtbewusst wurde ein Parteigenosse statt seiner eingesetzt. Doch zur Überraschung unserer Eltern waren die von ihm vorgenommenen Änderungen, mit einer bemerkenswerten Ausnahme, rein kosmetischer Natur. Als Universitätsverwalter im späteren Leben fand ich eine offensichtliche Erklärung für seine Zurückhaltung. Seine verwaltungstechnischen und pädagogischen Fähigkeiten entsprachen nicht denen seines Vorgängers, der ein vorbildliches Gymnasium aufgebaut hatte. Der Neuankömmling, der anfangs nicht einmal jüdische Eltern von Elternabenden ausschloss, übernahm einfach eine reibungslos funktionierende Einrichtung und schrieb mit rhetorischen Ausschmückungen alle Tugenden der Schule seiner Führung zu.

Die einzige Ausnahme war seine Auswahl von Kandidaten für freie Lehrerstellen. Wir alle kicherten über den Lehrer, der letztendlich für den Anfangsunterricht in Französisch eingesetzt wurde. An seinem ersten Unterrichtstag ließ er uns ein Diktat schreiben. Nicht einmal unser bester Schüler in Französisch, ein Nachfahre von Hugenotten, hatte die geringste Ahnung, was uns der Lehrer mit seinem kümmerlichen Französisch zu vermitteln suchte. Noch ärger fiel die Wahl des neuen Direktors für einen Erdkunde- und Kunstlehrer aus. In seiner ersten Unterrichtsstunde fragte uns dieser Lehrer nach einer Definition deutscher Volkskunst. Unsere Klasse, die an Fangfragen gewöhnt war, verhielt sich vorsichtshalber ruhig. Nachdem er unsere Dummheit getadelt hatte, gab er uns seine eigene ausufernde Deutung. Ich erinnere mich nur an einen Grundgedanken seiner wackeligen Offenbarung: »Aus all diesen Gründen kann kein Jude jemals deutsche Volkskunst produzieren.«

Bald folgten andere propagandistische Einflechtungen in unsere Lehrpläne. Vielleicht als Folge der Nazi-Bücherverbrennung kamen weitere Befehle »von oben«, um unser Geschichtslehrbuch zu verfälschen. Gegen Ende 1933 betrat unser Geschichtslehrer, Herr Schwerdtfeger, das Klassenzimmer mit mehreren Paketen voller Handzettel und, wie wir kurz darauf merkten, mehreren einschneidigen Rasierklingen. Er begann, Nummern an die Tafel zu schreiben. »Ich händige jetzt Rasierklingen aus. Nehmt Eure Lehrbücher und trennt alle an der Tafel angegebenen Seiten ab. Achtet aber darauf, dass Ihr an den Rändern genügend Platz lasst, um Ersatzseiten einzukleben«. Wir taten, was uns gesagt wurde. Alle positiven Errungenschaften von Juden, anderen »minderwertigen Rassen« und politischen »Abweichlern« wurden herausgeschnitten und durch historische Verzerrungen und Unwahrheiten ersetzt. Und dann geschah etwas noch Schlimmeres. In Shakespeares Sinn – »Angst macht uns alle auch zu Feiglingen« – fühlten wir uns gezwungen, die Zensoren, oder besser gesagt, die Bücherverbrenner von Teilen unserer eigenen jüdischen Gemeindebibliothek zu werden. Unter Anleitung von Kantor Cysner, der nicht viel älter war als wir, hatten wir in den Regalen des Sitzungssaals für die nachmittäglichen Treffen an Samstagen eine solide Sammlung sozialpolitischer Bücher zusammengetragen. Während der Gottesdienste am Samstagmorgen machte ein erschreckendes Gerücht die Runde: Mehrere unserer Gemeindeführer waren verhaftet und ihre Häuser durchsucht worden. Wir Jugendlichen versammelten uns in der Eingangshalle der Synagoge. Angst hatte uns ergriffen. Würden unsere Väter die nächsten sein? Was könnten die Bluthunde der Gestapo finden? Jemand erwähnte unsere Bibliothek im Gemeindehaus auf der anderen Straßenseite. Nach Nazi-Standards konnten mehrere Bücher als demagogisch oder zersetzend angesehen werden. Wir eilten über die Straße, fingen an, Bücher zu sortieren, und entzündeten ein Feuer im Ofen des Versammlungsraums. All das in völliger Stille. Dann stürmte jemand mit lauter Stimme in den Raum. Zu unserer Erleichterung war es unser Schammes, der Synagogendiener Herr Kaminsky, Hausmeister unseres Gemeindehauses. »Was macht ihr da?« schrie er. »Ihr macht ein Feuer am Sabbat?« Seine anklagenden Worte trugen die Überzeugung der Orthodoxie in sich. Einer von uns schleuderte ihm eine Redensart des in diesem Saal gelernten Pirkei Avot (Sprüche der Väter) entgegen: »Die Rettung von Leben hat Vorrang vor Regeln.« Bücherwurm, der ich war, zitierte ich das Kapitel und den Vers als Quelle. Herr Kaminsky zog sich zurück; das Feuer brannte weiter. Georg Prager, einer der Jüngsten unserer Gruppe, übergab sich, kurz nachdem das letzte Schmuggelbuch zu Asche zerfallen war. Seine Empörung über unsere Vorsichtsmaßnahme kam der meinen gleich. Aber meine Rolle als »unsichtbare Tinte«-Person hielt mich davon ab, meinen Zorn herauszuschreien, obwohl ich das Gefühl hatte, diese Flammen würden auf mich überspringen.

Als ich am folgenden Montag in meine Schulklasse zurückkehrte, fand ich eine winzige Atempause in der üblichen Feindseligkeit meiner Klassenkameraden. Es gab einen Mitschüler in unserer Klasse, mit dem ich mich seit Schuleintritt immer wieder geprügelt hatte. Mein Vater hatte mich mehrmals ermahnt, damit aufzuhören. Das war nicht leicht; unsere Klassenkameraden feuerten uns ständig an. Aber nachdem wir drei jüdischen Schüler erniedrigt und schikaniert worden waren, ließ er sich nicht mehr zu einem Angriff anstacheln. Es war eine kleine Geste, aber ist man von Feindseligkeit umgeben, dann ist ein Zeichen des Anstands ein großer Trost.

Ein heiterer Junitag im Jahr 1933 schien uns vergällt durch einen Aufmarsch der Hitlerjugend, der uns im Hause festhielt. Aber da umfing uns ein neuer frischer Morgen, oder vielmehr, er brach über uns herein. Er kündigte sich an durch vier junge Männer aus Hannover, der größten Stadt in der Nähe Hildesheims. Ich erinnere mich noch an drei ihrer Namen. Der offensichtliche Führer war Herbert Sichel, vorgestellt als Hesi. Mit ihm kamen Peter Heller und Eto (das war die Abkürzung für »Ententeich«; dieser Spitzname stand dafür, dass ihn seine Kameraden wegen seines unmöglichen Verhaltens einmal ins Wasser geworfen hatten).

An jenem Sonntagmorgen klingelten sie an unserer Tür und verkündeten, dass sie ein Empfehlungsschreiben bei sich hatten von Herrn Rehfeld, dem Vizepräsidenten unserer jüdischen Gemeinde. Einmal hereingelassen, nahmen sie gegenüber meinen Eltern eine Art militärischer Förmlichkeit an, unterstrichen durch ihre Uniform aus makellos weißen Hemden und dunkelblauen kurzen Hosen. »Wir vertreten den Hannoveraner Zweig einer deutsch-jüdischen Jugendgruppe«, begannen sie, wobei die Betonung eindeutig auf dem Wort »deutsch« lag. »Wir sind hier, um bei der Gründung einer Hildesheimer Gruppe des Schwarzen Fähnleins zu helfen. Wir wollen Ihren Günther als eines unserer Gründungsmitglieder«, schlossen sie. Ich konnte meine Augen nicht abwenden von diesen athletischen, kraftvollen Musterbildern. Ich idealisierte sie. Die Ein-Wort-Charakterisierung »zackig«, in jener Zeit in Mode, durchdrang mein Gehirn. »Wir lassen uns nicht von einer Bande von Verbrechern unseres Deutschseins berauben«, erklärten sie. Die vier Helden verbreiteten die Ideale des Schwarzen Fähnlein.

Das gefiel meinen Eltern. »Nun«, sagte mein Vater, »wenn Sie von Herrn Rehfeld empfohlen wurden und Günther mitmachen will, haben wir nichts dagegen!« Und dann fragte er, ob sie schon einen Gruppenführer gefunden hätten. Ja, das hatten sie: Fritz Schürmann, den Sohn eines ehemaligen Arbeitgebers meines Vaters. Das gab den Ausschlag. »Günther wird beitreten!«

Zum männlichen Zeichen meiner Dankbarkeit griff ich nach den Schultern meines Vaters. Ein paar Wochen später trug ich die gleiche Uniform wie Peter, Hesi und Eto. Für das halbe Jahr, das es dauerte, wurde das Schwarze Fähnlein so ziemlich ein Ersatz für vieles, was wir verloren hatten. Fritz übernahm die Leitung, nachdem er die Genehmigung des zentralen Hauptquartiers der Organisation erhalten hatte. Vor Hitlers Machtergreifung hatte er einer Gruppe namens dj.1.11 (Deutsche Jungenschaft vom 1. November 1929) angehört, einer antifaschistischen, aber verdächtig superpatriotischen Jugendgruppe. Unter seiner Leitung begaben wir uns auf übermäßig lange Wanderungen, versammelten uns abends an einem spärlichen Lagerfeuer, lernten traditionelle Jugendgruppenlieder, zu denen einer unserer jüngeren Kameraden Gitarre spielte, hörten unserem Leiter beim Lesen deutscher Jugendliteratur zu und liebten jede Zeile des Textes, auch wenn unsere Begeisterung manchmal fehlgeleitet war. Bei Ausflügen tranken wir lauwarmen Tee aus Thermosflaschen und kehrten mit halbwegs wiederhergestellter Selbstachtung nach Hause zurück. Letztere beruhte natürlich nicht auf einer stabilen Grundlage. Gewiss, wir waren stolz, wenn wir Pfadfinderlieder besser singen konnten als die nichtjüdischen Mitglieder unseres Schulchores, was unsere nazifizierten Mitschüler oft sichtbar ärgerte. Aber es gab auch einige angstauslösende Momente.

Einmal wanderten wir an einem weiteren schönen sommerlichen Sonntagmorgen zu einem der Wahrzeichen Hildesheims, das mit dem abschreckenden Namen Galgenberg an seine Funktion als Hinrichtungsstätte im Mittelalter erinnert. Unser Weg war schmal, wir liefen im Gänsemarsch. Plötzlich näherte sich eine Gruppe von Männern aus der entgegengesetzten Richtung. Sie waren zwar nicht in Nazi-Uniformen gekleidet, sondern im weniger furchteinflößenden Tarngrün der Jäger. Doch als sie an uns vorbeigingen, wandte sich der Anführer der Gruppe Fritz zu und salutierte mit dem neumodischen, von uns verachteten und gefürchteten Hitler-Gruß. Wie würde Fritz reagieren? In gleicher Weise zurückzugrüßen, war undenkbar und uns Juden strikt verboten. Fritz antwortete »Guten Morgen«. Gruß und Antwort wiederholte sich mit jedem Jäger, der an uns vorbeikam. Als der letzte Jäger vorbeigegangen war, schienen unsere wachsenden Ängste Wirklichkeit zu werden, denn ihr Anführer drehte sich um und kam zurück zu Fritz. Aber er sagte: »Mir ist gerade klar geworden, wer ihr seid. Wir wollten euch nicht demütigen.« Nun konnten wir aufatmen. Aber der Jüngste in unserer Gruppe hatte sich aus Angst in die Hosen gemacht. Fritz bewies sich wiederum als ein Führer: Er half ihm beim Säubern.

Als noch im gleichen Jahr eines der unablässigen Dekrete der Nazi-Regierung das Schwarze Fähnlein abschaffte, waren wir nicht wirklich überrascht. Mit zunehmendem politischen Begreifen sahen wir die pervertierte Logik der Nazis am Werk. Wie konnten sie eine deutsch-jüdische Gruppe tolerieren, die ihr Recht nicht nur auf ihr jüdisches, sondern auch auf ihr deutsches Erbe erklärte?

Vorbereitet auf den Untergang des Schwarzen Fähnleins, stand eine weitere, weniger aufs Deutschtum gerichtete Jugendgruppe in den Startlöchern. Sofort trat ich diesem Bund deutsch-jüdischer Jugend bei. Aus unserer kurzsichtigen Perspektive wurde der Beitritt zu einer der zionistischen Gruppen natürlich nicht als akzeptable Alternative angesehen. Der BDJJ war nicht nur weniger weltanschaulich geprägt, sondern auch viel lockerer und entspannter. Ein äußeres Symbol dieser größeren »Gemütlichkeit« war die Tatsache, dass er auch Mädchen als Mitglieder zuließ. Ein weiteres äußerliches Anzeichen für den Übergang: Wir versammelten uns nicht mehr um Lagerfeuer, und ja, einige hebräische Lieder schlichen sich in unser deutsches Repertoire ein. Ich erinnere mich an ein Lied, »Leilot Choref (Winternächte)«, das Seppl für uns so ausdrucksstark sang, dass wir es monatelang nachgesungen haben. Manchmal konnten wir uns sogar der Illusion völliger Entspannung hingeben, zum Beispiel, als uns der in Berlin ansässige Präsident unserer Organisation, Günther Friedländer, die Ehre seines Besuchs erwies.

Aber für meine Familie und mich wurde es unendlich viel schlimmer. Deutschlands bösartigstes antisemitisches Wochenmagazin, *Der Stürmer*, hatte die schändliche Verschwörung »aufgedeckt«, dass das Weltjudentum ein Attentat auf Hitler plane. Irgendjemand hatte die Titelseite mit ihrer grellen Überschrift am Schwarzen Brett der Schule angebracht. Während einer Pause stürzte der fanatischste meiner Mitschüler auf uns jüdische Klassenkameraden zu. Er und seine treuen Anhänger schleppten uns vom Schulhof zum Schwarzen Brett. Vermutlich schrieben sie diese mörderische Verschwörung gegen ihren geliebten Führer den jüdischen Schülern unserer Schule zu. Wir blieben geschlagen und blutverschmiert zurück.

Der letzte Beweis für die widerwärtige Gesetzlosigkeit der Nazi-Partei wurde meiner Familie auf quälende Weise vor Augen geführt, während meine Mutter und ich auf einem kurzen Ausflug zu ihrer Mutter in Vlotho waren. Eines späten Abends ging mein Vater, wie schon so viele Male, zum Briefkasten auf der anderen Straßenseite, nachdem er einige dringende Korrespondenz erledigt hatte. Als er die Briefe einwarf, wurde er von einem uniformierten SS-Mann angegangen und brutal geschlagen. Mithilfe eines Polizisten schaffte er es nach Hause, konnte aber seine Route am nächsten Tag nicht wieder aufnehmen, so dass er Kunden zu Hause bediente. Gegen Mittag kehrten meine Mutter und ich von unserer Reise zurück. Meine Mutter betrat den Laden zuerst. »Julius«, schrie sie lauthals und übertönte die Kunden, »sie haben dich verprügelt!« Der Schock schlug mir auf den Darm. Ich drehte mich auf den Fersen um und rannte zur Toilette.

Die deutsche Rechtsordnung hatte einen skandalösen Kurs eingeschlagen und begann sich vor unseren Augen aufzulösen. Der Polizist, der meinem Vater geholfen hatte und immer noch versuchte, seine Pflicht zu tun, hatte den Angreifer mithilfe eines Zeugen namens Höhnlein identifiziert, und eine Anzeige wegen Körperverletzung wurde gestellt. Eine Woche später, als Herr Höhnlein uns besuchte, sagte er, »selbstverständlich« werde er aussagen. Aber er befinde sich in einer finanziellen Notlage. Könnte mein Vater ihm nicht ein wenig aushelfen?

Ein paar Tage später kamen ein hochrangiger Funktionär namens Dr. Pilz, von Beruf Zahnarzt, und zwei seiner Handlanger in unsere Wohnung und stellten angeberisch ihre SS-Uniformen zur Schau. Kaum hatten sie das Wohnzimmer betreten, begann Pilz, meine Mutter mit einer Stimme anzuschreien, die jedes Wort in Werners und mein Schlafzimmer trug. »Ihr jüdischen Schweine habt Anklage gegen einen meiner Männer erhoben. Sie, Frau Stern«, fügte er in sarkastischer Höflichkeit hinzu, »werden die Polizei und den Staatsanwalt anrufen und ihnen sagen, dass sie alle Anklagen zurückziehen sollen. Hier sind die Telefonnummern.«

Mama rief an und hatte den unglaublichen Mut, dem Mann am anderen Ende zu sagen, dass SS-Standartenführer Pilz bei uns zu Hause sei und sie bedränge, die berechtigte Anzeige wegen Körperverletzung zurückzuziehen. »Er riss mir das Telefon aus den Händen«, erzählte sie uns am nächsten Morgen, »identifizierte sich gegenüber der Polizei und sagte, er spreche in meinem Namen, um den Fall abzuschließen.« Der diensthabende Polizist sagte ihm lediglich, dass ein solcher Antrag nur persönlich gestellt werden könne.

»Du blöde Kuh«, schrie Pilz meine Mutter an, bevor er mit seinen Helfershelfern hinausstürmte. Zusätzlich zu seinen körperlichen Verletzungen erlitt mein Vater in dieser Nacht einen Nervenzusammenbruch. Kaum waren die SS-Verbrecher weg, eilten Werner und ich ins Wohnzimmer. Zum ersten Mal in unserem Leben sahen wir unseren Vater, der normalerweise nicht aus der Ruhe zu bringen war, hemmungslos weinen. Der Fall selbst wurde irrelevant. Adolf Hitler gewährte per Erlass eine landesweite Amnestie für alle, die der Meinung waren, dass gesetzliche Feinheiten für sie nicht mehr galten.

Als ich 1937 Deutschland verließ, existierte meine Jugendgruppe noch. In meinem neuen amerikanischen Leben gewann ich Freunde und schloss mich amerikanisch-jüdischen Jugendgruppen an. Aber ich dachte nicht selten an meine Hildesheimer Bünde zurück, sowohl mit Nostalgie als auch mit Melancholie. Meine deutsch-jüdischen Freunde hatten mir durch ein Gefühl der Kameradschaft und der totalen Akzeptanz eine kleine Wiederherstellung unseres früheren Zugehörigkeitsgefühls geschenkt, und das in einer Zeit, in der die Außenwelt begann, uns zu meiden. Die Reihen von uns Heranwachsenden schrumpften. Einige meiner Freunde hatten es schon geschafft, der Nazi-Hölle zu entkommen. Die beiden Goldberg-Mädchen, eines ein Jahr älter, das andere ein Jahr jünger als ich, schickten uns Briefe aus Washington, DC. Die beiden Blomendal-Jungen, zum Teil holländischer Abstammung, hatten die Grenze zu Deutschlands Nachbarstaat überquert. Ihre begeisterten Nachrichten aus dem Ausland erweckten in uns Daheimgebliebenen eher den Eindruck von Abenteuergeschichten als von einer Flucht ins Exil.

Meine Eltern wussten, dass die Zeit zum Handeln gekommen war. Lange hatten sie nicht wahrhaben wollen, wie ernst die Lage war. Zwei der vier Brüder meiner Mutter hatten im

Ersten Weltkrieg ehrenhaft gedient: Onkel Felix war im Einsatz gefallen, Onkel Willi, der in Vlotho lebte, war gegen Ende des Krieges bei einem Gasangriff schwer verwundet worden. Sollte dieser Patriotismus nichts wert sein? Der jüngste Bruder meiner Mutter, Onkel Benno, hatte hingegen seit seinem vierzehnten Lebensjahr in St. Louis, Missouri, gelebt. Wie er dort gelandet war, ist leicht erzählt. Mein Großvater war ein preußischer Patriarch. Als der heranwachsende Benno anfing, aufsässig zu werden, wurde er sofort zum Bruder meines Großvaters nach St. Louis geschickt. Ungeratene Kinder wurden in den wilden Mittleren Westen verbannt. Wie der Zufall es wollte, erwies sich Onkel Bennos Bestrafung als eines der Sprungbretter für meine Flucht. Meine Eltern mussten umdenken und machten mich mit ihren Plänen vertraut, Onkel Benno um Hilfe zu bitten. Als ich vierzehn Jahre alt wurde, schickte meine Mutter ihm SOS-Briefe.

Sie fragte, ob Benno und seine Frau Ethel ihr ältestes Kind, also mich, bei sich aufnehmen könnten. Könnten sie eine eidesstattliche Erklärung abgeben, ein sogenanntes Affidavit, dass ich der Allgemeinheit nicht zur Last fallen würde? Sie schrieben zurück, dass sie zwar sehr willig, aber nicht in der Lage seien, eine solche Zusicherung zu geben. Nach seiner Ankunft in St. Louis war Benno ein gewerkschaftlich organisierter Bäcker und Konditor geworden, aber wie so viele Angestellte hatte er am Ende der Weltwirtschaftskrise seine Arbeit verloren. Glücklicherweise versorgte ihn seine Gewerkschaft mit genügend Ersatzjobs, damit er seine Familie ernähren konnte. In der Zwischenzeit nahmen meine Eltern auch Kontakt auf mit dem neu eingerichteten jüdischen Dachverband in Deutschland. Dort wollte man sich ebenfalls nach besten Kräften für mich einsetzen.

Etwa zur gleichen Zeit nahm mein Vater mich von der Schule und heuerte einen Englisch-Tutor an. Es war eine Erleichterung, nicht mehr die täglichen Hänseleien ertragen zu müssen. Meine Eltern waren entschlossen, ihr ältestes Kind aus Deutschland fortzuschicken mit dem Auftrag, die ganze Familie zu retten. Das war eine große Aufgabe und es wäre mir fast gelungen, aber das Wort »fast« deutet auf eine Tragödie hin. Natürlich hatte ich damals keine Vorahnung, dass meine Bemühungen fehlschlagen würden. Im Gegenteil, ich hatte den starken Optimismus meiner Jugendjahre, dass ich erfolgreich sein würde. Werner blieb auf seinem katholischen Gymnasium, in das er im Alter von zehn Jahren eingeschult worden war. Eleonore, noch nicht schulpflichtig, erhielt Heimunterricht von unserer Mutter.

Was mich betrifft, so hatte mich der Tutor, Herr Tittel, bereits vor meiner Einwanderung mit der amerikanischen Lebensweise vertraut gemacht. Während der Weltwirtschaftskrise war er aus Deutschland ausgewandert, erhielt eine Lehrerstelle in einem Waisenhaus in Brooklyn und kehrte dann fünf Jahre später, 1931, in seine Heimatstadt Hildesheim zurück. Nun verdiente er seinen Lebensunterhalt damit, verschiedenen Juden in Hildesheim Amerikanisch mit leichtem Brooklyn-Akzent beizubringen. Viele sahen in diesem Wendejahr 1936 voraus, dass sie die Sprache lernen müssten, um in einem englischsprachigen Land Asyl zu finden. Tittel war ein schmächtiger, gebeugter, etwas abgemagerter, ergrauter Mann von sechzig Jahren, unbeschwert und originell. Manchmal summte er mitten in einem oberflächlichen englischen Gespräch ein amerikanisches Liedchen. Er brachte mir in ein paar Monaten mehr praktisches Englisch bei, als mir mein Englischlehrer am Gymnasium, ein Grobian, ein Ohrfeigenverteiler mit dem treffenden Spitznamen »Der Boxer«, in drei Jahren vermittelt hatte.

In seiner umständlichen Art würzte Herr Tittel seinen Unterricht auch mit Erinnerungen. In Amerika war er zu einem Baseballfan geworden und verstieg sich fast zu einer Art epischer Dichtkunst, wenn er die präzisen Würfe von Grover Alexander oder die mächtigen Schläge von Babe Ruth lobte. Als ich schließlich in den Vereinigten Staaten ankam, gehörte zu meinem Begrüßungskomitee in Chicago eine jüdische freiwillige Sozialarbeiterin. Meine Sprachausbildung, von der sie nichts ahnen konnte, führte beinahe dazu, dass ihr die Brille von der Nase fiel. Denn ich nahm einen Schokoriegel der Marke Baby Ruth von ihr entgegen, mit der Frage, warum sein Name nur durch einen Buchstaben von dem des verehrtem Baseball-Idols abweiche.

Amerika, das ich vor Herrn Tittel nur schemenhaft wahrgenommen hatte, nahm konkrete Formen an, und die Einwanderung dorthin wurde von einem Traum zu einer greifbaren Möglichkeit. Einige der anderen Mitglieder unserer Jugendgruppe, zwei Mädchen und ein Junge, rechneten ebenfalls mit der Möglichkeit einer bevorstehenden Ausreise aus Deutschland. Wir fühlten Freude und Niedergeschlagenheit zugleich. Mein privater Englischlehrer überzeugte mich, dass die Erschließung des nordamerikanischen Kontinents die unbegrenzten Gelegenheiten für exotische Abenteuer nicht verringert habe – von Zugfahrten Küste zu Küste bis hin zu gemischten Schulen.

Da meine Freunde und ich so wenig von unserem eigenen Heimatland gesehen hatten, beschlossen wir, ein sehr mutiges Abenteuer zu wagen. Wir planten eine lange Fahrrad-Reise in das sagenumwobene deutsche Rheinland, obwohl wir genau wussten, dass Nazis uns unterwegs angreifen könnten. Da es Juden nicht länger erlaubt war, in Jugendherbergen zu übernachten, kontaktierten wir jüdische Gemeinden in Städten, die auf unserer Reiseroute lagen und baten sie um Übernachtungsmöglichkeiten. Der Plan funktionierte, und innerhalb von vier Wochen legten wir tausend Kilometer zurück, bevor wir wohlbehalten wieder zurückkamen. Ich sollte erwähnen, dass eines der Mädchen auf der Reise meine geliebte Gerda war, aber ich sollte ebenfalls hinzufügen, dass wir uns in unserer Unschuld während der gesamten Reise keinerlei Freiheiten herausnahmen.

Unsere Vorfreude, die rheinische Landschaft zu genießen, erfüllte sich nicht. Deutschland hatte sich in ein bewaffnetes Lager verwandelt. Die lebhafteste Erinnerung, die ich habe, ist die an einen Hafen, der an jedem Ankerplatz von kleinen, schnellen Booten besetzt war, die – soweit ich es beurteilen konnte – mit den neuesten Waffen ausgerüstet waren. Nach meiner Rückkehr von der Reise nahmen mich meine Eltern sofort beiseite und legten mir ein Dokument vor: »Onkel Benno und Tante Ethel haben dir eine eidesstattliche Erklärung geschickt. Wir werden nun versuchen, einen Termin beim amerikanischen Konsulat in Hamburg zu bekommen.«

Wie hatten es mein Onkel und meine Tante angesichts ihres kargen Auskommens geschafft, eine notariell beglaubigte eidesstattliche Erklärung zu erhalten? Mein Onkel, dem gesagt wurde, er müsse die finanziellen Mittel zu meiner Unterstützung nachweisen, hatte die Idee zu einem genialen Kunstgriff. Er rief alle seine Gewerkschaftskumpel, Freunde und Verwandten an und drängte sie, ordentliche Summen auf sein Bankkonto einzuzahlen. Seine treuen Unterstützer taten, was getan werden musste. Nach Ablauf von zwei Wochen bat er die Bank um eine notariell beglaubigte Erklärung, die ihn als einen Herrn von sagenhaftem Reichtum darstellte. Wenige Tage später gab er jeden einzelnen Pfennig des geliehenen Geldes zurück.

Die nächste Hürde musste überwunden werden – und das in einem schwindelerregenden Tempo. Zwei Monate später wurde uns mitgeteilt, dass ich einen Termin beim amerikanischen Konsul in Hamburg habe. Nun war meine Mutter hin- und hergerissen zwischen der Freude für mich und der Traurigkeit über die Trennung. Meine Eltern hatten bereits einen Modus vivendi ausgearbeitet. Ich sollte von einer anderen jüdischen Familie mitgenommen werden, die einen Tag früher einen Termin im Konsulat hatte, und die Nacht in einem Studentenwohnheim verbringen. Meine Reise nach Amerika begann mit Begeisterung über die längste Autofahrt meines Lebens und mit einer guten Portion Angst.

Hier ist ein bisschen Hintergrundinformation angebracht. Wir alle hatten von beängstigenden Begegnungen mit amerikanischen Konsularbeamten gehört. Warum? Das amerikanische Außenministerium war mit antisemitischen, ausländerfeindlichen Mitarbeitern durchsetzt. Auf Anordnungen hin, die vor der Öffentlichkeit verborgen blieben, lehnten diese gehorsamen oder voreingenommenen Konsuln potenzielle Einwanderer wegen der kleinsten Mängel in ihren Papieren oder gar unter erfundenen Vorwänden ab.

Anfang Oktober 1937 stand ich mit leichter Ehrfurcht und für nur fünfzehn kurze Minuten vor dem Mann, der – ohne mein damaliges Wissen – mein Leben in seinen Händen hielt. Der Name des amerikanischen Generalkonsuls war Malcolm C. Burke, ein gewaltiger, beeindruckender Mann von fünfzig Jahren. Auf Deutsch fragte er mich nach Namen, Geburtsdatum, Schulbildung und, offenbar um Amerika vor Schwachköpfen zu schützen, nach der Summe von achtundvierzig plus zweiundfünfzig. Meine tadellosen Antworten führten zu seinem Stempel und seiner Unterschrift auf meinem »Jugendausweis«. In wenigen Minuten hatte ich die Papiere erlangt, die Tausende damals vergeblich begehrten.

Erst viele Jahre später, als ich mir des Wunders dieser fünfzehn Minuten voll bewusst war, entwirrte sich mir das Rätsel meines Glücks. Die eidesstattliche Erklärung meines Onkels, das war mir schon lange klar, muss einem erfahrenen Konsularbeamten wie Burke so gut wie wertlos erschienen sein. Onkel Benno war ein arbeitsloser Bäcker mit einer Familie, die er ernähren musste. Er verdiente seinen Lebensunterhalt durch das Wohlwollen seiner Gewerkschaft, die ihm Vertretungsarbeit zuschanzte. Burke muss die List meines Onkels durchschaut haben. Ich fragte mich, warum dieses Dokument angenommen worden war. Die Antwort fand ich, wie es bei einem Hochschullehrer fast unvermeidlich scheint, in einem Buch. Nach dem Krieg kannte ich fast den ganzen Schrecken der Nazi-Jahre, zum

Teil durch die allmählichen Enthüllungen meiner US-Armee-Aufklärungseinheit. Ich suchte, wie so viele andere auch, nach Erklärungen für das Unerklärliche, einschließlich der Gleichgültigkeit der vielen potenziellen Asylländer. Und so blätterte ich in der Zweigstelle unserer öffentlichen Bibliothek die erste Ausgabe von Arthur D. Morses *Warum sechs Millionen starben* durch. Und da fand ich es. Der Index des Buches führte zu dem amerikanischen Konsul in Hamburg, Malcolm C. Burke, der eifrig nach Schlupflöchern suchte, die den Verfolgten die Flucht nach Amerika ermöglichen würden. Er hatte mir das Leben gerettet. Welch ein Unterschied zu dem vorurteilsbehafteten Konsul in Stuttgart, der Juden durch starres Festhalten an Vorschriften von Amerika fernhielt!

Und das ist, in groben Zügen, meine Geschichte, wie ich sie früher erzählen konnte. Heute weiß ich, dass ich über einen wesentlichen Teil meiner Befreiung aus Nazideutschland bis ins hohe Alter von einundneunzig Jahren keine Kenntnis hatte. Ich hatte mich natürlich oft gefragt: Ist das Ereignis meiner Befreiung nicht eine unwahrscheinliche Geschichte? Erinnern Sie sich daran, dass meine Rettung von allen möglichen glücklichen Wendungen abhing. Da war mein Onkel, ein arbeitsloser Bäcker, der einen erfahrenen Konsularbeamten ausgetrickst hatte. Oder warum hatte der Konsul in Hamburg mir diese lächerliche Frage gestellt: »Wie viel ist achtundvierzig plus zweiundfünfzig?« – etwas, das ein halb so altes Kind wie ich hätte beantworten können? Und warum begegnete ich bei meiner Einwanderung so vielen Mitgliedern eines Komitees, von dem ich noch nie zuvor gehört hatte? Bestimmt gab es Lücken in meiner Geschichte!

Aber ich greife vor. Ein Brief des New Yorker Komitees erreichte uns ohne Verzögerung. Es war ein Datum für meine Überfahrt festgelegt worden, und ich sollte einige Stunden vor Abfahrt des Schiffes am 5. November 1937 am Pier sein. Eine Woche vor meiner Abreise gaben meine Eltern eine Abschiedsfeier für mich und meine Freunde – kein einziger Nicht-Jude unter ihnen in diesem vierten Jahr des Nationalsozialismus. Die Feier verstärkte meinen Sinn für Abenteuer. Wenn ich jetzt zurückblicke, wurde diese optimistische Erwartung ausgelöscht durch die Realität, die folgte. Als ich mich von meinen Eltern, meinem Bruder und meiner Schwester verabschiedete, dachte ich, dass wir bald wieder vereint sein würden, und das milderte die Trauer über den Abschied. Ich sah niemanden aus meiner Familie je wieder. Ich glaubte einmal, ich könnte auch über ihren Tod im Warschauer Ghetto schreiben. Doch dann hörte ich bei sporadischen Besuchen in Hildesheim von Fremden erschütternde Details ihrer letzten Tage zu Hause. Die Verdrängung, die ich über so viele Jahre praktiziert hatte, setzte wieder ein. Wir alle müssen mit unseren Dämonen fertigwerden, so gut wir können.

Mein Vater fügte vor meiner bevorstehenden Auswanderung seine eigenen Anweisungen hinzu. Während der gesamten Nazizeit hatte er meinem Bruder und mir ständig eingetrichtert, dass wir unauffällig bleiben sollten: »Ihr müsst wie unsichtbare Tinte sein«, warnte er. »Ihr werdet Spuren eurer Existenz hinterlassen, wenn die unsichtbare Tinte in besseren Zeiten wieder sichtbar wird, aber in der Zwischenzeit ...« Seine Stimme wurde leiser. Er erinnerte mich auch daran, dass meine Überfahrt auf einem Schiff der Deutschen Hapag Lloyd gebucht war und ich daher deutsches Territorium erst verlassen würde, wenn ich auf amerikanischem Boden gelandet sei. Die Ermahnung meines Vaters verankerte sich in mir. Viele Jahre trug ich ihre psychische Last mit mir herum. Aber die Worte meines Vaters enthielten auch die Metamorphose, aus der ich mein Leben formte: die Macht der Worte für eine Karriere zu nutzen, in der ich lehre, schreibe und über die Jahre hinweg zu Tausenden über mein Leben spreche und über die Erkenntnisse, die man daraus gewinnen kann.

# KAPITEL 3

## Ankunft in Amerika

Keine Vorahnungen begleiteten mich auf dem Hapag-Lloyd-Schiff, das uns, eine Gruppe jüdischer Jugendlicher und eine deutsch-jüdische Sozialarbeiterin, von Bremerhaven nach New York brachte. In der Tat waren wir ständig zu Streichen aufgelegt und zeigten im Allgemeinen schlechte Manieren, die die natürliche Kompensation langer unnatürlicher Zurückhaltung waren. Jahre, in denen uns täglich gesagt wurde, dass wir als Juden besser als gut und auf jeden Fall unauffällig sein müssten, so, wie unsichtbare Tinte. Mein eigener zeitlich unangebrachter Abstecher in die Rebellion – der mich noch immer schaudern lässt – ist, dass ich plötzlich eine blasierte Haltung annahm, als wir in den New Yorker Hafen einliefen. Als alle anderen Passagiere zur Reling eilten, um sich von der Freiheitsstatue begrüßen zu lassen, schlenderte ich beiläufig hinüber, wie jemand, den nichts überraschen kann.

Bevor wir von Bord gingen, verabschiedeten wir uns von einem amerikanischen Gentleman, der sich unterwegs mit uns angefreundet hatte. Seine offene Art und Großzügigkeit – er spendierte unserer gesamten Gruppe ein exotisches Getränk namens Coca-Cola – überzeugte uns davon, dass er einer dieser legendären amerikanischen Millionäre war. Gegen Ende unserer Reise erzählte er uns, dass er ein urlaubender Briefträger sei, der seine Ersparnisse für eine Europareise gehortet hatte. Wir glaubten ihm kein Wort und mutmaßten, unser »Millionär« wolle inkognito bleiben. Meine Wertschätzung für die Aufstiegsmöglichkeiten innerhalb der sozialen Hierarchie Amerikas – sie hat sich in letzter Zeit reduziert – kristallisierte sich erst viel später heraus.

Die zwei Tage in New York haben wenig zu meiner Amerikanisierung beigetragen. Ich wurde am Pier empfangen und vom Vertreter eines jüdischen Komitees und einer Cousine meiner Mutter aus Essen durch die Einwanderungsbehörde bugsiert. Meine Green Card war in bester Ordnung; fünfzig Jahre später sollte sie dabei helfen, eine Exil-Ausstellung der Deutschen Bibliothek in Frankfurt zu bebildern. Von einem solchen Bekanntheitsgrad konnte an meinem ersten Tag in New York keine Rede sein. Tante Klärchen nahm mich ins Schlepptau und sprach eine schwer zu verstehende Mischung aus Deutsch und Englisch. »Wir fahren jetzt mit der Subway. Duck dich mal unter die Turnstile, dann brauchst du keinen Nickel zu bezahlen!« Ihren Anweisungen folgend, beging ich meine erste amerikanische Ordnungswidrigkeit, indem ich den Bahnsteig betrat, ohne zu bezahlen. Meine Erinnerungen an New York sind ein Wirrwarr von Wolkenkratzern (»Look out, die Wolkenkratzer!«, rief Tante Klärchen), U-Bahnen und einer seltsamen Art von Gastronomie (»Automatenrestaurant«, sagte Klärchen), wo man Geld einwarf, um das Produkt seiner Wahl zu erhalten. Das Essen schmeckte nach nichts. Früh lernte ich in Amerika, dass sich Technologie oft auf Kosten von Substanz durchsetzt. Tante Klärchen sagte: »Mahlzeit, my boy«, als sich unsere Wege am Ausgang des Automatenrestaurants von Horn und Hardart trennten.

Das Komitee in New York entschied, dass mein Englisch gut genug sei, um mich unbegleitet die Zugfahrt nach St. Louis unternehmen zu lassen, wo Onkel Benno und Tante Ethel wohnten. Als wir vom Osten in den Mittleren Westen rasten, nahm meine Bewunderung sowohl für die Größe Amerikas als auch für die des Wortschatzes zu. Was letzteren betrifft, tauchte ein merkwürdiges Versäumnis von Herrn Tittel und dem »Boxer« auf. Nachdem ich meinen Hauptgang im Speisewagen beendet hatte, fragte mich der Steward, die erste schwarze Person, mit der ich je gesprochen hatte, einsilbig: »Pie?«, also »Kuchen«. Ich dachte, das war seine Art, »bezahlen« zu sagen, also »pay«, und zog meinen vom Komitee gestifteten Essensgutschein hervor. Da wiederholte er seine knappe Frage noch zwei weitere Male mit sich steigernder Lautstärke. Der an den Tisch gerufene Vorgesetzte, der ebenfalls an meiner offensichtlichen Begriffsstutzigkeit scheiterte, teilte dem Steward salomonisch mit: »Bring ihm ein Stück Apfelkuchen!« Von diesem Moment an klebte dieses Wort an mir wie der gelatinöse Glibber, der den Kuchen zusammenhielt. Diese Erfahrung kam mir sehr gelegen. Als Verfasser von Lehrbüchern habe ich immer auf Illustrationen bestanden, auch dort, wo Bilder keine Erinnerungen an Geschmacksnerven knüpfen können.

Eine andere Seite Amerikas, von der Herr Tittel nicht zu träumen wagte, entfaltete sich vor mir in Chicago, wo mir die erwähnte kultivierte Komitee-Frau während eines dreistündigen Aufenthaltes eine Stadtrundfahrt in ihrem Auto anbot. Sie schloss die Tour mit einem Bummel über den Flohmarkt in der Maxwell Street ab. Sowohl die Verkäufer als auch die Käufer waren, zumindest zu dieser Zeit, weitgehend jüdisch; einige von ihnen trugen sogar Yarmulkas, die Kopfbedeckung männlicher Juden. Als ich sie in ihren unbefangenen Transaktionen und im entspannten Miteinander beobachtete, begann sich meine jahrelange Gehemmtheit, mein Bedürfnis, mich in mich selbst zurückzuziehen, langsam, wenn auch noch nicht ganz, aufzulösen. Es dämmerte mir, dass ich in meinem neuen Land keiner unsichtbaren Tinte ähneln, sondern mich vielmehr gegen meine erzwungene Unauffälligkeit auflehnen musste. Andere, wie diese Glaubensgenossen, die auf dem Markt um die Maxwell Street herumschwirrten, hatten das bereits für mich getan.

Eine Schar von Verwandten, die mir aus verschiedenen Familienalben vertraut waren, begrüßte mich an der Union Station in St. Louis. Onkel Benno, der eine Nachtschicht arbeitete, war nicht unter ihnen. Ich traf ihn um Mitternacht. Er war ein kleiner, gedrungener Mensch, von der Weltwirtschaftskrise angeschlagen, aber nicht ausgezählt. Was ihn aufrecht hielt, war seine Flucht in gemeinverständlich dargestellte Mystik; schon in der ersten Nacht versuchte er, mich zum Rosenkreuzertum zu bekehren. Er hatte ein hartes Leben und entschuldigte sich nicht für die beengte Wohnung, die so ganz anders war als das geräumige westfälische Haus seiner Eltern, meiner Großeltern. Er ging auch nicht darauf ein, dass ich mein Bett mit einem anderen Flüchtlingsjungen teilen musste, der dort von dem allgegenwärtigen jüdischen Komitee gegen eine kleine Vergütung für meine Tante und meinen Onkel untergebracht worden war. Dennoch brachen meine Träume vom abenteuerlichen Amerika in diesen ersten Tagen nicht zusammen. Vielmehr spielten sie sich nun in einem reduzierten Maßstab ab. Unendlichkeit, so sagt uns heute die Chaostheorie, kann in kleinen Räumen angetroffen werden, wenn die Messungen nicht auf den Kosmos, sondern auf atomare Teilchen angewandt werden.

Meine Erkundung Amerikas mit Langstreckenzügen begann auf meiner Reise nach St. Louis. Dort angekommen, entdeckte ich Amerikas ergänzendes kostenloses Transportmittel, das Hitchhiking (Trampen) genannt wird. Ich erkundete den Süden von St. Louis mit seiner deutschen Nachbarschaft, angrenzend ans italienische Viertel. Ich ging im Crevecœur-See schwimmen, was ich gegenüber der freundlichen Dame, die mich mitnahm, auf französische Weise aussprach und nicht in ihrem gedehnten Mittelwest-Dialekt als »Creavecar«-See. So wusste sie zunächst gar nicht, was ich meinte. Oft fuhr ich per Anhalter in die Innenstadt von St. Louis und suchte Zuflucht in der Bibliothek (nahebei das »White Castle«, das »Weiße Schloss«, in dem man für zehn Cent ein Eiersandwich und ein

Glas Kakao bekam), und zum Forest Park mit seinem Jefferson-Denkmal und dem Kunstmuseum, in dem eine Nachbildung von Lindberghs Flugzeug »Spirit of St. Louis« untergebracht war.

Gemeinsam mit meiner neuen Familie ging ich an jüdischen Feiertagen zu einem kleinen Gebetshaus ein paar Straßen weiter. In unserer Gegend konnten sich nur wenige die beträchtlichen Mitgliedsbeiträge für die prachtvollen Tempel von Rabbi Isserman oder Rabbi Gordon, beide fesselnde Redner, leisten. Unsere behelfsmäßige Synagoge hingegen war kahl. Den Vorsitz hatte Herr Ansky, ein ehrenamtlicher Kantor. Aber trotz der bald vertrauten Gesichter wirkten die Feiertagsgottesdienste nicht richtig für mich. Ich vermisste die Synagoge in meiner Heimatstadt, noch mehr das vertraute Ritual, die gewohnte Aussprache der hebräischen Vokale und die jährlich angestimmte liturgische Musik. Was ich mir als ganz einfachen Übergang von einem jüdischen Gottesdienst zum anderen vorgestellt hatte, erwies sich als gewaltiger Hindernislauf, den ich in der Tat nie ganz gemeistert habe. Katholische Exilanten haben mir erzählt, dass sie, wohin sie auch gingen, einen spirituellen Anker gefunden haben in der »gesegneten Gleichheit« des damals vorherrschenden lateinischen Rituals. Ich habe die hebräischen Melodien, die in Amerika üblich waren, nie mit dem gleichen Beiklang glücklicher Kindheitserinnerungen gesungen, wie ich sie in der im orientalischen Stil gehaltenen Synagoge in Hildesheim gesammelt hatte. Aber das war ein geringfügiges religiöses Anpassungsproblem, das nach der traumatisierenden Nachricht vom 9. November 1938 völlig bedeutungslos wurde. Ein Zeitungsjunge, der die von uns abonnierte St. Louis Star-Times verkaufte, rief »Synagogen brennen in Deutschland! Lesen Sie alles darüber!« Manchmal höre ich seine Rufe, gesteigert zu Geschrei, zu Zeiten und an Orten, wo ich es am wenigsten erwartet hätte: bevor ich ganz wach werde, beim Gottesdienst, und ganz sicher, wenn ich in Hildesheim bin. Und dann erlebe ich jedes Mal wieder das Gefühl des Verlusts und verwünsche die Täter.

Gelegentlich ging ich mit meiner Tante – sie lud mich ein – ins Plymouth Kino. Dienstagabend war »Damenabend« im Plymouth. Das bedeutete für Damen ermäßigte Eintrittspreise, Gutscheine, die, wenn ausreichend gesammelt, schließlich gegen »kostenloses« Haushaltsporzellan eingelöst werden konnten, und eine ständige Schonkost mit Filmen zweiter Klasse. Ihre zuckersüße Machart spielte für mich keine Rolle: Die Hauptfilme mit verwelkten Matinee-Idolen wie Rudy Vallée bereicherten mein Englisch und vermittelten mir sehr grundlegende Amerikanisch-Kenntnisse. Was ich verpasst hatte, weil ich nicht in Amerika aufgewachsen war, habe ich im Plymouth Kino oder auf andere merkwürdige Weise aufgeschnappt. Aus einem Film über ein Liebesdreieck mit einem völlig vorhersehbaren Happy End lernte ich die Volksweise »Who's Coming around the Mulberry Bush«, gesungen von einem der Verehrer über seinen Rivalen. Ich lernte den Westen Amerikas so unrealistisch kennen wie ein einheimischer, lebensfroher amerikanischer Junge, als ich in ein hochsommerlich heißes Freiluftkino im Wellston-Einkaufszentrum ging, wo Gene Autry in einem Film wiederholt und mit Gesang verkündete, er sei »ein glücklicher, umherziehender Cowboy«. Ich lernte englische Kinderreime, mit denen meine amerikanischen Zeitgenossen alle aufgewachsen waren, indem ich einen »Mother Goose«-Krimi las, in dem sie zitiert wurden. Abends versammelten wir Heranwachsenden uns im Vorgarten der Eltern eines Mitschülers, als Treffpunkt nicht schlechter als heutige Nachtklubs, tranken dünne Limonade, flirteten unschuldig und sangen traditionelle amerikanische Lieder wie »On Top of Old Smokey«.

In diesen backofenheißen Sommernächten in St. Louis vertrauten wir uns gegenseitig unsere eigenen Versionen des amerikanischen Traums an. Wie ehrgeizig wir alle waren! Aus unserer Nachbarschaft, die sich auf drei bis vier Straßenzüge der überwiegend jüdischen West Side von St. Louis beschränkte, gingen einer der erfolgreichsten Geschäftsleute der Stadt, ein führender Dirigent und Musikwissenschaftler, ein renommierter Arzt und Missouris zukünftiger Vize-Gouverneur, Kenneth Rothman, hervor. Die Träume meiner amerikanischen Zeitgenossen haben meine eigenen unterstützt und gelegentlich wiederhergestellt. Das geschah zum Beispiel, als meine Tante und mein Onkel, die zugleich meine Erziehungsberechtigten waren, vorschlugen, mich von der Highschool zu nehmen und an einer Handelsschule anzumelden. Sie hatten irgendwo gelesen, dass der Weg zu einer späteren Beschäftigung mit dem Erlernen eines Handwerks begann. Ich kämpfte gegen die Idee und gewann.

Ich wusste instinktiv, dass die Soldan Highschool, an der ich innerhalb von fünf Tagen nach meiner Ankunft in St. Louis angemeldet wurde, ideal für mich war. Einfach gesagt, es war Amerika von seiner besten Seite. James Hotchener schrieb später *King of the Hill*, einen Roman über die Schule während der großen Depression. Im Jahr 1993 wurde aus dem Roman, bei dem der Name der Institution und ihrer Verwalter leicht abgeändert wurde, ein inspirierender Film. Er erzählt von einem Jungen, manchmal tragisch, oft auch mit schwarzem Humor und komisch, der sich trotz einer zerbrechlichen Familienstruktur und wachsender Schulden abmüht, erfolgreich zu sein. Es ist nicht ganz meine Geschichte; glücklicherweise fehlte in meinem Leben diese Art von Drama und Traumata. Ich war nie völlig pleite. Ein entfernter, wohlhabender Verwandter gab mir alle zwei Wochen ein Taschengeld von fünfzig Cent, wenn er es nicht vergaß, und meiner Tante und meinem Onkel wurde nie mit einer Räumung gedroht. Aber der Film hat Soldan für mich wieder so wachgerufen, wie sie damals war. Schüler aus recht vermögenden Familien verkehrten mit Kindern, die abgenutzte Kleidung trugen. Die Direktoren, Herr Stellwagen und Herr

Barr, und fast alle Lehrer waren großartig. Sie hatten sich zum Ziel gesetzt, mit den besten Schulen zu konkurrieren, die speziell auf einen Universitätsbesuch vorbereiteten. Unterm Strich hatten sie Erfolg. Als Pädagoge, der etwa fünfundfünfzig Jahre gelehrt hat, bin ich sicher, mit meiner Darstellung der zwei Soldan-Jahre nicht der Versuchung erlegen zu sein, die sprichwörtliche goldene Schulzeit zu idealisieren.

In der Soldan-Schule habe ich amerikanische Geschichte, politische Strukturen, Kultur und Literatur aufgesogen. Fragen Sie mich heute nach Andrew Jacksons Populismus, der Ernennung von US-Senatoren, die ihrer Wahl durch das Volk vorausging, oder den Gedichten von Longfellow, und ich werde noch immer in der Lage sein, das von Frau Mott, »Doc« Bender und Frau Nagle vermittelte Wissen nachzuplappern.

Die Regeln waren in etwa so streng, wie ich es aus Hildesheim kannte. Kein Rauchen innerhalb von zwei Straßenzügen um das Schulgebäude, keine Fluchworte (auch keine milden) im Unterricht, kein Treppensteigen in verkehrter Richtung und absolut keine unentschuldigten Abwesenheiten. Aber diese Regeln wurden durch persönliche Aufmerksamkeit und Fürsorge gemildert, nein, versüßt. Sicher, es versteckten sich auch ein paar Bösewichte in unserer idyllischen Umgebung. Herr Patrick, ein Englischlehrer, mochte keine Ausländer, und die Schülerinnen mieden einen der Mathematiklehrer, der auch als Footballtrainer fungierte und Frauen als unqualifiziert für seine Disziplin erachtete.

Aber im Allgemeinen war Freundlichkeit die Grundstimmung in Soldan. Schon an meinem ersten Tag in der Schule deutete sich das an. Herr Stellwagen empfing mich persönlich und teilte mir mit, dass die Deutschlehrerin Frau Muller auch meine Beratungslehrerin sein werde. Dann händigte er mir mein Programm aus und fragte, ob ich auch Interesse an außerschulischen Aktivitäten habe. Mein fragender Blick rief weitere Erklärungen und eine Auswahl von Aktivitäten hervor.

»Schwimmen und die Schulzeitung«, antwortete ich. »Selbstverständlich«, sagte er, »ich werde dich den Beratungslehrern vorstellen.« Und er entmutigte mich auch nicht, obwohl mein Englisch – damals ausgeprägter als heute – von einem Akzent gefärbt war. »Unsere Publikationen, das Jahrbuch und die Zeitung, werden Scrip und Scrippage genannt«, sagte er. »Weißt du, woher diese Namen kommen?« Verwirrtes Schweigen meinerseits. »Nun«, erklärte er, nach Lehrerart, »sie stammen aus Shakespeares *Wie es euch gefällt*: ›Lasst uns einen ehrenvollen Rückzug antreten, wenn auch nicht mit Sack und Pack, so doch mit Scrip und Scrippage.‹ ›Scrip‹ ist das alte englische Wort für Tasche oder Geldbeutel, ›scrippage‹ das von Shakespeare erfundene Wort für den Inhalt. Und dann brachte er mich zu Frau Rasmussen, die die Zeitungsmacher beriet.

In einer meiner ersten Klassen hatte ich Geometrie bei Frau Carmody. »Ah, unser neuer Schüler aus Deutschland! Nun, wir schreiben heute einen Test. Warum zeigst du mir nicht, was du kannst? Nimm einfach dort drüben Platz.« Ich las den Test und stolperte über einige Ausdrücke. Ich ging zu ihrem Schreibtisch und fragte sie: »Was ist ein ›isosceles triangle‹?« Sie ging zur Tafel und zeichnete eines. »Ah«, sagte ich mir, »ein gleichschenkliges Dreieck.« Ich bekam ein »G« (für »gut«) in diesem Test und betrachte dies immer noch als einen großen Triumph meiner akademischen Laufbahn.

Abgesehen davon, dass sie mich durch den Lehrplan geführt haben, interessierten sich einige der Lehrer auch persönlich für mich. Rose Kaufman, eine in der jüdischen Gemeinde gut vernetzte Lateinlehrerin, verschaffte mir meinen ersten Job neben der gelegentlichen Arbeit in der Schulkantine. Ich wurde Tellerwäscher im Branscom Hotel und Hilfskellner im Chase, im Jefferson Hotel und im Bismarck Café. Am Ende der Weltwirtschaftskrise waren selbst diese Jobs von hohem Wert, und Rose Kaufman setzte sich auf höchster Ebene bei Herrn Kaplan, dem Besitzer des Chase, für mich ein.

Meine Arbeit im Café Bismarck ist mir aus einem drolligen Grund unvergesslich. Einer der Eigentümer hatte auch eine Arbeit für seinen Vater gefunden, der nicht untätig sein wollte. Sein Sohn hatte ihn aus Bulgarien nach Amerika geholt, und nun verdiente er einen Lohn und lernte im hohen Alter Englisch. Nun, er kam nicht sehr weit. Wir, als Hilfskellner-Kollegen, sprachen mit ihm, denn er schien einen gewissen Einfluss auf seinen Sohn zu haben. Auf unsere Äußerungen reagierte er ausnahmslos auf eine von zwei Arten. Er sagte »Is gut«, wenn er zustimmte, und »Is nich gut«, wenn er etwas tadelte. Die anderen Hilfskellner und ich versuchten, ihn in einer Situation zu erwischen, in der man keine der beiden Floskeln anwenden konnte. Das ist uns nicht gelungen, aber ich habe diesen exzentrischen alten Mann nie vergessen, und seine beiden Antworten in fehlerhaftem Englisch sind in unseren eigenen vier Wänden juxhalber immer noch häufig zu hören.

Diese Anfängerpositionen waren eine gute Starthilfe für eine »Karriere« im Bereich Zimmerservice und dann Bedienung im Speisesaal mit vollem Gewerkschaftsstatus. Meine Erhöhung in diesen erhabenen Stand kam überraschend zustande durch Johnny Ittelson, einen der bemerkenswertesten, wenn auch unbesungenen Exilanten in St. Louis. Ittelson war nach einer kurzen obligatorischen Wartezeit in Kuba nach St. Louis gekommen, hatte verschiedene Karrieren hinter sich, zunächst als Spirituosenverkäufer – Verkäufer des Jahres für die Schnapsproduzenten McKesson und Robbins –, dann als Oberkellner im Jefferson Hotel in St. Louis und ferner als Eigentümer eines (erfolglosen) Unternehmens, einer europäisch geprägten gehobenen Gaststätte, dem Continental, das am Eingang des viel besuchten Forest Park lag.

Seine Restaurantgründung brachte auch mir großen Fortschritt. Ich stieg von der niedrigen Position eines Hilfskellners zum Status eines Kellners auf. Johnny und ich hatten uns im Jefferson kennengelernt, als er Oberkellner und ich Hilfskellner war. Als er sein Restaurant gründete, empfand er ein Gefühl der Loyalität dem Exilgefährten gegenüber und heuerte mich als Kellner im Continental an.

Erst im Nachhinein weiß ich die Gefälligkeiten, die Rose Kaufman und Johnny Ittelson mir erwiesen haben, voll und ganz zu schätzen. Natürlich war meine Ausbildung in der Soldan Highschool von unschätzbarem Wert, aber notwendigerweise in ihren Grenzen. Indem ich für eine Zeit Mitglied der amerikanischen Arbeiterklasse wurde, gewann ich Einsichten, die selbst vielen Amerikanern nicht zugänglich waren, die in diesem Land geboren sind.

Diese zusätzliche Erfahrung war zweiteilig. Ich hatte die Gelegenheit, mit Männern und Frauen zu arbeiten, die so ganz anders waren als meine späteren Kollegen im akademischen Leben: Da war Calvin, der Tellerwäscher aus Indiana, der damit drohte, »mir die Sch…e aus dem Leib zu prügeln«, und mir tatsächlich einen Boxhieb verpasste, weil er das Gefühl hatte, ich hätte von oben herab mit ihm gesprochen, während ich nur mein übliches Vokabular benutzte. Ich lernte bald, seinen Jargon zu sprechen. Dann war da noch der Mitkellner, der mich nur mit dem Namen Abie (Abraham) ansprach, eine Anspielung darauf, dass ich Jude war. Schließlich gab es noch die einzige Kellnerin in unserer Gruppe, die sehr tüchtige Opal, mit der ich als Kellner zusammenarbeitete und die versprach, mich mit gewissen Abenteuern vertraut zu machen, für die ich noch nicht bereit war.

Die neue Sichtweise ergänzte das, was in meinem bürgerlichen Umfeld in Hildesheim gefehlt hatte; dort bestand die jüdische Gemeinde zum größten Teil aus etablierten Fachleuten aus Industrie und Handel, Recht, Medizin, Kunst und Musik, und es gab nur wenige Unternehmer, die durch ständigen Einfallsreichtum überleben mussten. Hohe Wendigkeit aber zeichnete meinen neuen Freund Johnny Ittelson aus. Er hatte in Amerika schließlich Erfolg, weil er über Standardkonventionen hinausdenken konnte und – obwohl er oft scheiterte – nie unten blieb. Auf gut Glück versammelte er eine Gruppe von Immigranten um sich, die selbst die meisten Experten für Exilforschung nie kennengelernt haben. Wenn ich nicht für Johnny gearbeitet, ihn mit seinen Stärken und Schwächen nicht erlebt, seine »Sich-nicht-unterkriegen-lassen«-Haltung nicht geschätzt und nachgeahmt hätte, dann hätte ich diesen Einblick nicht bekommen.

Für kurze Zeit erlaubte er mir Zutritt auch zu einem der (zumindest im Mittleren Westen) wenigen Treffpunkte, an dem sich nahezu alle Flüchtlinge jeglicher Herkunft und jeglichen Standes, die in der Stadt lebten, begegneten und von einem neugierigen Jugendlichen beobachtet werden konnten. Das kam nur dadurch zustande, dass der unglaubliche Johnny den Mut gehabt hatte, ein Restaurant zu eröffnen. Eine meiner Beobachtungen reflektiert diese Gruppe von Exilanten nicht unbedingt von ihrer besten Seite: Von Anfang an hatte Johnny in einem Hinterzimmer des Restaurants drei Flipperautomaten aufgestellt. Bald waren die Spieler es leid, ihre Fähigkeiten auf dem Spielfeld nur gegen die Maschine anzuwenden. Sie fingen an, gegeneinander zu wetten, und zwar um Beträge, die heute als lächerlich gelten würden. Der Wettbewerb wurde so heftig, als befänden sich die Spieler in Monte Carlo oder Las Vegas. In der Tat musste Johnny einige Male eingreifen, wenn die Gegner tätlich zu werden drohten. Bei einer dieser Gelegenheiten hatte ein Teilnehmer der Maschine einen verbotenen Stoß versetzt, um den Verlauf der Flipperkugel zu korrigieren, und eine lahme Entschuldigung dafür geliefert, dass er mit seiner den Gegnern abgeknöpften Beute verschwinden wollte. Dies führte tatsächlich zu einer Schlägerei, bei der Johnny einmal mehr seine Führungsqualitäten unter Beweis stellte und die Streithähne erfolgreich voneinander trennte. Seine mannigfaltigen Talente beeinflussten mich nachhaltig. Daher möchte ich seine Person und unsere kurze »Verbindung« umfassend beschreiben.

Johnny zeigte sich am Eröffnungsabend seines Restaurants von seiner besten Seite. Seine Planung war sorgfältig gewesen. Er hatte die finanzielle Rückendeckung seines Cousins Henry, und die Einrichtung seines Restaurants ließ keine Wünsche offen. Tische und Stühle erinnerten an den Bauhaus-Stil. Wunderschöne hellbraune Servietten, gefaltet in Kronenform, passten farblich zu den Tischdecken. Es gab einen Musikautomaten, der Melodien aus Operetten spielte und zu jeder vollen Stunde mit voller Lautstärke das Lied »The Continental« aus einem Fred-Astaire-Film ausspuckte. Johnny selbst wies den Gästen ihre Plätze an und war für die Bedienung der Kasse zuständig. Sein Geist schwebte – ja, schwebte – über der gesamten Innenausstattung.

Johnnys Planung zahlte sich aus. Unter den Ankömmlingen entdeckte ich Mitglieder der High Society von St. Louis, die mir bisher nur aus den Gesellschaftskolumnen unserer Lokalzeitungen bekannt waren. Selbst August Busch, der berühmte Inhaber der gigantischen Brauerei Anheuser-Busch, tauchte mit großem Gefolge auf. Johnny hofierte diese Gesellschaft zum Abschied, küsste den Damen – zu ihrer Überraschung und Bestürzung – die Hand und zog eine Show ab, die an Paris in seiner glanzvollsten Zeit erinnerte.

Ich kehrte todmüde von der Arbeit zurück. Die Tische in meinem Bereich waren drei- oder viermal besetzt worden. Der Abend markierte einen etwas holprigen Eintritt in meinen Status als Kellner. Aber Herr Busch belohnte meine ernsthaften Bemühungen mit einem großzügigen Trinkgeld.

Leider hielt der Triumph des Eröffnungsabends die kommenden Wochen nicht an. Die guten Bürger von St. Louis waren zunächst aus reiner Neugierde in das neue Restaurant geströmt. Als diese befriedigt war, ließ ihnen der Duft der pikanten Spaghettisauce, der sich von dem stadtbekannten italienischen Restaurant Garavelli auf der anderen Straßenseite ausbreitete, den Mund viel wässriger werden als das schwer auszusprechende (und ebenso schwer verdauliche) Cordon Bleu unseres Gourmet-Restaurants.

Anstelle der Hautevolee von St. Louis zog der Flüchtlingskreis ein, allerdings nur für Kaffee und Kuchen am Nachmittag. Es gab einen Friseur, wohlhabender als die übrigen Flüchtlinge, der in Berlin eine exklusive Kundschaft gehabt hatte und der zu meinem Lieblingskunden wurde. Er verpasste mir einen unverwechselbaren, wenn auch unamerikanischen Haarschnitt, den ich in einer Zeit meines Lebens, in der ich noch häufig zum Friseur gehen musste, stolz zur Schau trug. Er gab mir ein im Verhältnis zu meinem spärlichen Lohn hohes Trinkgeld von fünfzig Cent, wenn er und seine Frau im Continental zu Abend aßen. Ebendiese Summe zahlte ich ihm zurück, wenn er mir exquisit die Haare schnitt.

Trotz einiger weniger solcher Stammgäste sanken die Einnahmen des Restaurants und damit auch mein Trinkgeld stetig. Johnny wurde launisch. Zum Beispiel nahm er es mir übel, dass ich nicht nur Kellner in seinem Lokal war, sondern auch Student an der Saint Louis University. Denn ihm wurde klar, dass ich anstrebte, Teil des Establishments zu werden. »Du lernst Spanisch?« Er spielte auf seine Zeit in Kuba an, als er hinzufügte: »Ich könnte dir das auch beibringen!«

Als die Stellen für Johnnys Restaurant-Experiment von der Gewerkschaft ausgeschrieben wurden, gab es nur wenige Bewerbungen. Daher befanden sich unter uns Kellnern einige Exzentriker und ein etwas seniler Rentner, der langsam durch den Speisesaal schlurfte. Dann gab es mich, den Grünschnabel, und auch einen Kollegen, der oft nicht ganz nüchtern war und mir in unserer Garderobe manchmal unter Tränen erzählte, was der Dämon Alkohol ihm in der Vergangenheit angetan hatte. Ich hatte Mitleid mit ihm, aber er fand wenig Verständnis bei den Gästen, deren Bestellungen er auch noch beim zweiten Mal hoffnungslos vermasselte. Die Gewerkschaft, an Kummer mit ihm gewöhnt, stimmte schließlich seiner Entlassung zu. Zugegebenermaßen waren wir alle keine Musterexemplare unseres Berufsstandes. Um den drohenden Niedergang des Restaurants abzuwenden, bestand Johnnys erste konkrete Maßnahme im Personalabbau. Er begann mit uns Kellnern.

Um seinen Charme noch spürbarer unter unseren Kunden verbreiten zu können, hatte Johnny die Hilfe seiner Eltern in Anspruch genommen. Er übergab die Kasse seinem Stiefvater, einem ehemaligen Berliner Architekten und Geschäftsmann, aus dem schließlich ein Flüchtling geworden war. Der hielt sich an das alte deutsche Sprichwort: »Wer den Pfennig nicht ehrt, ist des Talers nicht wert.« Und aus diesem Grund beäugte er jeden Posten auf der Rechnung mit unendlicher Sorgfalt, während die wartenden Gäste in wachsender Frustration mit den Knöcheln auf den Tresen klopften. Johnnys Mutter hingegen, eine aristokratisch aussehende Dame mit piepsiger Stimme, die von ihren Freunden prompt den Spitznamen »Piepschen« erhalten hatte, ergänzte unser zusammengewürfeltes Personal als eine Art Betreuerin. Gemessenen Schrittes ging sie von der Küche in den Speisesaal und zurück und gab gut gemeinte Ratschläge zur Kostensenkung. Unser Chefkoch, ein hochqualifizierter Meister seines Fachs von den Philippinen, lief rot an, sobald er sie erblickte. In eleganter Sprache gab sie ihm den Rat, man solle das Einwickelpapier für Butter nicht einfach wegwerfen. »Es eignet sich hervorragend zum Einfetten von Töpfen und Pfannen.«

Eines Tages war die Geduld des Kochs am Ende. Er warf seine Schürze auf den Boden, verschwand wie der Blitz und wurde wieder entdeckt, als er von der Konkurrenz auf der anderen Straßenseite angeheuert worden war. Seine Position wurde mit dem Zweitkoch besetzt, aber dieser Held war kaum in der Lage, in die Fußstapfen seines ehemaligen Chefs zu treten. Der allmähliche Zusammenbruch unserer Infrastruktur entging nicht dem scharfen Blick von Johnnys schicker, berechnender Berliner Gattin. Sie wurde aktiv und konfrontierte Johnny einige

Wochen später mit einem Scheidungsantrag. Bald darauf verschwand sie aus unserem Blickfeld. Johnny, abwechselnd deprimiert, wütend und trotzig, suchte kurzfristig Trost bei wohlhabenden Kundinnen, die ihn so grenzenlos bewunderten wie zuvor. Was ihn aber am meisten umtrieb, war die Rettung seines Restaurants. Er schrieb Briefe an die Redakteure wichtiger Zeitungen und benutzte mich als seinen Ghostwriter und Redakteur.

Dann klingelte eines Morgens das Telefon im Haus meiner Tante und meines Onkels. Johnny bat mich, früh ins Restaurant zu kommen, weil er eine kolossale Idee habe. Sofort nach meiner ersten Vorlesung an jenem Tag riss ich mich aus dem goldenen Zeitalter der spanischen Literatur los und landete in der harten Realität eines Unternehmens, das kurz vor dem Bankrott stand. Aber auf Johnnys Gesicht war ein strahlendes Lächeln. »Du sollst der Erste sein, der von meiner Rettungsaktion erfährt«, sagte er. »Wir werden europäische Bräuche nachahmen und ein Kostümfest in unserem Restaurant veranstalten.« Ich muss berichten, dass sein Kostümball nur die üblichen verarmten europäischen Flüchtlinge anzog. Meine Trinkgelder lagen unter dem Durchschnitt. Ich hatte nur einen Trost: Eine junge Frau, die sich an ihrem Arbeitsplatz ein recht gewagtes Kellnerinnenkostüm geliehen hatte, war in der Erwartung gekommen, auf dem Kostümfest einen wohlhabenden amerikanischen Mann kennenzulernen. Wir trösteten uns gegenseitig und machten damit weiter, lange nachdem der letzte Gast weggegangen war. Das Restaurant hielt sich nur noch etwa acht Monate.

Ich musste mich anderweitig umsehen, um meine neu gewonnenen Fähigkeiten auszuüben. Ich landete beim Rose Bowl, Bar und Restaurant in einem, sehr beliebt bei Footballfans.

Bald verlor ich Johnny aus den Augen. Doch es war mir bestimmt, ihn wiederzusehen. Zwischen den beiden Begegnungen lag der Zweite Weltkrieg. 1957 war ich Professor an einer guten Universität geworden, und die deutsch-jüdisch-amerikanische Zeitung *Aufbau* hatte eine Reportage über mich veröffentlicht, in der der Name meiner Universität und meines Fachbereichs genannt wurden. Zwei Wochen später erhielt ich einen Luftpostbrief: War ich nicht sein ehemaliger Kellner im Continental und unternahm häufig Reisen in die Bundesrepublik Deutschland, in die er nach seiner Pensionierung zurückgekehrt war? Sicherlich könnte ich ihn irgendwann einmal in seiner deutschen Heimat, in Wiesbaden, besuchen. Kurz nachdem ich von Johnny gehört hatte, sollte ich mich tatsächlich auf meiner nächsten Forschungsreise in eben dieser Stadt mit einem deutschen Schriftsteller treffen. Auf den ersten Blick war von Johnny, dem einstigen Mann von Welt, nur noch wenig übrig. Er ging auf Krücken, war stark gealtert und wurde von einer älteren Mitbewohnerin begleitet, die, wie er mir zuflüsterte, eigene Gründe dafür hatte, ihm hilfreich zur Seite zu stehen, jedoch an einer Liebesbeziehung mit ihm nicht interessiert war. Doch dann sah ich ihn genauer an. Sein hellblauer Anzug passte ihm wie angegossen, sein Hemd war makellos weiß, seine alten Manschettenknöpfe glitzerten wie einst, und siehe da, sein Auto war ein fast neuer BMW. Wieder einmal war er auf den Füßen gelandet. Bevor er nach Deutschland zurückgekehrt war, hatte er als Direktor für Sonderveranstaltungen bei der Verwaltung einer amerikanischen Stadt im Mittleren Westen gearbeitet. Vielleicht hatte unser glückloser Kostümball als Testgelände gedient. Also fragte ich mich, ob dieser Mann, dessen Unternehmergeist man nicht unterkriegen konnte, dieser Visionär einer Miniaturwelt, nicht auch ein Verlust für sein Heimatland war. Hätte das Berlin der 20er Jahre ohne Diktatur weiterbestanden, dann hätte Johnny Ittelson – oder Hans Ittelson – mit seinem allgegenwärtigen Optimismus und seiner unverwüstlichen Abenteurernatur auch die eintönigste Umgebung in Schwung gebracht.

Ich bin über den Abgrund jener ereignisreichen und manchmal schrecklichen Jahre zwischen 1939 und 1957 hinweggesprungen. Im Jahr 1939 stand ich kurz vor dem Abschluss an meiner wunderbaren Highschool und dem dazugehörigen Ball. Doch wie sollte ich an die dafür passende Ausstattung kommen? Wieder einmal kam mir meine Wohltäterin, Frau Kaufman, zu Hilfe. Sie fand einen anonymen Spender, der mir eine marineblaue Jacke und weiße Flanellhosen zur Verfügung stellte, mit denen ich mich perfekt in Schale werfen konnte.

Ich habe mich weiter oben ausführlich mit der intellektuellen Strenge und der vorgeschriebenen Disziplin von Soldan befasst, weil ich glaube, dass die öffentliche Bildung das Bollwerk einer funktionierenden Demokratie ist. Meine verstorbene Frau Judith, eine Highschool-Lehrerin mit mehr als vierzig Jahren Berufserfahrung, zitierte gerne Thomas Jefferson: »Wenn eine Nation erwartet, gleichzeitig unwissend und frei sein zu können, dann erwartet sie, was nie war und nie sein wird.« Heute laufen wir Gefahr, das öffentliche Bildungswesen an Kräfte zu verkaufen, deren Ziel nicht Bildung, sondern Profit ist, und die Ausbildung informierter, weitgehend sachkundiger künftiger Bürger auf die wenigen zu beschränken, die sich die renommiertesten Privatschulen leisten können. Ist es wirklich zu spät, zum Ethos und zu den Werten von Soldan und anderen Schulen wie dieser zurückzukehren, die mich als frischgebackenen Einwanderer in den Jahren 1937–1939 umgaben? Schließlich waren diese Jahre von Krisen heimgesucht, die nicht weniger schwerwiegend waren als jene, die angeblich den gegenwärtigen Abbau des öffentlichen Bildungswesens erforderlich machen. (Ich möchte hinzufügen, dass ich die letzten Zeilen bereits 1998 schon einmal zu Papier gebracht habe.)

Einen Vorfall am Ende meiner Schulzeit betrachte ich in besonderer Weise als Gradmesser meiner fortschreitenden Amerikanisierung. Ich konnte die über Frau Kaufman besorgte Garderobe gar nicht für den Abschlussball tragen, da ich an diesem Abend im Chase Hotel Geschirr abräumen musste. Allerdings fand der Ball auch im Chase statt. Während einer Flaute im

Speisesaal besaß ich die Frechheit, in Kelleruniform mit allem Drum und Dran in den angrenzenden Ballsaal zu schlendern und meine herausgeputzten, Jitterbug tanzenden Klassenkameraden zu begrüßen. Aber bei diesem Schlendern, von dem ich wusste, dass es die Aufmerksamkeit aller auf sich ziehen würde, hatte ich den langen Weg von der Unsichtbare-Tinte-Person hin zu einem gesunden, unbefangenen amerikanischen Jugendlichen zurückgelegt.

Wäre es mir möglich gewesen, am Abschlussball teilzunehmen, hätte ich eine Klassenkameradin mit dem unwahrscheinlichen Namen Ida Mae Schwartzberg eskortiert, wie das damals hieß. Wir hatten uns bald nach meiner Ankunft in Soldan angefreundet. Eigentlich hatten wir uns erst bei der YMHA/ YWHA (Hebräische Vereinigung junger Männer bzw. Frauen) kennengelernt, wo ich trainierte, um der unspektakuläre dritte Mann im Brustschwimmerteam von Soldan zu werden. Ida Mae trug zu meiner Amerikanisierung bei, über das übliche »europäischer Junge trifft amerikanisches Mädchen«-Zeug hinaus, und zwar auf eine sehr sichtbare, hörbare und sicherlich dauerhafte Weise. Sie hatte wenig Geduld mit meinem deutschen Namen Günther, den sie als Zungenbrecher bezeichnete. Sie beschloss, die ersten beiden Buchstaben beizubehalten und ein »y« hinzuzufügen. Aus mir wurde »Guy«. Der Name blieb in der Schule an mir haften, und ich behielt ihn bei, als ich während der militärischen Grundausbildung in Camp Berkley, Texas, US-Bürger wurde. Die Leute sagen, dass er irgendwie zu mir passt, vor allem in Kombination mit meinem einsilbigen Nachnamen. Weder Ida Mae noch ich verfügten über nennenswerte Geldbeträge, also packten wir häufig einen Picknickkorb, verstauten unsere Bücher für die Hausaufgaben und gingen direkt nach dem Unterricht um 15:30 Uhr in die Freilichtoper im St. Louis Forest Park, um einen der kostenlosen Plätze in der hinteren Reihe zu bekommen, die die Stadt nach den Gründungsstatuten zur Verfügung stellte. Die Zeit, bis sich der Vorhang um 20:00 Uhr hob, verbrachten wir mit Hausaufgaben, Essen und Herumalbern. Und dann waren wir im Bann von Aufführungen solcher Musicals wie Gershwins *Of Thee I Sing* oder Jerome Kerns *Showboat*. Wir verweilten bis zur letzten Verbeugung und dem Abblenden der Scheinwerfer. Selten habe ich mich intensiver als Teil des amerikanischen Lebens gefühlt als damals. Wir summten die soeben gehörten Melodien und gingen Arm in Arm nach Hause durch den sommerlichen Forest Park. Dabei küssten wir uns wie praktisch alle Paare um uns herum. Damals begann meine Vorliebe für das amerikanische Musical. Heute, da ich im Vorstand der Kurt Weill Foundation for Music von Weills Bereicherung des Genres begeistert bin, fühle ich, wenn die Erinnerungen an die warmen Sommernächte im Forest Park, an duftende Blumenbeete und die Freude über meine erste amerikanische Liebe aufsteigen, dass sie mit einer Weill-Melodie harmonieren wie etwa »Sprich leise, wenn du von Liebe sprichst«.

Während unserer ununterbrochenen Gespräche vertieften Ida Mae und ich nicht nur unsere Romanze, sondern auch die Interessen des anderen. Ida Mae gewährte mir die ersten Einblicke in die unbekannte Welt Hollywoods. Ihr älterer Künstlerbruder arbeitete für die Disney-Studios als Zeichner für Animationsfilme. Seine Briefe nach Hause wurden mir umgehend übermittelt. Andererseits erzählte ich ihr von den Gelegenheiten, bei denen ich Aufführungen im Fox Theater in St. Louis besuchte. Ich wurde von Freunden aus dem YMHA eingeladen, sie in dieses riesige Lichtfilmhaus zu begleiten. Die Eintrittspreise hätte ich mir auf keinen Fall leisten können. Nur die freundliche Großzügigkeit meiner neuen Freunde ermöglichte dies. Sie gingen in einer Weise auf den neuen Einwanderer zu, die ihm half, schneller ein amerikanischer Junge zu werden.

Es war die Ära der Big Bands, berühmter Gesangsgruppen wie der »Ink Spots« und der Soloauftritte von Künstlern. Ein Moment eines solchen Bühnenauftritts ist mir immer noch in guter Erinnerung. Der Komiker Oliver Hardy trat ohne seinen treuen Partner Stan Laurel auf. An einer Stelle schritt er trotz seines beträchtlichen Leibesumfangs durch das Publikum und machte spontane Witze über die Personen, an denen er vorbeiging. Die Leute brüllten vor Lachen.

Meine anderen Nachmittagsausflüge, die Quintessenz amerikanischer Freizeitaktivitäten, stießen auf kein Interesse bei Ida Mae, einer energischen, attraktiven Brünetten mit entschieden individualistischen Ansichten. Sie interessierte sich für Theater, trat in mehreren Schulproduktionen auf und war von Baseball überhaupt nicht angetan. Aber mit Kurt Salomon, einem anderen Freund aus der Nachbarschaft und wie ich kürzlich aus Deutschland eingetroffen, teilte ich eine intensive, ja fanatische Zuneigung zum deutschen Fußball, dem wir allerdings zugunsten des Baseballs abschworen. Wir teilten die unglaublich nützliche Information, dass Highschool-Schüler sogenannte Astloch-Pässe erhalten konnten, die den Inhaber zum freien Eintritt auf die unüberdachte Zuschauertribüne des linken Außenfelds im Sportsman's Park berechtigten, wo sowohl die St. Louis Browns als auch die Cardinals zu Hause waren. Dort lernte ich die Feinheiten des Squeeze-Spiels kennen, durchschnittliche Schlagleistungen und eine robustere amerikanische Sprache als die Ausdrucksweise, die ich in meinen Englischklassen in mich aufnahm. Ich erinnere mich an den zierlichen Schüler einer anderen Highschool, dessen dröhnende Stimme nicht mit seiner kleinen Statur übereinstimmte. Er begrüßte jeden gegnerischen Linksfeldspieler beim Einnehmen seiner Position mit dem exquisiten Spitznamen »schimmeliges Rektum«. Hierbei handelt es sich um eine etwas abgeschwächte Version des eigentlichen Zitats. Ich bewunderte auch die kraftvollen Schläge von Joe »Ducky-Wucky« Medwick, von Johnny »The Big Cat« Mize, die Verteidigungskunst von Terry Moore und die spektakulären Würfe von Buck »Bobo« Newsom von den Browns. Tatsächlich wurde ich einmal, als ich per Anhalter von Soldan zum Sportsman's Park fuhr, vom All-Star-Pitcher der Browns persönlich mitgenommen. Er bemerkte meinen Akzent, stellte mir einige persönliche Fragen, und ich genoss jahrelang das Gefühl, einer Größe der Baseball-Welt aus nächster Nähe begegnet zu sein, wenn auch nur eine Autofahrt lang.

Eine weitere Anhalter-Bekanntschaft aber führte mich in eine ausweglose Situation, die mich bis heute mit Schuldgefühlen und Empörung erfüllt. Die ganze Zeit lang hatte ich vergeblich versucht, jüdische Menschen in St. Louis zu finden, die wohlhabend genug waren, um glaubwürdige eidesstattliche Erklärungen für meine in Deutschland zurückgelassene Familie abzugeben. Eines Nachmittags, auf dem Weg zur Arbeit im Jefferson Hotel in der Innenstadt, nahm mich ein Mann mit einem Auto mit, das auf Wohlstand hindeutete. Ich lenkte unser Gespräch zunächst auf mich selbst, dann auf die Notlage meiner Familie: »Was ist nötig, um sie hierherzubringen?« fragte er. »Jemand, der über ein gewisses Einkommen verfügt, muss garantieren, dass sie keine Sozialhilfeempfänger werden«, sagte ich ihm sinngemäß. »Nun«, antwortete er, »das könnte ich tun.« Ich hätte ihn fast umarmt, während er den Delmar Boulevard hinunterraste. Aber dann fuhr er fort: »Ich bin mir nicht sicher, ob die Regierung meine Zusicherung annimmt.« Er bot keine weitere Erklärung. »Sind Sie bereit, es zu versuchen?« fragte ich. »Sicher, absolut, schließlich ist das Leben ein Glücksspiel!«

Die ganze nächste Woche drängte ich auf einen Termin mit dem Anwalt, den das jüdische Komitee dazu bestimmt hatte, pro bono für uns Flüchtlinge zu arbeiten. Wir drei trafen uns an einem Freitagnachmittag im Herbst 1938. Herr R., der Anwalt, erwies sich als ein Verfechter von Spitzfindigkeiten des Gesetzes und war blind für die unerträgliche Bedrängnis der deutschen Juden. Er verfiel in hektische Geschäftigkeit mit Papieren und Formularen, stellte meinem neuen Bekannten die üblichen Routinefragen, hielt aber abrupt inne in seinem Tun, als der potenzielle Wohltäter meiner Familie seinen Beruf angab. »Glücksspieler?« Eine Pause. Dann: »Wir brauchen nicht weiterzumachen. Der Unterzeichner einer eidesstattlichen Erklärung muss ein charakterlich gefestigter Bürger mit einem gesicherten Einkommen sein«. Das lapidare Urteil wurde mit hochmütiger Überlegenheit ausgesprochen. In natürlich weniger ausgefeilten Worten wandte ich ein, dass wir vielleicht eine beschönigende Umschreibung einsetzen könnten. Ein vernichtender Blick: »Das Gesetz umgehen?« Mein neu gefundener Freund verließ die Anwaltskanzlei, verließ mein Leben, und mit ihm verschwand die letzte greifbare Chance, meine Familie zu retten. Ich habe diesen Nachmittag in der Kanzlei von Rechtsanwalt R. weder vergessen noch verziehen. Ich bin überzeugt, dass Malcolm C. Burke, selbst wenn er eine Täuschung festgestellt hätte, die Einwanderungspapiere meiner Familie für gültig erklärt hätte. Seit jenem Nachmittag habe ich einen Hass auf kleinliche, erbsenzählerische Paragraphenhengste und bewundere insgeheim Amerikaner, die sich einen freien und großzügigen Geist bewahrt haben wie der Arme-Leute-Richter Azdak in Brechts Kaukasischem Kreidekreis, der »die Gesetze wie Brot brach, um das Volk zu ernähren«.

1939, während meines Abschlussjahrs an der Highschool, wurde ich Feuilletonredakteur von Scrippage und erhielt den Spitznamen »Scoop«, das amerikanische Wort für Knüller. Diese Bezeichnung verknüpfte sich mit meinem Namen, weil ich einige Interviews geführt hatte, die in einer Schülerzeitung eher selten zu finden sind. In Monatsfrist hatte ich den Bandleader Benny Goodman interviewt, was ebenfalls zu meiner Amerikanisierung beitrug. Er und seine Band traten im Fox Theater in der Innenstadt von St. Louis auf. Nachdem ich die mitreißende Aufführung gesehen hatte – ich hatte mich zu einem Jazzliebhaber entwickelt – stahl ich mich an einem Wachmann vorbei, um hinter die Bühne zu gelangen. Dort traf ich Band-Mitglied Jerry Jerome, und mit diesem Spatz in der Hand entwickelte ich meine Strategie. Hätte ich Jerry schlicht und einfach darum gebeten, mich zum Leiter der Band zu führen, hätte er mir wohl die Tür gezeigt. Also sagte ich: »Ich würde Sie und später Mr. Goodman gerne für meine Schülerzeitung interviewen.« »Na klar, Junge, schieß los!« Und dann nahm er mich mit zum beherrschenden Idol der Jazzszene. »Helles Köpfchen hier, möchte dich interviewen«, sagte Jerry. Benny Goodman verbrachte eine halbe Stunde mit mir. Noch heute erinnere ich mich an den Vorspann meiner Reportage auf dem Titelblatt: »Hier ist er, der König des Swing, dessen Klarinette und Band Jitterbug-Tänzer im ganzen Land erfreuen.« Vom Interview selbst erinnere ich mich an einen schlagfertigen Kommentar. Ich erzählte Benny Goodman, dass ich in Amerika zu einem Jazzliebhaber geworden sei, seit ich aus Deutschland herübergekommen war, wo der Jazz von Hitler geächtet wurde. Er antwortete: »Nun, das ist nur eine weitere Torheit dieses Verrückten!« Etwa einen Monat lang war ich eine Berühmtheit in der Schule, und meine Mitschüler vergaßen fast, dass ich eine exotische Pflanze in ihrer Mitte war.

Ihre kurze Bewunderung wurde durch mein zweites Interview mit einer prominenten Persönlichkeit noch gesteigert. Ich stürzte mich auf zwei Nachrichten in der St. Louis Star-Times, der Lieblingszeitung meiner Tante und meines Onkels. Zwei meiner deutschen Kulturhelden traten in meiner neuen Heimatstadt auf, wenn auch unter unterschiedlicher Schirmherrschaft. Der Nobelpreisträger Thomas Mann, dessen Roman *Die Buddenbrooks* ich zu Hause in Hildesheim lange nach meiner Schlafenszeit gelesen hatte, sollte im YMHA/YWHA von St. Louis sprechen, das sich innerhalb von zwei Straßenzügen von Soldan befindet. Und Richard Tauber, der gefeierte Wiener Tenor – dessen Schallplatten mit Opern- und Operettenarien in unserer Wohnung häufig erklungen waren – hatte ebenfalls in den Vereinigten Staaten Asyl gefunden und trat im Kiel Auditorium in der Innenstadt auf.

Gemessen an dem Eintrittspreis für eine der beiden Veranstaltungen, war mein Taschengeld von fünfzig Cent natürlich lächerlich gering. Aber Feuilletonredakteur Stern hatte einen Geistesblitz. Ich ging zu Frau Rasmussen, der Beraterin unserer Schülerzeitung, und sie schrieb einen gut formulierten Brief, in dem sie für den Feuilletonredakteur von Scrippage, Soldans unvergleichlicher Schülerzeitung, freien Eintritt zum Thomas-Mann-Vortrag erbat.

Ich kam rechtzeitig im Y an. Aber schon belagerte eine Rekordmenge die Treppe, die zum Auditorium führte. Ich bemerkte sofort, dass alle Ankommenden genauestens kontrolliert wurden von einem Höllenhund in Form eines Mannes, der die Karten entgegennahm. Mehrere potenzielle Teilnehmer wurden kurzerhand zum nächstgelegenen Ausgang geschoben. Meine Chancen schienen nicht besser zu sein.

Ich entschloss mich zu einer List. Ich überreichte ihm die von Frau Rasmussen verfassten Zeilen, und während er las, verschwand ich in einer Gruppe von zugelassenen Ankömmlingen und nahm triumphierend im Auditorium Platz. Thomas Mann, der aus einem Manuskript vorlas, aber durch seine wunderliche Aussprache des Englischen höchst beeinträchtigt war, sprach über »den kommenden Sieg der Demokratie«, ein Thema, das in den Tageszeitungen ausführlich behandelt wurde. Mein Moment journalistischer Ehre kam nach dem Vortrag und der Frage-und-Antwort-Phase. Bei der Schlussrede wurde er von seiner Tochter Erika unterstützt, die die Fragen der Journalisten ins Deutsche, und des Vaters Antworten ins Englische übersetzte.

Als die Menge sich verlief, wurde Thomas Mann zu einem hufeisenförmigen Halbkreis von Sitzen in der Nähe des Auditorium-Ausgangs geführt. Aus welchen Gründen auch immer war Erika vorübergehend nicht an seiner Seite. Angeführt von einem aufdringlichen Korrespondenten der Zeitschrift *TIME Magazine*, begann eine eifrige Gruppe von Reportern, den

Schriftsteller heftig mit Fragen zu bedrängen. Der *TIME*-Korrespondent kleidete seine Anfangsfrage in den eigenwilligen Stil seines Magazins, zur Verblüffung des berühmten Autors, der verzweifelt und vergeblich nach seiner Dolmetscherin suchte. Als der berühmte Gast einen weiteren Journalisten nicht beachtete, sah ich meine Chance gekommen. Ich rief ihm eine Frage auf Deutsch zu. Er klammerte sich an mehrere meiner Fragen, als hätte man ihm eine Rettungsleine zugeworfen. Meine »Kollegen« schäumten vor Wut. Aus Protest, so nahm ich an, schraubten sie ihre Füllfederhalter zu. Dann entdeckte ich Erika Mann, die ein boshaftes Lächeln hinter ihren Händen verbarg, zweifellos amüsiert über das Spektakel dieser eingebildeten Reporter, denen ein altkluger Schüler zuvorgekommen war. Nachdem sie sich gefasst hatte, schloss sie sich wieder ihrem alten Herrn an und mein Spaß war vorbei. In diesem Moment habe ich nicht ahnen können, dass ich Jahrzehnte später mit dem Lieblingsenkel von Thomas Mann, dem damals noch nicht geborenen Frido, in Verbindung stehen würde.

In ihrer Ausgabe vom 24. März 1939 brachte die Schülerzeitung meinen Bericht über das Hauptereignis und mein Interview, zusammen mit einer Kolumne des »stellvertretenden Chefredakteurs«, in der der Welt verkündet wurde, dass »ein Scrippage-Reporter einem Interviewer des *TIME Magazine* zuvorgekommen sei« und so weiter. Jahrelang habe ich versucht, diese Kolumne und meinen Bericht wiederzufinden. Meine Schule hat nie geantwortet, und ich hielt es für unwahrscheinlich, dass die Bände von Scrippage irgendwo anders überlebt haben könnten. Aber eine Kollegin von mir, Professor Paula Hanssen von der Webster University in St. Louis, stellte sich hartnäckiger und geschickter an. Alle Bände von Soldans Schülerzeitung waren in der Historischen Bibliothek von Missouri ordentlich in Regale einsortiert worden.

Ich las meinen Bericht noch einmal mit triumphalem Gefühl, das nachhallt bis in mein fortgeschrittenes Alter. Meine erste Frage an Thomas Mann betraf die Vergangenheit und stand im Zusammenhang mit etwas, das er während seines Vortrags gesagt hatte. »Herr Mann, wie soll die Sozialisierung, von der Sie sprachen, in Amerika zustande kommen, da Sie doch wissen, dass solche Versuche im Weimarer Deutschland gescheitert sind?« Seine Antwort, die er in deutscher Sprache gab, war eine Vorhersage, dass die Unterschichten und insbesondere die Schwarze Bevölkerung, die noch immer über das Elend der Großen Depression erbittert war, politisch aktiv werden und dieses Ziel erreichen würde. Eine zweite Frage, die ich zur Bildung stellte, erhielt eine ebenso optimistische, wenn auch bislang unerfüllte Vorhersage zur Antwort. Thomas Mann war der Ansicht, dass Amerika an der Schwelle zu einer universellen Hochschulbildung stehe. Wenn ich mir die heutigen Studiengebühren ansehe, dann hat sich seine Vision eher in die Ferne als in die Nähe bewegt. Es war ein vielversprechender Beginn meiner journalistischen Karriere und gleichzeitig so ziemlich ihr Abschluss.

Im Juni 1939 beendete ich die Soldan Highschool. Meine Bemühungen um ein Stipendium für eine Universität waren zwar erfolgreich, führten aber letztlich zu nichts. Das Westminster College in Fulton, Missouri, war bereit, meine Studiengebühren zu übernehmen, konnte aber nichts für meine Unterkunft und Verpflegung beisteuern und sagte mir sogar, dass es nahezu unmöglich wäre, dort einen Job, zum Beispiel als Hilfskellner, zu bekommen. Ich musste einen anderen Weg finden, um den Übergang von der Schule zur Universität zu schaffen.

Also tat ich das, was meine heutigen Studentinnen und Studenten ziemlich regelmäßig tun: Ich beschloss, ein Jahr lang zu arbeiten, um die Mittel für das College aufzubringen. Umsichtig hortete ich mein Trinkgeld und mein Gehalt als Hilfskellner. Endlich, als ich finanziell bereit war – nun, mehr oder weniger – stellte sich ein Glücksfall ein.

Ich bewarb mich um einen Hilfskellnerjob in einem Hotel innerhalb eines halben Straßenzugs von einer der Universitäten in St. Louis und ging mit Hoffnung und Beklommenheit zu einem Vorstellungsgespräch. Der Interviewer für die Stelle war Lukas Lanza, der Oberkellner im Piccadilly Room des Melbourne Hotels. Ich stellte mich dar als Hilfskellner mit fast übermenschlichen Fähigkeiten. Ich streute auch einen Appell an seine offensichtliche Gutmütigkeit ein. Ich erwähnte, dass ich bereit sei, meine Ausbildung an einer Universität fortzusetzen, und dass die Saint Louis University mich aufgrund meiner guten Schulnoten zweifellos akzeptieren würde. Aber ich brauchte einen Job, um meine Studiengebühren zu bezahlen. Er reagierte freundlich: »OK, Günther, wir werden dich ausprobieren.« Mein Glück hielt an. Ich bewies, dass ich meinen Job als Hilfskellner gut beherrschte, und die Universität von Saint Louis gab mir kurz danach eine schriftliche Zusage. Mithilfe eines Beraters wählte ich mein Programm aus und stellte fest, dass der Lehrkörper sowohl hervorragend als auch absolut unnachgiebig streng war. Mein Paradebeispiel ist die Begegnung mit unserem Logiklehrer an einem winterlichen Tag. Pater Steven J. Reeve, der mit Freude »S. J. Reeve, S. J. (Societas Jesu)«, unterschrieb, hatte die beeindruckende Fähigkeit, seine Studenten zum Nachdenken anzuregen. Als Debattiertrainer nahm er es erst mit der Pro-Mannschaft auf und widerlegte sie geschickt, um dann mitten in der Debatte umzuschwenken und die Contra-Mannschaft mit der gleichen Leichtigkeit auseinanderzunehmen.

An einem eisigen Februartag sollten wir unsere Abschlussprüfung ablegen. Die Zentralheizung hatte den Geist aufgegeben, und wir saßen in unseren Mänteln, Hüten und Handschuhen da und warteten auf die Ankunft von Pater Reeve. Er kam mit etwa dreißig blauen Heften in der Hand ins Klassenzimmer. Sofort erhob sich Nancy Bakewell, eine auf unserem Campus hoch angesehene Studentin, von ihrem Platz. »Pater Reeve, in diesem Gebäude funktioniert die Heizung nicht. Sie werden die Abschlussprüfung verschieben müssen.« Er sah sie mit einer

Kälte an, die der Raumtemperatur entsprach. »Miss Bakewell, Sie sind doch wohl nicht zur Saint Louis University gekommen, um dem ungemütlichen Wetter zu entgehen, oder?« Es ist das erste und einzige Mal, dass ich zusammen mit meinen Kommilitonen eine Prüfung mit Handschuhen geschrieben habe. Ich möchte hinzufügen, dass Pater Reeve sich heutzutage selbst an einer streng geführten Universität auf keinen Fall hätte durchsetzen können.

Da war weiterhin mein Geschichtsprofessor Pater Bannon, der europäische Geschichte aus amerikanischer Perspektive lehrte. Zum Beispiel hatte ich weder in Deutschland noch in meinen amerikanischen Schulstunden etwas über die Geschichte Irlands und die Auswanderung irischer Bürger nach Amerika während der sogenannten »Großen Hungersnot« aufgrund von Kartoffelfäule zwischen 1845 und 1849 erfahren. Seine realistische Beschreibung und sein Einfühlungsvermögen zogen uns in ihren Bann. Und sein Mitempfinden hörte weder bei seinen (mutmaßlichen) Vorfahren noch bei seinen gegenwärtigen katholischen Glaubensbrüdern auf. Bevor ich am Ende des Semesters die Universität verließ, um in die U. S. Army einzutreten, ging ich zu ihm, um mich zu verabschieden. Er bedeutete mir, an seinem Schreibtisch zu warten, bis sich der Raum geleert hatte, nahm mich zur Seite und gab mir seinen priesterlichen Segen, wohl wissend, dass ich Jude war. Einige Monate später hörte ich, dass er sich der Armee als Feldgeistlicher zur Verfügung gestellt hatte. Seine Menschenfreundlichkeit überwältigte mich.

Und dann war da noch Pater McNamee, der Bibliotheksdirektor. Er hatte einen großen Schreibtisch am Eingang des Hauptlesesaals aufgestellt. Eines Tages hatte Professor Sullivan, unser Englischlehrer, uns eine ziemlich komplexe Aufgabe gestellt. Ich besaß die Verwegenheit, direkt zu Pater McNamee an seinen Schreibtisch zu gehen und ihn zu fragen, wo ich relevantes Material zum Thema finden könne. Er stand auf und forderte mich auf, ihm zu folgen. Trotz seiner über siebzig Jahre kletterte er mit Höchstgeschwindigkeit eine Wendeltreppe hinauf, drehte sich dann zu einem Regal und sagte: »Sie werden wahrscheinlich mehrere Bücher zu diesem Thema genau hier finden.« Das tat ich natürlich auch, aber ich fand noch etwas anderes, nämlich einen Universitätsverwalter, dessen oberste Priorität Studenten waren.

Im Laufe dieser intensiv gelebten Jahre lernte ich, Amerika so zu sehen, wie es war, seine Wunder und seine Wunden. Aber gleichzeitig war eine weitere Person in mein Leben getreten, die mir mein Adoptivland nicht nur so zeigte, wie es war, sondern auch so, wie es sein sollte. Tante Rae (kurz für Rebecca) Benson war gar keine Verwandte; sie war die Schwester meiner angeheirateten Tante Ethel. Beide Schwestern waren in oder in der Nähe von St. Louis geboren worden, doch hatte Rae mit den vorgegebenen Formen und damit der häuslichen Existenz und dem eintönigen Lebensstil von Ethel gebrochen. Ethel hatte einen assimilierten, aber doch religiösen Juden geheiratet, Rae einen angelsächsischen Protestanten. Ethel unternahm keine Ausflüge, außer in die nähere Umgebung der West Side, und hatte daher außer dem Nachbarschaftsklatsch wenig zu berichten; Rae, die Ehefrau eines Inspektors von Zug-Streckenwärtern, kam in den Genuss von jährlichen Eisenbahn-Gratistickets und zeigte mir Bilder des sagenumwobenen San Francisco, seiner stattlichen Hotels und Fisherman's Wharf mit Joe DiMaggios Restaurant, einem Wahrzeichen von besonderem Interesse für mich, da die Yankees immer in »meinem« Chase Hotel übernachteten. Tante Ethel spielte Auktionsbridge; Tante Rae ging zu Vorträgen.

Sie nahm mich unter ihre Fittiche. Als ich das erste Mal zu ihr nach Hause kam, um mit ihrem einige Jahre jüngeren Sohn Frankie zu spielen, spürte sie meinen vagen Hunger nach näherem und tieferem Einblick in die amerikanische Kultur. Sie war einer Gesellschaft für ethische Kultur beigetreten. Mindestens einmal monatlich begleitete ich sie auf ihre Einladung hin zu einem Vortrag prominenter Redner im Auditorium der Gesellschaft. Dort hörte ich Martha Gellhorns leidenschaftliches Plädoyer für das Engagement Amerikas angesichts Hitlers Streben nach weltweiter Eroberung. Diese anziehende Persönlichkeit, die sowohl durch ihre wortgewandte, temperamentvolle Darbietung als auch durch ihre eindrucksvolle Schönheit auffiel, erzählte von ihren Erlebnissen während des Spanischen Bürgerkriegs mit einem weiteren Berichterstatter – und auch für kurze Zeit Ehepartner – an ihrer Seite, Ernest Hemingway. Ferner berichtete sie von den Brutalitäten, deren Zeugin sie während des deutschen Einmarsches in Prag geworden war. Tante Rae und ich gingen nach dem Vortrag auf sie zu, und ich stellte ihr ein paar Fragen. Etwa fünfzig Jahre später, während eines Interviews, das ich mit ihr für meinen Artikel über Hemingway und die Exilanten während des Spanischen Bürgerkriegs führte, brachte ich unsere erste Begegnung zur Sprache. Tatsächlich erinnerte sie sich an den Vortrag in ihrer Heimatstadt St. Louis; aber natürlich nicht an den frühreifen Jungen und seine hartnäckigen Fragen.

Tante Rae ließ mich die dunkleren Seiten des amerikanischen Lebens sehen, und sie bot Gegenmittel an. Sie empfahl mir, einige der Autoren zu lesen, die sich »Muckraker« (Nestbeschmutzer) nannten. Ich las Upton Sinclairs *The Brass Check*, eine Darlegung der amerikanischen Presse und insbesondere ihrer Verpflichtung gegenüber ihren Anzeigenkunden. Zuerst war ich schockiert von der Kühnheit, mit der sie über den Titel des Buches diskutierte; Sinclair hatte ihn von den Eintrittsmarken übernommen, die beim Betreten von Bordellen gekauft wurden. So befreite Tante Rae mich auch ganz nebenbei von einer fortbestehenden Schamhaftigkeit. Aber sie wies auch darauf hin, wie Reportagen nach den Wünschen der großen Werbetreibenden verdreht werden können, eine Beobachtung, die auch heute noch wenig an Aktualität verloren hat.

Nach Joe Louis' Blitzsieg über Max Schmeling in ihrem zweiten Aufeinandertreffen zog sie die Mythen von »rassischer« Überlegenheit und ethnischen Stereotypen ins Lächerliche. Sie wies auf die diskriminierenden Praktiken Amerikas hin; in späteren Jahren beteiligte sie sich aktiv an Versuchen, die Rassentrennung in öffentlichen Schwimmbädern von St. Louis aufzuheben, was erst erfolgte, nachdem einige wegbereitende schwarze Jugendliche brutal verprügelt worden waren. Sie sah sich ein paar meiner Lehrbücher an und fand sie unzulänglich. Im Schulbuch von David L. Murray fand sie seinen Hinweis auf die Sklaven als »Sambos«, also Mischlinge afrikanischer und indianischer Abstammung, unglaublich beleidigend. Sie gab mir eine zusätzliche Perspektive auf mein Asylland. Ich begann, es klarer zu sehen, ohne es weniger zu lieben.

Während Tante Rae meine Mentorin wurde, war Tante Ethel meine Führerin durch den Alltag der unteren Mittelschicht Amerikas. Beim Abendessen erinnerte sie mich an den Unterschied zwischen europäischen und amerikanischen Tischmanieren und hielt mich im Allgemeinen davon ab, amerikanische Gebote und Verbote zu verletzen. Ihr Wohlwollen war keineswegs oberflächlich. Sie unterhielt ein Heim für ihre ganze Familie und versuchte, unser Leben so bequem und glücklich wie möglich zu gestalten.

Sogar mit einem Altersunterschied von fünf Jahren haben ihr Sohn Melvin, der eine Zeit lang bei uns lebte, und ich uns oft in einer sogenannten »Geschwisterrivalität« befunden. Es lag zum Teil an seinem Unmut darüber, dass er, der kein Abitur hatte, meine Berichte über meine Leistungen im Unterricht anhören musste. Ebenso fühlte ich, dass Ethels mütterliche Loyalität ihrem Sohn galt. Melvin hatte, wovon ich natürlich nur träumen konnte, seine Eltern in seinem Leben. Wenn doch nur meine Familie mit mir in meiner neuen Welt zusammenkommen könnte! In diesem Punkt gab es wirklich keine Konkurrenz, er gewann mühelos. Wenn Onkel Benno und ich uns unterhielten, oft auf Deutsch, sprachen wir über sein Elternhaus. Er bat mich um jeden Erinnerungsschnipsel an meine Tage in Vlotho. Obwohl ich seine und Ethels Großzügigkeit sehr zu schätzen wusste, waren sie kein Elternersatz, abgesehen von der emotionalen Nähe, die sich aus unserer biologischen Verwandtschaft ergab. Sie gaben mir auch Sicherheit, als ich niedergeschlagen war, von allen geliebten Menschen in meinem Heimatland abgeschnitten zu sein. Sie ersetzten mir diese Liebe, und das werde ich nie vergessen. Außerdem teilten sie ihre Vision des amerikanischen Traums mit mir, und unter ihrer Anleitung wurde ich ein vielversprechender amerikanischer Patriot – trotz der gelegentlichen Einwände von Tante Rae.

Ja, ich befand mich auf dem Weg zur Amerikanisierung, ein Weg, den niemand jemals zu Ende gehen kann, nicht nur, weil Amerika »anders« ist, wie Carl Zuckmayer es ausdrückte, sondern auch, weil es so vieles ist; es ist vielgestaltig und unberechenbar. Was mich betrifft, Günther, so bin ich nie ein völlig amerikanischer »guy« (Bursche) geworden; ich bin, und wir alle sind, ein Mischwesen aus unseren Erfahrungen. Aber ich bin all denen dankbar, die mir den Weg zum Verständnis Amerikas zeigten und mich einfühlsam ermutigten, von Herrn Tittel über die Silberbergs bis zu Tante Rae. Als diese Jahre der raschen Anpassung sich dem Ende näherten, »hörte ich Amerika singen«, wie Walt Whitman, der Dichter Amerikas demokratischer Ideale, gejubelt hatte. Ich hoffe, dass das Lied in den Jahren, die noch kommen, nicht leiser werden wird.

## KAPITEL 4

## Ein Ritchie Boy im Zweiten Weltkrieg – Kriegsvorbereitungen

Seltsamerweise habe ich die Tatsache, dass ich ein Ritchie Boy in der US-Armee geworden bin – ein Soldat, der für den militärischen Nachrichtendienst in Camp Ritchie, Maryland, ausgebildet wurde –, der US-Marine zu verdanken.

Wie das? Nach Pearl Harbor und dem Eintritt der USA in den Krieg wurden die Mauern meiner Hochschule, der Saint Louis University, mit Plakaten geschmückt. Eines davon war vom Marine-Nachrichtendienst. Wenn ein junger Mann besondere Fähigkeiten hatte, wenn er die Sprache beherrschte oder die Kultur unserer Feinde kannte, sollte er unbedingt die Rekrutierungsstation dieses Dienstes aufsuchen, so hieß es auf dem Plakat. Das tat ich.

»Höre ich da einen Akzent?« fragte der zuständige Leutnant zur See. »Sind Sie ein geborener Amerikaner?«

»Nein«, antwortete ich.

»Kein Bedarf!« sagte er.

Der Marine-Nachrichtendienst änderte bald seine Politik, wenn auch zu spät für mich, und rekrutierte einen der erfindungsreichsten jüdischen Flüchtlinge, die in die Vereinigten Staaten gekommen waren, nämlich den schillernden Journalisten, Theaterkritiker und Kulturhistoriker Curt Riess. Er brachte etwas Leben in die ruhige und verschlafene Einrichtung jenes Marine-Nachrichtendienstes in Washington. Aus eigenem Antrieb begann er, die ersten deutschen Kriegsgefangenen zu verhören, die in amerikanische Hände fielen: die Überlebenden versenkter U-Boote und Schiffe. Er konzentrierte sich nicht auf die geläufigen Informationen des militärischen Nachrichtendienstes, sondern entlockte den deutschen Marineoffizieren Klatsch und Tratsch, der von sexuellem Fehlverhalten bis hin zu finanziellen Machenschaften reichte. Dann funkte er diese ausgewählten Happen zusammen mit einigen ernsthaften Nachrichten an deutsche Kriegsschiffe auf See. In der Folge hörte er von Gefangenen, dass jene Sendungen Eifersucht, Verdächtigungen und mehrere Faustkämpfe unter deutschen Marinesoldaten auslösten.

Auf verschlungenen Wegen landete ich schließlich beim Militärischen Nachrichtendienst der US-Armee. Ein halbes Jahr nach meiner Abweisung durch die Marine wurde ich eingezogen. Mit Dutzenden anderer Rekruten aus St. Louis wurde ich ins Aufnahmezentrum in Fort Leavenworth, Kansas, geschickt und dann, nach zwei Wochen Leerlauf, nach Camp Barkley, Texas, dem Ausbildungszentrum für den Sanitätsdienst. Ich war in guter körperlicher Verfassung. Ein Jahr lang hatte ich schwere Tabletts in Restaurants gehoben; ich war gestählt, um auf langen Märschen unter der brennenden Sonne von Texas volles Gepäck zu tragen.

Die Unterrichtsanforderungen waren mäßig schwierig, aber sie steigerten meinen Respekt vor amerikanischen Lehrern. Der Lagerkommandant hatte Lehrerinnen aus den örtlichen Highschools rekrutiert, die uns die Grundlagen der Schreibarbeit beibrachten, die für die Führung von Krankenakten, die Krankengeschichte eines Patienten und andere bürokratische Notwendigkeiten erforderlich war. Die Lehrerinnen, die vor uns standen, hatten ihre (und auch unsere) Hausaufgaben gemacht, als ob es ihr Fachgebiet wäre. Und sie alle kamen zu dem bedeutendsten Ereignis während meines Aufenthalts in Texas.

Ich las fleißig die Lagerzeitung, und dort, fast versteckt von Ankündigungen wie jener, dass ein Chor von Don-Kosaken für uns singen würde, stand ein Aufruf, der mein Zugehörigkeitsgefühl verändern sollte. »Lagerpersonal, das nicht über die amerikanische Staatsangehörigkeit verfügt, wird angewiesen, sich bei seiner jeweiligen Dienststelle zwecks möglicher Einbürgerung zu melden.« Ich ging nicht, ich rannte zum Geschäftszimmer, die Zeitung in der Hand. »Bitte um Erlaubnis, mit dem Stabsfeldwebel sprechen zu dürfen«, sagte ich zum Kompanieschreiber. Dieser achtbare Mann kam in gemächlichem Tempo, beglückwünschte mich zu meiner genauen Lektüre der Zeitung und befahl unseren Ausbildungsunteroffizier zu sich. »Glauben Sie, dass der Soldat Stern ein guter Staatsbürger sein wird?« fragte er ihn. Natürlich kannte der Unteroffizier mich nicht näher, denn ihm waren ständig wechselnde Rekruten anvertraut. Aber er nuschelte etwas halbwegs Bejahendes.

1942 wurde ich aufgefordert, mich etwa hundert anderen im Ausland geborenen US-Soldaten zu einer Fahrt zum nördlichen Bezirksgerichtshof von Texas im nahe gelegenen Abilene anzuschließen. In einer Massenzeremonie, würdevoll und geradezu überwältigend, wurden wir US-Bürger. Ich, der Ausgestoßene aus Nazideutschland, hatte plötzlich eine neue nationale Identität gefunden und gleichzeitig eine glühende neue Loyalität entwickelt. Ich machte auch »Guy« offiziell zu meinem Vornamen. Nahm jemand an diesem emotionalen Ereignis Anteil? Ich warf einen Blick auf die Galerie des Gerichtssaals. Die Lehrerinnen, die mich in den letzten Monaten instruiert hatten, schauten zu, mit Taschentüchern in der Hand. Als ich in den Unterricht zurückkam, verstieß meine bewunderte Lehrerin für Sanitäts-Berichtswesen in der Armee gegen das Militärprotokoll und befahl mir, als »frischgebackener Amerikaner« aufzustehen. Mein neuer Status machte das Gepäck auf unseren Gewaltmärschen nicht gerade leichter, aber er half mir sicherlich, meine neue Identität als amerikanischer Soldat, als »GI«, zu finden. Es schien mir damals, dass meine perfekt sitzende Uniform auch meine innere Haltung widerspiegelte. Meine deutsche Staatsbürgerschaft gehörte der Vergangenheit an; schließlich war sie mir schon genommen worden, als ich noch in meinem Heimatland lebte.

Nachdem ich die Grundausbildung fast abgeschlossen hatte, wurde ich zum Geschäftszimmer der Kompanie gerufen. »Es warten Befehle auf Sie! Sie werden versetzt«, sagte der Stabsfeldwebel. »Wohin?« fragte ich ihn. »Kann ich Ihnen nicht sagen, geheim«, sagte er mit texanischem Akzent. Während meiner Zeit dort hatte auch ich begonnen, mir ein wenig texanische Mentalität anzueignen. Ich packte meinen Seesack und machte mich auf den Weg zu einem unbekannten Ziel und Schicksal.

Der Zug durchquerte Texas. Ich fand mich in Gesellschaft von zwei anderen in Deutschland geborenen GIs. Natürlich versuchten wir während unseres Gesprächs herauszubekommen, was die Armee für uns geplant hatte. Unsere Hypothesen reichten von der Entlassung aus den Streitkräften bis hin zur Aufnahme in die Offiziersschule. Meine Vermutungen schlossen diese letzte Möglichkeit nicht ein. Meine Leistungen im Klassenzimmer waren meiner Meinung nach ziemlich anständig gewesen, aber mein Geschick beim Bettenbau oder ähnlichen mechanischen Arbeiten hatte beim Stubendurchgang oft heftige Kritik hervorgerufen.

Drei Stunden nach unserer Abfahrt öffneten wir, wie angewiesen, die Marschbefehle. »Steigen Sie in Baltimore um in einen Personenzug nach Martinsburg, West Virginia. Dort wartet ein Jeep.« Das Rätsel ging weiter, wenn auch nicht lange. Gegen Abend setzte unser Fahrer uns vor dem Tor einer Armeeunterkunft in Maryland ab. Im Gegensatz zu unserem sandsturmgepeitschten Lager in Texas war es von üppigen grünen Rasenflächen übersät, mit einem See in der Mitte. Das alles erinnerte mehr an einen Country-Club als an einen durchschnittlichen Militärstützpunkt. Ein riesiges Schild hing über dem

Eingangsbereich. Darauf stand »Military Intelligence Training Center«, nicht gerade eine Erleuchtung für uns drei. In den folgenden Wochen entschlüsselte sich das Rätsel jedoch.

Camp Ritchie, benannt nach einem ehemaligen Gouverneur von Maryland, war von einem Stützpunkt der Nationalgarde in den ersten Ausbildungsplatz für geheimen militärischen Nachrichtendienst in der Geschichte der Vereinigten Staaten umgewandelt worden (während des Ersten Weltkrieges hatte der Kriegsminister ein solches Unterfangen mit der Begründung abgelehnt, es sei unfein, die Post anderer Leute zu lesen). Aber George Marshall, im Zweiten Weltkrieg Generalstabschef des Heeres der Vereinigten Staaten – und ohne solch antiquierte Überzeugungen –, hatte direkte Befehle erteilt, Camp Ritchie in ein Ausbildungslager umzuwandeln.

Als ich zum ersten Mal das mir zugewiesene Kasernengebäude betrat, hatte ich das Gefühl, in einer Nachfolgeorganisation des Völkerbundes gelandet zu sein. Man hörte ständig nur europäische und asiatische Sprachen, und das ermutigte auch uns Neulinge, untereinander in den Sprachen unserer Feinde zu sprechen. Ritchie enthüllte langsam seine Geheimnisse, die den Lagerbereich nicht verlassen durften. Seine neuen und vorübergehenden Bewohner waren wegen ihrer Sprachkenntnisse, ihres kulturellen Hintergrunds, ihres Wissens und, nun ja, wegen ihrer mutmaßlichen Intelligenz dort hingeschickt worden. Dergleichen persönliche Informationen wurden bei der Einberufung in die Hollerith-Lochkarte eines jeden Soldaten gestanzt. Und diese Lochkarten wurden durch die Lesegeräte gejagt, wenn Soldaten mit bestimmten Qualifikationen gebraucht wurden. Ritchie-Taugliche, die so ermittelt wurden, mussten zudem Sicherheitskontrollen des FBI oder anderer Regierungsbehörden bestehen.

Unser körperliches Training war genauso anstrengend wie vordem die Märsche durch die eintönige Landschaft von Texas. In der Abenddämmerung wurden zufällig zusammengestellten dreiköpfigen Teams von uns Ritchie Boys eine Landkarte – beschriftet in einer unbekannten Fremdsprache – und ein Kompass ausgehändigt, bevor wir kurzerhand irgendwo im Radius von vierzig Kilometern um das Lager aus einem Lastwagen geworfen wurden. »Unser Sammelplatz ist auf euren Karten eingezeichnet. Seid bis 23:00 Uhr dort, oder ihr müsst ein ganz schönes Stück zu Fuß zurück zum Lager gehen.« Mit anderen Worten: Wenn man sich nicht mit Karte und Kompass orientieren konnte, würde man das Camp gerade rechtzeitig zum Frühstück erreichen.

Es gab andere Herausforderungen und gefährliche Situationen, vor die wir Auszubildenden gestellt wurden: eine Hindernisbahn, Nahkampfausbildung, Schießen (die Übungen mit einem M-1 Garand-Karabiner bestand ich nur knapp beim dritten Versuch), eine Achtundvierzig-Stunden-Übung, während der unentwegt Probleme gelöst werden mussten wie z. B. das Anbringen eines Abhörgeräts an einem Telefonapparat. Und solche Pflichten ersparten uns nicht die üblichen geistlosen Routineaufgaben in der Armee. Aber all diese körperlichen Anstrengungen wurden von den intellektuellen Anforderungen übertroffen.

Es gab nur wenige Aspekte der aktuellen Arbeit im Nachrichtendienst, die in unserem Unterricht zwischen Wecken und Zapfenstreich nicht behandelt wurden. Wir studierten die Organisation des deutschen und des italienischen Heeres, lernten, Luftbilder auszuwerten und Höhenlinienkarten zu zeichnen (angesichts meiner mangelhaften Zeichenkünste weiß ich nicht, wie ich diesen Kurs bestanden habe). Wir lernten auch, Nachrichten im Morsecode zu senden und zu empfangen und Kleidung und Ausrüstung von Gefangenen einzuschätzen. Diese Kleidungsdetails reichten von den Biesen an einer Mütze bis hin zu den Kragenspiegeln, Orden und Ärmelbändern auf den Feldblusen der Gefangenen. Wir eigneten uns an, aus Dokumenten, die im deutschen legendär-bürokratischen Stil verfasst waren, schnell wichtige Informationen herauszuholen. Wir lernten ganze Passagen aus dem neu erschienenen Nachschlagewerk *Gefechtsgliederung deutscher Truppen* auswendig. Es war von Ritchie Boys verfasst worden, die ins Pentagon kommandiert worden waren, um eine Liste derjenigen deutschen Großverbände zusammenzustellen, auf die wir bei der Invasion des europäischen Kontinents wahrscheinlich treffen würden. In dem Buch waren auch die gegenwärtigen Gefechtsstärken und Unterstellungsverhältnisse vermerkt.

Die Aneignung solchen Wissens war nur ein Anfang. Wir wussten, dass wir früher oder später deutsche Kriegsgefangene verhören würden. Ein Major erklärte uns in juristischem Ton die Regeln und Techniken. »Erstens: Nie einen Gefangenen berühren! Das ist eine Verletzung des Genfer Abkommens über die Behandlung der Kriegsgefangenen«, begann er. »Es gibt vier Grundtechniken, um Informationen zu erhalten«, fuhr er fort: »Erstens: Man schüchtert den Gefangenen ein mit den Informationen, die man bereits hat, wie zum Beispiel den Namen seiner vorgesetzten Offiziere. Viele Gefangene werden einfach denken: Warum sich unnötigerweise den Amerikanern widersetzen, wenn die doch sowieso alles wissen? Zweitens: Wenn sie nach Essen oder einer Zigarette schmachten, dann esst ihr etwas in ihrer Gegenwart oder zündet euch eine Zigarette an. Wenn die Gefangenen fragen, ob sie etwas abbekommen können, dann teilt ihnen mit, ja, wenn sie kooperieren. Drittens: Nutzt ihre Vorlieben und Neigungen aus. Wenn euer Informant ein Fußballfan ist, sprecht mit ihm so lange über Fußball, bis er vergisst, dass ihr eine andere Uniform tragt. (In einem meiner erfolgreichsten Verhöre während unseres Vorrückens durch Frankreich verwendete ich genau diesen Trick. Die Lieblingsmannschaft des Gefangenen hatte häufig gegen meine gespielt.) Viertens: Findet heraus, welche Ängste und Befürchtungen er hat, und lasst ihn glauben, dass sie bald Wirklichkeit werden.«

Wir wurden dazu angehalten, uns gegenseitig zu verhören, bis überraschend eine Gruppe von Neuankömmlingen in Ritchie eintraf. Es waren echte deutsche Soldaten, gefangen genommen während des Afrikafeldzugs. Soweit sie mitspielen wollten, wurden sie unsere Versuchskaninchen. In geheimen Sitzungen wurden sie von hochrangigen Offizieren angewiesen, wie sie sich während der geplanten Verhöre zu verhalten hätten. Wenn wir Anfänger die richtigen Fragen stellten und die richtigen Techniken anwandten, sollten sie antworten. Wenn wir uns unfähig zeigten, wurde ihnen gesagt, sie sollten kein Wort von sich geben. Solche Verhöre, die unter den wachsamen Augen unserer Prüfer durchgeführt wurden, waren ein Standardbestandteil unserer Abschlussprüfung.

All das Wissen, mit dem wir in etwas mehr als einem Monat bombardiert wurden, machte uns schwindlig und müde. Es war ein Kurs, der es an Schwierigkeit mit allem aufnehmen konnte, mit dem ich mich im Nachkriegsleben als Doktorand an der Columbia University auseinanderzusetzen hatte. Und doch begrüßten wir diese Herausforderung. Dies war unser Krieg: Wir hassten die Mächte, die uns unserer Länder beraubt hatten, und wir brannten darauf, unserem neuen Land durch unsere Vertrautheit mit dem Leben auf der gegnerischen Seite zu helfen. Viele von uns würden keine Kämpfer mit der Waffe in der Hand werden, aber wir waren zuversichtlich, dass wir uns in der geistig-moralischen Auseinandersetzung mit unseren Gegnern würden behaupten können. Ein Teamgeist entwickelte sich unter uns; wir waren von einem missionarischen Eifer besessen.

Die Zeit für die Abschlussprüfungen war gekommen. Wir wurden, manchmal nur flüchtig, zu jedem Thema getestet, in dem wir zuvor geschult worden waren. Aber wenn es um Verhöre ging, wurden unsere Leistungen von einigen der höchsten Offiziere in Camp Ritchie beobachtet. Der erste meiner beiden Tests sollte darauf abzielen, mich wirklich durcheinanderzubringen. Dem Gefangenen war gesagt worden, er solle einen völligen Ignoranten spielen und seine riesige Fundgrube an Informationen verheimlichen. Ich enttarnte ihn, indem ich ein sehr anspruchsvolles deutsches Wort benutzte. Er vermochte nicht zu verbergen, dass er es verstand.

Und der abschließende Test ist in meinen Träumen gelegentlich wieder aufgetaucht. Wir wurden zu einer riesigen Wiese inmitten des Lagers geführt. Um uns mental zu peinigen, war sie speziell dekoriert mit fünfzig feindlichen Ausrüstungsgegenständen, Uniformen, Waffen – alles Mögliche. Unsere Folterknechte hatten sie sorgfältig von eins bis fünfzig nummeriert. Dann wurden meine Mit-Prüflinge und ich einzeln losgeschickt. Jeder bekam ein Klemmbrett mit Schreibpapier ausgehändigt. Die Anweisung lautete knapp: »Identifizieren Sie jeden Gegenstand!« Ich glaube nicht, dass irgendjemand fünfzig von fünfzig Punkten erreicht hat; ich jedenfalls nicht.

Wir dachten, dass wir nun jede Tortur bestanden hätten, doch wurde uns im Vortragssaal des Camps gesagt: »Ihr erhaltet eure Testergebnisse nach der Rückkehr ins Lager. Zuvor werdet ihr Manöver in Louisiana absolvieren.« In späteren Jahren habe ich diesen Bundesstaat bei zahlreichen Gelegenheiten besucht, das musikalische und kulinarische Angebot von New Orleans genossen und die herrlichen Landschaften rund um die Bayous bereist. Aber das war nicht der Schauplatz, der sich uns bot. Wir wurden um Camp Claiborne herum gruppiert und in die ländlichen Gebiete entlang des Sabine River und in die Sümpfe verbannt, die an Weltstädte wie Many und Natchitoches grenzten. Wir schliefen in Zweimannzelten (»Dackelgaragen«), die im lehmigen Boden verankert waren, und wurden von einer aggressiven Wildschweinrasse namens Razorbacks und von unfreundlichen Vogelspinnen heimgesucht.

Die Schweine waren unsere Helfershelfer, als wir einen rüpelhaften Racheakt an einem unserer Kameraden verübten: Unser ranghöchster Unteroffiziersdienstgrad, Kurt Jasen, fiel unserem Wunsch nach Gleichbehandlung zum Opfer – ach, zum

Kuckuck, nennen wir es beim richtigen Namen –, er war ein Opfer unseres Neides. Kurt stammte aus einer sehr reichen Familie, und als wir auf diesem erbärmlichen Zeltplatz in Louisiana ankamen, telegraphierte er seinen Eltern um Hilfe. Per Eilboten schickten sie ihm umgehend eine Hängematte, damit er nicht im Speck und Dreck und inmitten der Vogelspinnen schlafen musste. Abends entkleidete er sich, zog ein Nachthemd an und streckte sich bequem aus, während der Rest von uns in Unterwäsche auf dem Boden schlief. Wir heckten einen Plan aus, um seine privilegierte Nachtruhe zu beenden, und nahmen dazu die Hilfe dieser Störenfriede von Razorbacks in Anspruch. Die Wildschweine suchten ständig nach Nahrung; unser Küchenbulle musste seinen Abfall mit Steinen abdecken und sogar mit Kerosin übergießen, um zu verhindern, dass er von den verfressenen Schweinen wieder ausgegraben wurde. Während Kurt eines Tages einen Auftrag im Hauptquartier zu erledigen hatte, hoben wir unter seiner Hängematte einen schmalen Graben aus und füllten ihn mit Essensresten. Vor Kurts Rückkehr gelang es uns, die Schweine fernzuhalten. Als wir ihn kommen hörten, gingen wir in unseren Zelten in Deckung.

Kaum hatte er sich in seine Hängematte gelegt, wurde seine Ruhe durch ein hungriges Schwein gestört. Er versuchte, das Vieh zu verscheuchen, indem er es mit seinem Helm bewarf, aber das nützte ihm nichts. Eine Formation von etwa einem halben Dutzend Wildsäuen, angeführt von einem Alpha-Eber, raste auf die Hängematte zu und schüttelte sie durch. Heraus sprang unser lieber Kamerad, rannte wie ein Gespenst auf unsere Zelte zu und schrie: »Die Schweine sind hinter mir her!« Aus naheliegenden Gründen habe ich Kurt unser Geheimnis nie verraten, auch nicht während unserer langen Freundschaft in den Nachkriegsjahren.

Was unseren Dienst in Louisiana anbelangt, so wurde jeder von uns einem Verhörteam zugeteilt, das entweder der roten oder der blauen Armee angehörte. Wir mussten die Soldaten verhören, die während des Manövers gefangen genommen wurden. Gelang es uns nicht, unsere »Gegner« dazu zu bringen, wichtige Informationen preiszugeben, wurden die Kampftruppen für ihre Verschwiegenheit gelobt. Wenn wir einen Gefangenen zum Aussagen gebracht hatten, wurden wir für unsere Verhörfähigkeiten gepriesen. Auf diese Weise war es ein Gewinn für beide Seiten. Das Manöver in Louisiana führte uns Ritchie Boys zurück in unsere jüdische Vergangenheit und Gegenwart. Bis dahin hatte der Krieg nur wenige solcher Erinnerungen geweckt. Eines Tages wurden alle jüdischen Soldaten gebeten, sich im Kommandogebäude zu melden. »Ich habe gute Nachrichten für Sie, Kameraden«, sagte ein Oberstleutnant. »Wir haben den Befehl erhalten, dass Sie am ersten Tag des Pessachfestes vom Dienst zu befreien sind. Sie haben die Erlaubnis, mit Ihren Fahrzeugen zum Gottesdienst nach Shreveport zu fahren.«

Wir freuten uns über dieses Zeichen des Entgegenkommens unserer höheren Vorgesetzten, und am nächsten Tag räumte unser Team besonders sorgfältig auf. Wir fuhren etwa zweieinhalb Stunden lang nach Shreveport, einer Stadt mit einer blühenden jüdischen Gemeinde. Bevor ich Camp Ritchie verließ, hatte ich Fahren gelernt – das heißt, wie den anderen Anfängern wurde mir befohlen, ich solle in einen unserer Jeeps steigen, den Zündschlüssel drehen und mein Glück versuchen. Jetzt, in den abgelegenen, spärlich besiedelten Waldgebieten von Louisiana konnte ich mich ans Steuer setzen ohne große Gefahr, eine Kuh, ein Huhn oder ein Wildschwein zu überfahren. Wir kamen rechtzeitig zur öffentlichen Pessachfeier, dem Gottesdienst, der am Vorabend des Pessachfestes stattfindet. Dies ist eines der wichtigsten Feste des Judentums; es erinnert an den Auszug aus Ägypten und damit die Befreiung der Israeliten aus der Sklaverei. Als wir die Synagoge verließen, hatten sich alle Gemeindemitglieder auf den Stufen aufgereiht. Jedes Mal, wenn ein Soldat das Gebäude verließ, klopfte ihm jemand auf die Schulter und lud ihn zu den Feierlichkeiten am Vorabend des Pessachfestes, also dem Seder-Abend, und zum Essen ein. Für ein paar Stunden wurden wir Zivilisten. Den höchsten Dienstgrad in unserer Schar hatte Leutnant Victor Didinsky. Wir konnten ihn nicht ausstehen, denn es gab keine einzige Armee-Vorschrift, die er denen mit niedrigerem Rang nicht aufgezwungen hätte. Folglich sprachen wir von ihm nur mit seinen wenig schmeichelhaften Initialen (VD ist die Abkürzung für »venereal disease«, also Geschlechtskrankheit). Doch bei dieser Gelegenheit machte er vor dem Seder eine völlig unmilitärische Bemerkung: »Kameraden, an diesem Abend gibt es keine Rangunterschiede; wir sind nur eine Versammlung von Juden in diesem schönen Haus, um Pessach zu feiern.« Unsere Abneigung schmolz dahin.

Für mich trugen mehrere Dinge zur Einzigartigkeit dieser religiösen Observanz bei. Es war das erste Mal seit meinem fünften Lebensjahr, dass ich an einem Pessachgottesdienst mit völlig Fremden teilnahm. Anstelle meines Vaters als Amateurkantor intonierte ein jüngerer Herr Hebräisch mit einem deutlichen Südstaaten-Akzent. Und das Haus, in das wir eingeladen worden waren, war weitaus pompöser als alle Häuser, in denen ich je zuvor gewesen war. Es war ein Zelebrieren des jüdischen Feiertages, die, wie ich glaube, keiner von uns je vergessen hat. Die Melodien, die wir sangen, die hebräischen Worte klangen anders, als ich es sowohl in Europa als auch in St. Louis erlebt hatte, aber die Tradition schimmerte durch, und wir Soldaten nahmen mit Begeisterung teil.

Zurückgekehrt nach Camp Ritchie, erhielten wir von den Chefs der Ausbildungskompanien unsere Dienstzeugnisse. Ich wurde mehrere Dienstgrade befördert, aber keineswegs so hoch wie einige meiner Kriegskameraden. Soldat Stern bezahlte jemanden dafür, die Streifen eines Oberfeldwebels auf seine Uniform zu nähen, und dachte, er sei kriegsbereit.

Doch zunächst fanden wir uns im Dezember 1943 für ungefähr eine Woche in Fort Hamilton, Brooklyn, wieder. Wir wurden mit kulturellen Ereignissen verwöhnt, unter anderem mit einer Rede, oder besser gesagt, mit einer Tirade der giftigen Dramatikerin Lillian Hellman, die sich offen über die Fragen von ungebildeten GIs lustig machte. In meinen späteren Jahren an der Universität dachte ich oft an ihre demütigenden Kommentare zurück und sagte zukünftigen Lehrern: »Machen Sie niemals einen Schüler lächerlich!«

Kein Schlachtkreuzer brachte uns nach England, sondern ein von unseren australischen Verbündeten ausgeliehener Bananenfrachter, nach einem neuseeländischen Fluss »Rangitata« genannt. Das Innere des Schiffes war für uns vorbereitet worden; jeder Winkel wurde zum Anbringen von Hängematten genutzt, in denen wir schliefen. Unsere langen Unterhosen hielten die eisigen Winterstürme, die über den Atlantik fegten, nicht ab. Einen Speisesaal gab es nicht; wir saßen in Durchgängen und aßen australisches Dosenfutter. Viele von uns schoben Nachtwache. Deutsche U-Boote durchpflügten den Atlantik. Ausgerüstet mit Ferngläsern, hatten wir die Aufgabe, nach Periskopen zu spähen, die den Angriffskurs von U-Booten preisgaben. Meine Phantasie ging mit mir durch. Da mich die apokalyptische Vision schreckte, in eisigen Fluten zu landen, suchte ich die eintönige Wasseroberfläche so angespannt ab, als hinge mein Leben davon ab. Und natürlich hing unser aller Leben davon ab.

Wir schafften es bis Birmingham und wurden auf einem behelfsmäßigen Armeestützpunkt namens Pheasey Farms untergebracht, der bereits von verschiedenen britischen Truppen besetzt war. Wir beiden Verbündeten hatten wenig füreinander übrig. Auf ihre offensichtliche Zurückhaltung angesprochen, platzten unsere britischen Mitbewohner mit ihrer Einschätzung heraus: »Ihr Yanks seid überbezahlt, überfüttert, übersexualisiert und über uns gekommen.« Ihr Küchenpersonal fand phantasievollere Wege, seine Abneigung zu zeigen. Auf sein Betreiben verdonnerte der Lagerkommandant uns Ritchie Boys zu ständigem Küchendienst. Und unsere Verbündeten legten uns in ihrer Feindseligkeit noch das merkwürdigste Küchengerät heraus, das wir blitzblank putzen mussten. Einiges davon stammte wahrscheinlich noch aus der Zeit Wilhelms des Eroberers.

Zwei Wochen später wurden wir Teil einer idyllischen Kleinstadt. Das englische Broadway schien unverändert seit Shakespeares Zeiten; eine seiner Komödien, vielleicht *Die lustigen Weiber von Windsor*, hätte ohne zusätzliche Bühnenausstattung auf der Straße aufgeführt werden können. Und wir, die Nachrichtendienstler, wurden – um uns gegen Spione zu sichern – bei Privatbürgern von Broadway einquartiert. Wir wurden zu Ausflügen, gesellschaftlichen Anlässen und Tanzabenden eingeladen. Aber tagsüber wurde unsere Ausbildung fortgesetzt, angereichert durch den Gastvortrag eines erfahrenen britischen Geheimdienstoffiziers.

Mir und den anderen Ritchie-Boys wurde klar, dass Großbritannien zu einem Heerlager geworden war. Broadway war von Luftangriffen verschont geblieben, doch waren viele der Städte, durch die wir kamen, schwer beschädigt. Ein hochrangiger Offizier im Hauptquartier war der Meinung, unsere Kampftruppen sollten einige nützliche deutsche Redewendungen lernen. So fuhren wir in malerische englische Städte wie Honeywell und Evesham, die von amerikanischen Truppen wimmelten. Und bald erklangen aus ihren Unterkünften im Chor so praktische Rufe wie »Hände hoch oder ich schieße«.

Der Krieg rückte näher. Anfang 1944 erhielt Team 41, dem ich zugeteilt war, den Befehl, sich in Bristol zum Dienst zu melden. Im Gegensatz zu Broadway waren über Bristol, das Ziel deutscher Bomber gewesen war, Hunderte von Fesselballons zu sehen, die feindliche Tiefflieger fernhalten sollten. Wie in Broadway wurden wir hier bei sicherheitsüberprüften britischen Familien einquartiert.

Jeden Morgen um 6 Uhr stiegen wir in unsere Jeeps. Wir eilten zu unserem Ziel, einer Public School, so die englische

Bezeichnung. Für Amerikaner sah die Clifton Schule in Bristol jedoch eher wie eine ziemlich exklusive Privatschule auf einem Campus mit gepflegtem Rasen aus, eine Anlage, die einem kleinen amerikanischen College zur Ehre gereicht hätte. Es waren keine Schüler zu sehen; die Clifton Schule war von der US-Armee in Beschlag genommen worden. Als wir versuchten, das Gelände zu betreten, wurden wir von einschüchternd wirkenden Militärpolizisten aufgehalten. Es dämmerte uns plötzlich, dass wir an einen hermetisch abgeriegelten geheimen Ort geschickt worden waren. Außerdem wussten wir aus Briefen unserer Angehörigen in den Staaten, dass bei ihnen wieder einmal FBI-Agenten vorbeigekommen waren und ihnen umfassende Fragen über uns gestellt hatten. Und wir waren darüber belehrt worden, dass wir eine zusätzliche Sicherheitsfreigabe erhalten hatten, die aus unerfindlichen Gründen »BIGOT« genannt wurde. BIGOT war ein Geheimhaltungsgrad, der noch über »streng geheim« hinausging. Wir fanden bald heraus, was damit bezweckt war. Team 41 war, wenn auch nur in eingeschränktem Umfang, in die Planung einer der größten Militäroperationen aller Zeiten einbezogen worden – der Invasion Europas.

Das gegenwärtige (und künftige) Camp wimmelte von Generalen. Oberbefehlshaber war General Omar Bradley, gefolgt von General Courtney S. Hodges. General Eisenhower kam häufig vorbei. Wenn man den uns zugewiesenen Arbeitsraum betreten wollte, musste man mehrere Kontrollpunkte passieren. Und wenn man nach einer Pause zurück in den Raum wollte, verhielt sich der Militärpolizist, der einen wenige Minuten zuvor kontrolliert hatte, so, als hätte er einen noch nie in seinem Leben gesehen und hätte einen Nachfahren der Meisterspionin Mata Hari aus dem Ersten Weltkrieg vor sich.

Zu unseren Planungsaufgaben gehörte, Standorte für künftige Kriegsgefangenenlager festzulegen, die nach den ursprünglichen Sammelpunkten an den Landeköpfen eingerichtet werden sollten. Sie mussten nahe – aber nicht zu nahe – am

Hauptquartier der Ersten US-Armee liegen, der unser Team zugeteilt worden war. Die Lager mussten für einen raschen Abtransport der Gefangenen über Hauptverkehrsstraßen leicht zugänglich sein, und sie mussten genügend Platz bieten für unseren Biwakbereich und den von Unterstützungstruppen wie z. B. Wachen der Militärpolizei. Unsere relativ kleine Aufgabe zeigt, wie ungemein detailliert die Invasion durchgeplant wurde.

Team 41 war, wie alle anderen, oft von Gedanken an die bevorstehende Invasion besessen. Würde alles wie geplant verlaufen? Dennoch ergriffen wir die wenigen Gelegenheiten, uns zu erholen; das war als Ablenkung von der Realität, die auf uns wartete, dringend nötig. Wir scharten uns um unsere Herbergsfamilie in Bristol. Deren Sohn, etwa fünfzehn Jahre alt, rühmte sich, ein geschickter Kricket-Werfer zu sein. Er brachte mir bei, wie man einem Kricketball Drall gibt; im Gegenzug zeigte ich ihm, wie ein Baseball-Werfer einen Kurvenball ausführt. Wir nahmen Mutter und Tochter mit, wenn wir zu Konzerten und ins Theater gingen, die trotz der deutschen Bombenangriffe offen gehalten wurden. Beide Frauen freuten sich über die Zerstreuung.

Einmal gingen wir auf Initiative unseres Teammitglieds Paul, eines ausgekochten Burschen, ohne die Damen zu einer weniger klassischen Aufführung. Während die Künstlerinnen sich ihrer Oberbekleidung (und einiger sonst unsichtbarer Kleidungsstücke) entledigten, entdeckten wir, dass ihre zarten Höschen robusteren Liebestötern gewichen waren – auch das brachte der Krieg mit sich.

Der Höhepunkt unserer Theatererlebnisse kam kurz vor dem D-Day. Lastwagen wurden zur Verfügung gestellt, um alle GIs von Bristol nach Stratford-upon-Avon zu bringen. Wir Theaterliebhaber kehrten um Mitternacht zurück von einer fesselnden Aufführung von *Viel Lärm um nichts*. Dieser erste Besuch in Stratford ist mir bis heute in Erinnerung geblieben, wobei sich mir jedes Detail eingeprägt hat. Natürlich habe ich innerlich die

Befreiung der Heldin, Hero, begrüßt; aber als Sprachliebhaber war ich vor allem über die Wortverdrehungen von Constable Dogberry entzückt. Meine Eltern hatten mich durch unsere Besuche im Hildesheimer Theater auf die Raffinessen dieses Stücks gut vorbereitet.

Eine andere Freizeitbeschäftigung, mehr sportlicher Natur, bleibt mir ebenfalls im Gedächtnis. Irgendwann hatte ich die Ehre, mit unseren britischen Verbündeten in einen Wettkampf zu treten. Jemand im USO-Hauptquartier (United Service Organizations) war auf die nicht gerade originelle Idee gekommen, die offensichtliche Rivalität zwischen Tommies und Amis durch ein internationales Tischtennisspiel in ein freundschaftliches Kräftemessen zwischen den in Bristol stationierten Soldaten zu verwandeln. In meiner Freizeit hatte ich bei der örtlichen USO gespielt; mein zweifelhafter Ruhm muss mir vorausgeeilt sein. Ich, ein frischgebackener US-Bürger, sollte die Neue Welt gegen ihre ehemaligen Kolonialherren vertreten. Ich gewann mein Spiel; tatsächlich wurden die Briten haushoch geschlagen. Aber dann baten sie um ein sofortiges Rückspiel. In dem von ihnen gewählten Darts-Wettbewerb hatten wir keine Chance.

Der D-Day kam für uns überraschend. Wie wir heute wissen, entschied sich General Eisenhower erst nach letzten Prognosen, die ein kurzes Abflauen des stürmischen Wetters voraussagten, die Invasion am 6. Juni 1944 zu wagen. Team 41 erhielt seine ersten Befehle; drei von uns sollten am nächsten Tag, D+1, eingesetzt werden. Die anderen drei Teammitglieder, darunter ich, standen auf Abruf bereit. Das bedeutete, am Funkgerät zu kleben und zu versuchen, jede Bemerkung zu verstehen, die wir in unserem Horchposten an der Clifton Schule in Bristol auffingen. Am Nachmittag von D+3 wollte ich der Spannung entfliehen. Ein großes Zelt in der Nähe unseres Quartiers war in ein Truppenkino umgewandelt worden. Ich ging hinein, um mir den über den grünen Klee gelobten Film *Shine on, Harvest Moon* mit Ann Sheridan in der Hauptrolle anzusehen. Wie ich viele Jahre später erfuhr, bewegte sie in den ersten zwanzig Minuten nur stumm die Lippen, während sie vorgab, den Titelsong zu singen. Mehr weiß ich über diese romantische Saga unter dem Licht des Erntemondes gar nicht zu sagen, denn alsbald gingen die ganz realen Lichter im Zelt an. Aus dem Lautsprecher ertönte eine Stimme: »Die folgenden Offiziere und Mannschaften begeben sich sofort in ihre Quartiere und stellen innerhalb einer halben Stunde Marschbereitschaft her, um sich einem Konvoi anzuschließen …«

Auf dem Weg in die Hafenstadt Southampton fuhr ich einen unserer Jeeps. Es war das erste Mal, dass ich eine lange Fahrt auf der linken Straßenseite zurücklegte und »nicht auf der gottgewollten rechten Seite«, wie einer von uns witzelte. Eine Straße in Southampton war anscheinend in Erwartung unseres langgezogenen Konvois von Fahrzeugen geräumt worden. Ich hielt an. Vor mir hatte ein Jeep gestoppt, der von einem schicken Hauptmann gefahren wurde. Er schien der einzige US-Soldat zu sein, der keine Angst hatte.

In aller Ruhe nahm er seinen Stahlhelm ab, ging in eines der Häuser, kam mit der Helmglocke voller dampfend heißem Wasser heraus und begann, sich zu rasieren. Der Hausbesitzer erschien, beobachtete den furchtlosen Hauptmann einen Moment lang und wandte sich an uns Zuschauer: »Ich bin sicher, dieser gut aussehende Gentleman hätte nie gedacht, dass er sich eines Tages in Southampton auf der Straße rasieren würde!« Der Konvoi setzte sich wieder in Bewegung. Fahrzeug für Fahrzeug fuhren wir mit unseren Jeeps auf ein Landungsschiff. Die Invasion hatte für uns begonnen.

# KAPITEL 5

## Im Krieg

Einigen von uns GIs, die Schulter an Schulter auf dem Schiffs-
deck standen, gelang es, unsere Angst zu verbergen; keiner von
uns war frei davon. Was mich betrifft, so teilte ich nicht nur die
Befürchtungen der Soldaten um mich herum, ich hatte auch
meine höchstpersönlichen: Natürlich malte ich mir ein düste-
res Bild meiner Zukunft aus, sollten die Deutschen mich, einen
deutschstämmigen Juden, gefangen nehmen. Außerdem war
ich seit meiner Kindheit furchtbar zimperlich. Schnitt sich jemand in den Finger, rannte ich aus dem Zimmer; auch weigerte ich mich, Lieder oder Märchen mit tragischen Stoffen
anzuhören. Wie würde es mir an der Küste ergehen? Leicht
konnte man sich vorstellen, was für ein Blutbad es dort gegeben hatte.

Das Landungsboot setzte uns knapp vor dem Strand ab; unser wasserdichter Jeep schaffte es an Land. Ich sah mich um.
Ja, da gab es die erwarteten Spuren eines Gemetzels. Leichen
säumten die Strände. Und dann gab es eine anhaltende Überraschung: Ich, der ich vor einem verletzten Finger davonlief,
war völlig unbeeindruckt von dem weit grauenhafteren An-
blick, der sich mir bot. Bis heute kann ich mir meine Zimper-
lichkeit in Kindertagen und ihr Verschwinden während der
Invasion nicht erklären. Ein Psychologe meinte, dass ich in meiner Kindheit ein unglückliches Erlebnis gehabt haben und es
während der Invasion aus meinem Unterbewusstsein verbannt

haben müsse. Aber das erklärt nicht, warum meine Empfindlichkeit zurückkam, als ich wieder Zivilist wurde.

Es blieb keine Zeit, die französische Landschaft in mich aufzunehmen. Irgendwo aus der Ferne brüllte mich mein Teamkamerad Kurt Jasen an, der bereits zwei Tage auf französischem Boden verbracht hatte: »Komm verdammt noch mal her, Stern! Wir haben zu viele Sch...-Gefangene.«

Fünf Minuten später hatte ich einen kampfgestählten Wachtmeister aus einer deutschen Batterie vor mir. Zurückgelassene Kisten mussten als Verhörstühle und -tische herhalten. Wie diese Möbel muss auch ich als Notlösung gewirkt haben. Jedenfalls antwortete mein erster Gefangener auf keine meiner Fragen. Offensichtlich war er gründlich über seine Rechte belehrt worden. »Ich bin nur verpflichtet, meinen Namen, meinen Rang und meine Stammrollennummer anzugeben«, antwortete er auf eine meiner ersten Fragen. Auch danach berief er sich auf die Genfer Konvention. Ich fühlte mich völlig hilflos, denn keine meiner in Camp Ritchie erlernten Fähigkeiten verfing. Mein Unterbewusstsein überschüttete mich mit den Worten »Versager« und »Verlierer«. Dann schlug eine deutsche Granate ein und wir nahmen beide Deckung. Aber ich stand, anders als mein Gegenüber, sofort wieder auf. Als Artillerist wusste er natürlich, dass Granaten gewöhnlich nicht einzeln, sondern in Gruppen abgefeuert wurden. Vielleicht schrieb er meine Reflexhandlung meiner Todesverachtung zu und nicht meiner Unerfahrenheit. Ich erlangte jedenfalls meine ganze Ritchie-Entschlossenheit zurück, und meine Fragen wurden immer bedrohlicher. Er antwortete. Verflucht und Halleluja, er antwortete, und zwar ausführlich. Ich hatte meine erste Schlacht gewonnen und fühlte mich, als ob ich meinen Gefangenen überragte. In Wirklichkeit war er ein gutes Stück größer als ich.

Team 41 hatte wieder zusammengefunden. Zwei weitere IPW-Teams (Interrogators of Prisoners of War, Vernehmer von

Kriegsgefangenen) schlossen sich uns an und schlugen ihre Zelte auf demselben Biwakgelände auf. Am nächsten Morgen gab unser Vorgesetzter, Hauptmann Rust, Befehle aus. Er hatte im texanischen Brownsville Deutsch gelernt. »Oberfeldwebel Stern, nach allen Beurteilungen sind Sie gut im Auswählen von Leuten. Sie werden einer unserer Weichensteller sein. Suchen Sie Kriegsgefangene aus, die kenntnisreich erscheinen und vielleicht bereit sind, auszupacken. Wir müssen schnell arbeiten!« Sein verborgenes Lob milderte meine Enttäuschung darüber, dass ich aussieben und nicht vernehmen sollte. Ich gehorchte und tat mein Bestes. Den Berichten der Verhörspezialisten nach zu urteilen, die die von mir Ausgewählten befragen mussten, wählte ich tatsächlich eine ganze Reihe von gesprächigen Kriegsgefangenen aus. Allerdings gab es gelegentlich auch Beschwerden, dass ich richtige Nieten geliefert hatte. Mein Auswahlkriterium war, ob die Kriegsgefangenen ein paar aufschlussreiche Testfragen ausführlich beantworteten und gutes Deutsch sprachen.

Nach etwa drei Monaten wurde diese Arbeit eintönig. Aus gutem Grund hütete ich mich, um einen Aufgabenwechsel zu bitten. Aber eine Zufallsbegegnung spielte mir in die Hände. Sie kam in Gestalt von drei Veteranen des Spanischen Bürgerkriegs, die von den Deutschen gefangen genommen und zwangsrekrutiert worden waren. Es waren spanische Ingenieure, die für die Republik gekämpft und sich nach dem Sieg Francos nach Frankreich abgesetzt hatten. Dort waren sie nach dem deutschen Einmarsch gefangen genommen und schließlich auf die Kanalinseln verschifft worden. Sie sollten die Inseln gegen alliierte Rückeroberung befestigen helfen.

Hauptmann Rust setzte mich ins Bild: »Die Spanier scheinen eine Menge über die Befestigungsanlagen von Jersey und Guernsey zu wissen. Sie sprechen weder Deutsch noch Englisch, aber Sie, Stern, sprechen nach unseren Akten Spanisch. Los, verhören Sie sie!« Es wurde das einfachste Verhör, das ich je zuvor oder danach zu führen hatte. Die drei waren von meinem College-Spanisch begeistert und baten nur um großes Zeichenpapier, Stifte und Radiergummi. Ich brachte ihnen dazu auch Essen und Getränke. Sie setzten sich an einen behelfsmäßigen Tisch und zeichneten stundenlang. Gelegentlich schaute ich ihnen zu. Sie vergaßen keinen Geschützstand und kein Unterwasserhindernis. Schließlich händigten sie mir mehrere Papierbögen aus. Ich schwenkte sie triumphierend und eilte zu Hauptmann Rust. Er war wie vom Donner gerührt. »Das nenne ich ein Verhör, Oberfeldwebel Stern!« kommentierte er in seiner texanisch gedehnten Aussprache. Ich ließ ihn bei seiner Meinung. Nachdenklich verzog er sein Gesicht. »Ich glaube, ich kann Sie als Verhörspezialist besser gebrauchen. Ich hab da eine Idee. Wir bekommen all diese Anforderungen von höheren und nachgeordneten Kommandostellen herein. Ich zeige sie Ihnen mal.«

Es gab in der Tat keinen Mangel an Erkundungsbefehlen. Wir wurden mit anspruchsvollen Anfragen überschüttet: Wie schaffen es die Deutschen, zerbombte Gleise und rollendes Material in Rekordzeit wieder instand zu setzen? Grassierten unter den Deutschen ansteckende Krankheiten, die bei Kontakt auch uns Amerikaner befallen könnten? Wie schätzen wir die Kampfmoral der deutschen Truppen ein? Was waren unsere wirksamsten, was unsere schwächsten Propagandaflugblätter? »Ich brauche jemanden, der sich völlig diesen Anfragen widmet«, schloss Rust. »Ich werde einige unserer Vernehmer beauftragen, Ihnen ihre Ergebnisse zu melden. Und Sie, Oberfeldwebel Stern, werden dafür verantwortlich sein, unsere Rückmeldungen auf die Anfragen der Kommandostäbe systematisch zusammenzufassen.«

Ich eilte zu meinen drei Spaniern zurück, um das Lob des Hauptmanns mit ihnen zu teilen, und stellte ihnen eine letzte Frage: Wie war ihnen die Flucht gelungen? Aber da sträubten sie sich. Ein leichtsinniges Wort, und sie würden die Inselbewohner, die ihnen offensichtlich geholfen hatten, in Gefahr bringen. Ich schickte sie, beladen mit Einsatzverpflegung, auf den Weg in ein Lager für befreite Bundesgenossen. »Wenn uns befohlen wird, diese Inseln zurückzuerobern«, kommentierte Hauptmann Rust, »sind wir verdammt gut vorbereitet, Stern«.

Ich kostete meine neue Aufgabe richtig aus. Auf diesem Gebiet fühlte ich mich sicher. Als Schüler und Student hatte ich es geliebt, Hausarbeiten, Semesterberichte und Rezensionen zu schreiben und dafür Informationen aus einer Fülle von Quellen zusammenzutragen. Meine neue Aufgabe war im Grunde genommen nicht anders, nur dass ich jetzt Daten nicht aus gedruckten Quellen, sondern aus dem Mund unvorsichtiger oder bereitwillig kooperierender feindlicher Soldaten sammeln würde. Oh ja, wir schafften es: In den folgenden Monaten beantworteten meine Kameraden und ich all jene Fragen, die für unsere Kriegsanstrengungen wesentlich waren. Gefangene Eisenbahnpioniere enthüllten uns, dass die schnellen Reparaturen der Deutschen darauf beruhten, dass sie fertig montierte Schienenstücke und weitere Ersatzteile vorhielten. Sanitätspersonal, vom einfachen Sani bis zum Generalarzt, versicherte uns, dass die deutschen Truppen nicht unter Seuchen litten. Unter etwas Druck sagten deutsche Frontoffiziere aus, dass die Kampfmoral der deutschen Truppen für plötzlichen Wechsel anfällig sei; das hänge von Unwägbarkeiten wie Nachschub, blutigen Verlusten und dem Vorhandensein guter Führer (wie ihnen selbst) ab.

Und die deutschen Landser räumten im Verhör ein, dass sie ein von General Eisenhower unterzeichnetes Flugblatt aufbewahrt hatten, das ihnen eine erträgliche Gefangenschaft versprach. Sie vertrauten – typisch deutsch – gedruckten Zusicherungen. Mehrere unserer Flugblätter warfen sie jedoch sofort weg, weil sie ihren hochgeschraubten Stil nicht verstanden. Wir im Rückmelde-Geschäft wurden den Verdacht nicht los, dass letztere den ungemein exquisiten Hirnen von Gelehrten entsprungen waren, die jetzt Propagandaflugblätter entwarfen.

Drei Monate nach Beginn unseres Einsatzes erhielten die Aktivitäten unserer Berichtsabteilung neue Impulse. Die Ankunft von Fred Howard war dafür ursächlich. In Schlesien als Fritz Ehrlich geboren und in Berlin aufgewachsen, platzte er mit einem Seesack voller Ideen bei uns herein. Die meisten dieser Ideen waren, wenn man sie nur ein wenig anpasste, von grundlegendem und breit verwendbarem Nutzen. Am Tag seiner Ankunft stellte ich gerade Erkenntnisse über den Nachschub deutscher Vorräte an Treibstoff, Munition und Verpflegung zusammen, von der Heimat bis an die Front. Die Informationen waren solide. Was fehlte, waren Graphiken, um die komplizierten Transportwege, Umschlagplätze und Raststationen schnell übersichtlich zu machen.

Als wir Mittagspause machten, fragte ich Fred spöttisch, ob er vielleicht auch zeichnen könne. »Na ja, im Zivilleben war ich Graphiker«, antwortete er zu meiner Freude. Durch seine Illustrationen ließen sich meine Erläuterungen abkürzen. Die alte Redensart, dass ein Bild mehr als tausend Worte sagt, bestätigte sich. Wenn zum Beispiel deutscher Nachschub von einem Bahnhof zum anderen transportiert werden musste, war das ein komplizierter Vorgang, der sich nur umständlich in Worte fassen ließ. Freds detaillierte Zeichnungen machten den Sachverhalt kristallklar.

Wir fanden bald heraus, dass wir einander ergänzten: Fred war unbändig kreativ, ich disziplinierter; Fred hatte ein Übermaß an Chuzpe (Dreistigkeit), ich an Kontrolliertheit. Fred fiel beim ersten Mal durch die Fahrprüfung, weil er sich nicht an die vorgeschriebene Routine hielt, sondern mit einem spektakulären Manöver Eindruck schinden wollte, aber das kam bei seinem Prüfer nicht gut an. Abgesehen von seltenen Ausnahmen, kamen wir mit unseren gewagten Ideen und Aktionen durch, ohne uns Rüffel einzuhandeln. Ich werde noch erzählen, wie Fred den berühmten Filmstar Marlene Dietrich von einem Auftritt bei der Truppenbetreuung in unser etwa vierzig Kilometer entferntes Kriegsgefangenenlager entführte. Die Tatsache, dass wir weder befugt waren, sie in unserem Jeep zu befördern, noch, sie in einen für Zivilisten gesperrten militärischen Sicherheitsbereich zu bringen, heizte seine Abenteuerlust erst richtig an.

Hauptmann Rust beschloss, eine zweite Spezialabteilung mit der einfachen, aber treffenden Bezeichnung »Ziele« ins Leben zu rufen. Entschlossen, den deutschen Nachschub zu lähmen, wollte die Luftflotte genaue Standorte von uns. Ihre Aufträge waren direkt: »Liefern Sie uns die Koordinaten der übrig gebliebenen Kugellagerfabriken von Schweinfurt! An welchen Landmarken können wir uns beim Anflug auf dieses Ziel orientieren? Haben die Fabriken Eisenbahnanschluss?« Oder: »Wir haben im Februar die Junkers Flugzeug- und Motorenwerke bombardiert. Auf den Luftaufnahmen lässt sich das Ausmaß der Schäden nicht erkennen. Findet das heraus!« Oder: »Die optische Fabrik in Remscheid ist offenbar umgezogen. Wir brauchen die neuen Koordinaten!« Oder noch anders: »In Wanne-Eickel wurde eine neue Fabrik eröffnet. Was produziert die?«

Während der Mahlzeiten fachsimpelten wir. Als letzter Ankömmling hatte Fred die schwierigste Aufgabe zu bewältigen: Er war nämlich derjenige, der die ständig steigenden Anfragen unserer Luftwaffe nach wichtigen Zielen beantworten sollte. Natürlich hatte Fred, so, wie jeder andere auch, bei Ritchie ausgeklügelte Verhörmethoden gelernt. Aber wie konnte man eine Frage harmlos erscheinen lassen, die auf eine Schweinfurter Fabrik abzielte? In dem Moment, in dem man eine solche Frage stellte, begriff selbst der dümmste, begriffsstutzigste oder traumatisierteste deutsche Soldat, dass wir beabsichtigten, diese Fabrik in Grund und Boden zu bombardieren. Und würde mit vollem Recht die Antwort verweigern und auf die Genfer Konvention verweisen. Die Gründe dafür waren unterschiedlich, aber alle waren überzeugend: Vielleicht arbeiteten die Eltern eines Kriegsgefangenen oder seine Liebste an solch einem potenziellen Ziel. Oder er war in Friedenszeiten selbst dort beschäftigt gewesen und war überzeugt, dass Deutschland nach seinen horrenden Verlusten den Krieg ohnehin verlieren würde, ohne dass auch noch seine eigene Arbeitsstätte vernichtet wurde. Ein Kriegsgefangener hatte einen noch schlagenderen Grund: Die Fabrik, nach der wir fragten, gehörte seinem Vater.

»Wie bricht man einen solchen Gefangenen?« begann Fred nach einem frustrierenden, vergeblichen Verhör zu klagen. Ich zählte die gut einstudierten Ritchie-Kategorien auf. Fred reagierte auf jede, außer der letzten, mit einem Schimpfwort, das der Tierzucht entlehnt war. »Okay, Angst«, sprach er mir nach. »Was macht deiner Erfahrung nach den Scheißkerlen am meisten Angst?«

»Das ist einfach«, antwortete ich. »›Sieg oder Sibirien‹ wird ihnen eingehämmert. Sie haben eine Scheißangst vor den Russen. Von den Sowjets gefangen genommen zu werden und in eines ihrer Gefangenenlager geschickt zu werden, vielleicht eins in Sibirien – das halten sie für ein schlimmeres Schicksal als den Tod.«

»Okay«, strahlte Fred, »dann lasst uns einen Russki importieren!« Wie üblich dämpfte ich Freds überkandidelten Vorschlag.

»Aber … wie wäre es, wenn sich einer von uns in einen Russen verwandeln würde?« überlegte ich laut. In diesem erhebenden Moment wurde Kommissar Krukow gezeugt.

Am nächsten Morgen besuchten wir als Erstes Hauptmann Edgar Kann, den zweithöchsten Offizier unserer Einheit. Ihm war die Verantwortung übertragen worden, als Hauptmann Rust in die Abteilung Feindaufklärung (G2) im Stab der Ersten Armee abkommandiert wurde. Jünger als Rust und ein sturmerprobter Flüchtling wie wir, war er etwas zupackender als sein Vorgänger. »Zum Teufel, warum sollen wir das nicht versuchen!«, begeisterte er sich.

Fred und ich arbeiteten die Einzelheiten aus. Unsere Schwangerschaft mit Kommissar Krukow dauerte nur eine Woche. Es entsprach meinem Wesen eigentlich nicht, aber ich sollte der jähzornige Russe werden. Ich konnte in meiner deutschen Aussprache einen russischen Akzent vortäuschen. Mein Vorbild? Im Haus meiner Tante und meines Onkels in St. Louis hatten wir uns alle jeden Sonntagabend um das Radio geschart, wenn Eddie Cantors Komödien-Sendung ausgestrahlt wurde. Ein Kollege von ihm hatte die wiederkehrende Rolle eines »verrückten Russen« übernommen. Ich konnte sein stereotypes Spiel und seine Sprechweise nachahmen. Ich brauchte nur eine glaubwürdig erscheinende Uniform. Wir besuchten einige kürzlich befreite russische Hilfswillige und tauschten unsere abgenutzten Kampfanzüge gegen Teile ihrer Uniformen. Dann baten wir unsere Militärpolizisten, die unsere Kriegsgefangenen regelmäßig durchsuchten, deren Trophäen zu konfiszieren: ganze Ansammlungen russischer Orden, die die Deutschen russischen Gefangenen abgenommen hatten. Kommissar Krukow war geboren, ausgerüstet und auf den Namen getauft, der ihn fortan begleiten sollte. Die Namensgebung ging auf Unteroffizier Johnny Kirsners zurück, unseren Russisch-Experten (erst während meiner Jahre als Sprachwissenschaftler sollte ich erfahren, dass der spitzbübische Johnny mich »Haken« genannt hatte – nach Captain Hook, dem Erzfeind von Peter Pan).

Es fehlten noch einige Bühnenrequisiten. Johnny entwarf ein Schild in drei Sprachen, das mein Verhörzelt als Wirkungsstätte eines russischen Verbindungsoffiziers auswies. Johnny fand auch ein Porträt des Genossen Stalin, und versah es mit einer glühenden, überschwänglichen Widmung des Herrschers der Sowjetunion an seinen guten Freund, Kommissar Krukow. Stalin hätte mit Stolz auf dieses Sprachkunstwerk verweisen können.

Als die nächste Anfrage der Luftwaffe auf Freds Schreibtisch landete, erhielt unser duales Verhörteam seine Feuertaufe. Auf die Frage nach Industrieanlagen in seiner Heimatstadt verschanzte sich Freds erster Gefangener hinter der Genfer Konvention. Wie wir es geprobt hatten, setzte Fred seine kummervollste Miene auf. »Ich verstehe Ihren Standpunkt. Aber bitte verstehen Sie auch meinen. Letzten Monat erhielten wir Befehle von ganz oben, unkooperative Gefangene an unsere russischen Verbündeten auszuliefern. Mir gefällt das nicht«, fügte er mit Grabesstimme hinzu, »aber bitte kommen Sie jetzt mit mir.«

Mit seinem Schützling marschierte er zu dem Zelt mit der bedrohlichen Aufschrift. Er begrüßte mich feierlich. »Hier ist ein Gefangener mit den Überstellungspapieren.« In diesem Moment erlitt der wahnsinnige Russe einen Tobsuchtsanfall, und es folgte der folgende, sorgfältig einstudierte Dialog.

Kommissar: »Herr Feldwebel, was für ein minderwertiges Exemplar Sie mir bringen hier! Dieser Nazi wird nicht einmal überleben Transport in die Salzbergwerke!«

Fred: »Herr Kommissar, ich muss Sie bitten, meine Uniform zu respektieren und mich nicht anzuschreien, sonst bringe ich diesen Gefangenen umgehend zurück in mein Zelt!«

Kommissar: »Das Sie nicht können tun! Dieses Zelt ist russische Erde!«

Nachdem Fred das Scheusal, also mich, vorgeführt hatte, ging er wortlos mit dem Gefangenen zurück. Sympathie heuchelnd, vertraute er ihm an, dass er es nicht mit seinem Gewissen vereinbaren könne, ihn diesem unsäglichen Russen auf Gnade und Ungnade zu überlassen. »Du tust mir wirklich leid«, murmelte Fred, »du bist noch so jung, und nach allem, was man hört, wirfst du wahrscheinlich gerade dein Leben weg«. Seelenqual stand dem Gefangenen bereits ins Gesicht geschrieben, als er nun eine weitere Konfrontation mit meinem Alter Ego durchstehen musste. Als sie erneut mein Zelt betraten, legte ich gerade meinen Telefonhörer auf, bevor ich Fred beschimpfte, dass er aus Mitgefühl für einen deutschen Feind einen internationalen Zwischenfall unter Verbündeten provoziere. Als meine Wut auf dem Höhepunkt war, wandte ich mich noch einmal an den unglückseligen Gefangenen.

»Was du hast gemacht mit diese naive Amerikaner? Du nicht müssen antworten auf das! Befehl liegt schon bereit, du kommen in wir nennen ›Gefangenenlager der lebenden Toten‹ in Sibirien.« Es sah nun so aus, als würden Fred und ich uns gleich prügeln. Fred packte den Gefangenen und führte ihn noch einmal zurück in sein Verhörzelt, als ob er ihn retten wollte. Binnen weniger Minuten erzählte der Mann Fred alles, was er über seine Heimatstadt und ihre Industrien wusste.

Ältere Gefangene wies Fred auf die Wahrscheinlichkeit hin, dass sie ihre Familie nie wiedersehen würden. Das Beste, was er für so einen Mann tun könne, würde Fred mit trauriger Stimme sagen, sei, ihm zu erlauben, einen letzten Brief zu schreiben, bevor er ihn den Russen übergab. »Die Russen«, erklärte er bedrückt, »erkennen das Rote Kreuz selbst für solche humanitären Dienste wie Kriegsgefangenenpost nicht an.«

Wir haben nicht alle Gefangenen auf solche Weise brechen können. Einige haben vielleicht die Unmöglichkeit erkannt, Gefangene über einen halben Kontinent zu transportieren, um sie den gefürchteten Russen zu überstellen. Aber meistens funktionierte die Kriegslist. Unser hochzufriedenes Luftflottenkommando bedachte uns mit einer Ehrung für die gesamte Einheit. Unser Erfolg beschwichtigte jeden Skrupel über die Härte unserer Methode. Ich vertraute diesen Gedanken einmal einem kampferprobten Leutnant der Militärpolizei an. Ich sagte: »Wissen Sie, wenn wir jemanden glauben machen, dass er tatsächlich seinen Abschiedsbrief an die Person schreibt, die ihm am nächsten steht, fügen wir ihm ein Trauma zu.« Der Offizier schaute mich an und antwortete mit einem unverkennbaren Anflug von Sarkasmus: »Oberfeldwebel Stern, haben Sie die erste Lektion der Kriegführung immer noch nicht gelernt? Krieg ist die Hölle!«

Buchstäblich Hunderte solcher geistigen Auseinandersetzungen folgten, als wir durch Frankreich, Belgien und Deutschland vorstießen, bis wir an der Elbe den Russen begegneten. Dazwischen gab es eine große blutige Verzögerung: die Kämpfe im Hürtgenwald und die Ardennenoffensive. Während dieser Kämpfe hätte alles für mich vorbei sein können, wenn sich unsere Einheit durch die Stadt Malmedy statt durch Eupen zurückgezogen hätte. Ich wäre vielleicht Opfer eines Schießbefehls geworden, eines Massakers an amerikanischen Gefangenen, das nicht geplant war, wie wir damals dachten, sondern in einem Augenblick der Überforderung von einem untergeordneten SS-Offizier befohlen wurde, wie die neueste Forschung vermutet. Noch alptraumhafter war für uns, dass ein subalterner Nazi-Offizier ausdrücklich die Ermordung gefangener deutscher Juden befohlen hatte. Zwei Ritchie Boys zum Beispiel, die als Juden aus Berlin identifiziert worden waren, wurden von diesem Offizier ohne Verfahren erschossen. Die Nachricht von jenem Kriegsverbrechen erreichte unsere Einheit und führte zu einem Versprechen, das wir uns selbst gaben, nämlich von dem Moment an für den Fall seiner Gefangennahme jedes kleinste Beweisstück gegen diesen Offizier zu sammeln. Wir hatten Erfolg auf ganzer Linie. Sogar die Stelle fanden wir, an der unsere ermordeten Kameraden verscharrt worden waren. Ich habe ihre Namen nie vergessen. Siebzig Jahre später stand ich an ihren Gräbern, als ich zum ersten Mal nach dem Krieg die Normandie besuchte. Ich legte meine Hand auf beide Grabsteine und griff dann nach meinem Taschentuch.

Während unseres Rückzugs wurde uns befohlen, ein provisorisches Kriegsgefangenenlager in der alten Festungsstadt Huy zu errichten. Dieser kurze Aufenthalt blieb mir im Gedächtnis, weil meine Routineaufgaben durch zwei außergewöhnliche Ereignisse unterbrochen wurden. Eines Morgens brachte einer unserer Aussieber einen durchschnittlich wirkenden Gefangenen zu mir. »Dieser österreichische Unteroffizier sagt, er habe ein wertvolles Tagebuch mitgebracht.« Der Gefangene Karl Laun wurde mir überstellt, nachdem die Aussieber entdeckt hatten, dass jenes gepriesene Tagebuch in deutscher Kurzschrift geschrieben war. Und ich war der einzige Ritchie Boy im Hauptquartier der Ersten Armee, der als »vertraut mit deutscher Kurzschrift« aktenkundig war. Das war der weisen Voraussicht meiner Eltern zu verdanken. Sie hatten darauf bestanden, dass ich zusätzlich zum Standard-Lehrplan des Hildesheimer Gymnasiums einen entsprechenden Wahlunterricht belegen sollte.

Der Gefangene erschien in meinem Zelt. Sein Tagebuch entpuppte sich als Goldgrube für geheime Informationen, die er mitgehört hatte, und, was ebenso wichtig war, als fundierte Einschätzung der Moral unter den deutschen Soldaten. Manchmal berichtete es über das böse Erwachen eines desillusionierten Nazis oder, seltener, über eine lang gehegte Widerspenstigkeit gegen die deutschen Machthaber. In beiden Fällen hatte ich das Gefühl, dass das »böse Erwachen« Ende 1944 etwas zu spät gekommen war. Laun und ich übertrugen das Tagebuch in Langschrift. Aus dem Material entstanden dreiundzwanzig Ausgaben unseres Tagesberichts, denen ich den Titel »Von den Ardennen bis zum Rhein« gab.

Wie wir herausfanden, wurde dieses Material in unseren gestaffelten Kommandostäben aufmerksam gelesen. Tatsächlich verlangte ein Offizier, nachdem das letzte Kapitel ausgeteilt worden war, nach mehr: »Ging es in den Gesprächen der deutschen Soldaten denn nicht auch um Sex?« Mein Informant Karl Laun, der nach dem Krieg mein guter österreichischer Freund wurde, hatte in seinem Tagebuch nichts davon zu bieten. »Also«, sagte er, »ich kann mit etwas Phantasie ein erotisches Kapitel anhängen.« Diese Ergänzung entstand in Zusammenarbeit mit mir und kam bei unseren Lesern sehr gut an. Hatten wir ein Händchen für schlüpfrige Prosa? Wir wurden nie wieder auf so eine Probe gestellt. Aber Launs Tagebuch hat eine Chance auf Unsterblichkeit, denn ein Exemplar befindet sich jetzt in der Präsident-Truman-Bibliothek.

Als Autor dieses informativen Tagebuchs wurde Karl Laun zu einem der frühesten Angeworbenen für eine rasch wachsende Liste von Vertrauenspersonen. Es handelte sich um Gefangene mit besonders nützlichen Fähigkeiten für unsere Zwecke und mit einer nachweislich makellosen politischen Vergangenheit. Ihnen wurde eine Vielzahl von Aufgaben übertragen. Da war zum Beispiel der Soldat Korn, entschieden zum Kommunismus neigend, der fast ein Jahr lang Häftling eines Konzentrationslagers gewesen war. Er war von unschätzbarem Wert, wenn wir ihn nachts ins Lager einschleusten und er unseren »Gästen« – besonders solchen mit loser Zunge – vertrauliche Informationen entlockte. Dann war da noch Konrad Modrach, der Talente als Fälscher und Taschenspieler hatte. Bevor er eingezogen wurde, bewies er seinen Einfallsreichtum, indem er einen Gestapobeamten bestach. Durch großzügige Schmuckgeschenke gelang es ihm, den Status eines »Vierteljuden« zu erlangen, anstatt als »Halbjude« inhaftiert zu werden, was er in Wirklichkeit war. Sein Vater war Jude, seine Mutter nicht. »Vierteljuden« hatten, oft aus einer Laune des NSDAP-Ortsgruppenleiters heraus, eine Chance, der Deportation zu entgehen.

Es war Karlie Laun, wie ich ihn in den Nachkriegsjahren nannte, der zur wichtigsten Hilfe bei Fred Howards und meiner zweiten außerordentlichen Begegnung während unserer Vernehmungen wurde: der direkten Konfrontation mit einem von »Hitlers willigen Henkern« namens Dr. Gustav Wilhelm Schübbe. Natürlich, wir waren einigermaßen vorbereitet oder hätten es sein sollen, denn noch bevor wir auf diesen verachtenswerten und selbstgerechten Ideologen trafen, waren wir auf Beweise für nationalsozialistische Massenmorde gestoßen, auch wenn es (noch) nicht unsere Aufgabe war, Kriegsverbrechen aufzudecken.

Die Entlarvung Dr. Schübbes war zu gleichen Teilen Freds Verhörfähigkeiten und der unwahrscheinlichen Bündelung zufälliger Umstände an einem Tag im Frühjahr 1945 zu verdanken. Das genaue Datum war der 12. April 1945, der Tag, an dem Präsident Roosevelt starb. Früher am Tag hatte Fred einen hundertfünfzigprozentigen Nazi verhört, der sich damit brüstete, ein Neffe Heinrich Himmlers zu sein, des Reichsführers SS, die wegen ihrer bedingungslosen Loyalität gegenüber der NSDAP und ihrer Skrupellosigkeit die Aufgabe hatte, Juden und andere »Unerwünschte« zu ermorden. Unsere Militärpolizisten fanden bei der Durchsuchung von Himmlers Neffen ein Foto seines berüchtigten Onkels. Sie übergaben es Fred. Der holte eine Schere heraus, trennte den Hintergrund des Fotos ab, legte Himmlers Bild eine Schnur um den Hals und hängte ihn *in effigie* an seiner Schreibtischlampe auf. Er konnte nicht wissen, dass dieses Bild zu einer der wichtigsten Requisiten in dem Drama des Tages werden sollte.

Fred hatte bereits bis deutlich nach Mitternacht gearbeitet und seine Uniform gegen Zivilklamotten eingetauscht. Erschöpft wandte er sich an die beiden Vertrauensmänner an seiner Seite, Korn und Laun, und befahl, den letzten ausgewählten Gefangenen, den bereits erwähnten Dr. Schübbe, hereinzubringen.

Fred hörte während der Vernehmung einen deutschen Radiosender ab. Wie würde der Feind den Tod Roosevelts propagandistisch ausnutzen? Fred brauchte nicht lange zu warten. »Der Erzbösewicht, der Antreiber dieses Krieges, ist tot. Jetzt ist unser Sieg in Sicht«, verkündete das Radio.

Schübbe, der offenbar sowohl das Foto von Himmler als auch die deutsche Propagandasendung wahrnahm, begrüßte Fred mit einem Lächeln und bemerkte lässig: »Na, ich sehe, wir sind unter uns«. Fred war kurz davor, zu explodieren. Aber Korn stand eilig auf, beugte sich zu Fred und reichte ihm einen Zettel mit nur einem Wort darauf: »Opium!« Fred begriff sofort. Mit skeptischer Stimme sagte er: »Ich weiß genau, wer zum Teufel wir sind, aber sagen Sie mal: Wer sind Sie?«

Schübbe wurde förmlich. »Bitte, wenn Sie sich Ihre Akten dort ansehen, finden Sie meinen Namen und meine Dienststellung. Ich habe das Kommando über die Euthanasie-Station in Kiew.«

Jetzt ließ Fred nicht mehr locker. »Ich brauche mehr Details. Erzählen Sie mir mehr!« Er brauchte Schübbe nur anzustupsen, und das vollständige Geständnis eines Kriegsverbrechers kam in Gang. Karl Laun notierte rasch jedes Wort in Kurzschrift. Und dann brach Schübbes Wahnwelt zusammen: Fred reichte seinem Informanten eine Tasse Kaffee, um ihn munter zu halten, doch das starke Gebräu schien Schübbes Opiumrausch zu dämpfen. Fatal war auch, dass ich, oder besser gesagt, Kommissar Krukow, in voller russischer Montur dazukam, um Fred zu sagen, er solle Feierabend machen. Das ernüchterte den Arzt völlig. Er weigerte sich, auch nur ein weiteres Wort zu sagen. Ein russischer Kommissar passte sicherlich nicht in Schübbes Vorstellungswelt.

Am nächsten Tag benutzten wir eine herkömmliche Verhörmethode: Wir stellten immer wieder dieselben Fragen, gestützt auf Launs transkribierte stenographische Notizen. Und wir waren erfolgreich. Hier folgt ein Teil des Dialogs, in dem Schübbe seine abscheulichen Taten »rechtfertigte«. Ich glaube, er spiegelt genau den Geisteszustand eines Henkers wider, der behinderte zivile Gefangene ermordet.

Fred: »Sie sind sich bestimmt vollkommen bewusst, was Ihre Arbeit für Deutschland bedeutete. Aber Sie wissen sicher auch, dass in Ihrer Einrichtung in Kiew viele unschuldige Menschen vernichtet wurden.«

Schübbe: »Wir waren uns in den Kreisen der deutschen Ärzte in Kiew im Klaren über die Auswirkungen dieses Auftrages, den wir auf Befehl des Reichskommissars Ukraine ausführten … Ich stehe nach wie vor auf diesem Standpunkt: Genau wie man im Frühling aus einem Baum die schlechten, verfaulten Äste wegschneidet, genauso ist eine gewisse hygienische Aufmerksamkeit, eine Wachsamkeit bezüglich des Volkskörpers notwendig. Pflege durch Zurückschneiden ist unverzichtbar. Wir betrachten auch die Sterilisation als ein Mittel zu diesem Zweck.«

Das *TIME* Magazin fasste unseren Bericht in der Ausgabe vom 7. Mai 1945 unter dem Titel »Aus der Leichengrube« zusammen:

*Ein gefangen genommener deutscher Arzt, Gustav Wilhelm Schübbe, gab im Verhör durch Angehörige der US-Armee freimütig zu, dass in der Vernichtungsanstalt der Nazis in Kiew in den neun Monaten, die er dort gearbeitet hatte, 110 000 bis 140 000 »lebensunwerte« Menschen getötet worden waren. Schübbe, ein verkommener Drogenabhängiger, der die Anstalt leitete, fügte ungerührt hinzu, er habe 21 000 Menschen mit eigener Hand getötet.*

Man wird sich fragen, was mit diesem Doktor des Bösen geschehen ist. Mein Freund und Kollege Stephen Goodell fand heraus, dass Schübbe im September 1946 ins Internierungslager Dachau eingeliefert wurde. Dort wurde er festgehalten unter dem Verdacht, Kriegsverbrechen begangen zu haben, und wurde zweimal von Ritchie Boys verhört. Für das große Gerichtsverfahren gegen deutsche Ärzte, den sogenannten Ärzteprozess, der im Dezember 1946 begann, wurde er nach Nürnberg überstellt. Dort wurde die Anklage gegen ihn fallen gelassen, und er wurde am 1. Mai 1947 nach Dachau zurückgebracht. Zwei Monate später wurde er dort entlassen und kehrte zu seiner Frau nach Hamburg heim.

Dem Schicksal oder der Gerechtigkeit sollte Schübbe trotzdem nicht entgehen. Er war wirklich ein unverbesserlicher Nazi. Seine Tochter berichtete, dass er bei jedem Essen von der Herrlichkeit des Dritten Reiches und der Nazi-Ideologie schwärmte. Vielleicht war sein Sohn durch solche Vorträge traumatisiert. Wie das Hamburger Abendblatt am 12. und am

13. April 1976 meldete, erschlug der psychisch kranke Sohn beide Eltern mit einer Schaufel. Das gesamte Ausmaß von Schübbes Verwicklung in die nationalsozialistischen Kriegsverbrechen wurde zu Freds und meinem Unmut nie aufgeklärt.

Aber wir haben Gewissheit über Untat und Bestrafung eines anderen deutschen Kriegsverbrechers, der uns vom menschlichen wie speziell auch vom soldatischen Standpunkt her gleichermaßen empört hatte. Wir Vernehmer bei der Ersten Armee erhielten eine Aufforderung unserer Militärjustiz, die herausgefunden hatte, dass ein US-Pilot, der mit dem Fallschirm hatte abspringen müssen, widerrechtlich von einem deutschen Infanterieleutnant erschossen worden war. »Wenn Sie seinen Namen herausfinden und ihn gefangen nehmen können, sichern Sie weitere Beweise.« Wir konnten den Mann durch Angehörige seiner Einheit rasch identifizieren, und wir fanden heraus, dass er sich in einer Gruppe Gefangener befand, die erst kürzlich eingetroffen war. Natürlich leugnete er seine Tat. Wir steckten den Verdächtigen zusammen mit unserer Vertrauensperson Korn in eine Zelle. Nach nur einer Nacht kehrte Korn von dieser Begegnung mit allen nur denkbaren belastenden Beweisen an Täterwissen zurück und erzählte uns, wie er daran gekommen war. Als er den Haftraum betrat, ignorierte er die Anwesenheit des Leutnants völlig. Er schaute sich nach einem Haken um und machte Anstalten, sich zu erhängen. Der deutsche Leutnant erschrak und fragte ihn, was in aller Welt er da tue. Korn erklärte, er habe mehrere Verbrechen an amerikanischen Soldaten begangen und fürchte die schlimmstmögliche Behandlung, da die Amerikaner offenbar im Besitz von Beweisen gegen ihn seien. »Besser Schluss machen«, sagte Korn zu dem Offizier. Der versuchte, ihn zurückzuhalten, aber Korn täuschte vor, mit seinem Selbstmordversuch fortzufahren. Schließlich platzte der Leutnant heraus, dass er selbst eines Kriegsverbrechens schuldig sei, aber nicht klein beigeben werde. Er redete auf Korn ein, seinem Beispiel zu folgen, und erzählte ihm Einzelheiten über die Erschießung des amerikanischen Piloten. Wir gaben dieses Geständnis an die Militärgerichtsbarkeit weiter und erfuhren zuverlässig, dass der deutsche Kriegsverbrecher vor Gericht gestellt und hingerichtet wurde.

Ich möchte noch ein weiteres erfolgreiches Verhör hervorheben, das aller Wahrscheinlichkeit nach dazu beigetragen hat, dass ich mit einem Bronze Star ausgezeichnet wurde. Gegen Ende des Krieges bemächtigte sich Hitler jedes Mannes, der noch in der Lage war, eine Waffe zu tragen oder – wenn auch nur mühsam – in Reih und Glied zu marschieren. Was »Volkssturm« hieß, war in Wirklichkeit nur eine zusammengewürfelte Gruppe von Greisen, Kindern und Wehruntauglichen. Die Abteilung Feindaufklärung unseres Armee-Generalstabes fragte an: »Wir wissen nichts über den Volkssturm. Wie steht es um seinen Kampfwert?« Ich wurde damit beauftragt, das herauszufinden, und ich war überzeugt, dass die üblichen Einzelverhöre hier keinen hinreichenden Aufschluss geben würden. Also begann ich mit Massenverhören. Nachdem die neu angekommenen Kriegsgefangenen von den Lastwagen abgesessen waren, ließ ich sie bataillonsweise antreten. Indem sie meinem Befehl folgten, gaben sie bereits ein militärisches Geheimnis preis. Unterstützt von einem unserer Vertrauensmänner, einem derben deutschen Unteroffizier, forderte ich sie auf, durch Heben der Hand auf meine Fragen zu antworten: »Wer von Ihnen hat am Schießstand geübt? Wer von Ihnen ist an einem Maschinengewehr ausgebildet? Wer von Ihnen hat gelernt, Haubitzen oder Granatwerfer zu bedienen?«

Dann kam eine entscheidende Frage, die die Stabsabteilung für Feindaufklärung uns vorgegeben hatte: War die deutsche Armee für einen Gaskrieg gerüstet? Daher fragte ich: »Wer von Ihnen ist mit einer Gasmaske ausgerüstet? Wer von Ihnen hat eine Gasplane empfangen? Wer von Ihnen hat schon mal einen Gas-Übungsraum von innen gesehen?« Ohne das geringste Zögern hoben die Gefangenen die Hand, wenn die Frage auf sie zutraf. Die Ergebnisse habe ich von unserem Vertrauensmann protokollieren lassen. Zum Beispiel hatten von 129 gefangenen Angehörigen der 62. Volksgrenadier-Division – und diese spät aufgestellten Wehrmachtsdivisionen waren noch um einiges besser ausgestattet als der Volkssturm – nur 20 eine Ausbildung an der Gasmaske erhalten. Am Abend schickte ich meine erste Analyse an den Stab der Ersten Armee, und ich wiederholte die Massenbefragungen, sobald neue Wagenladungen von Gefangenen eintrafen. In Windeseile kam ein Befehl vom Armee-Oberkommando: »Oberfeldwebel Stern hat sich umgehend bei Oberstabsfeldwebel Gold zu melden, um Anweisungen zu erhalten.« Ich war verblüfft. Als ich mich bei Gold meldete, dem Zahlmeister der Ersten Armee, sagte er: »Oberfeldwebel Stern, ich habe den Auftrag, Ihnen heute Nachmittag Statistik beizubringen.« Und das tat er, freilich langsam, denn in Mathematik war ich nie eine Leuchte gewesen. Aber nun konnte ich die Ergebnisse meiner Massenverhöre mit Fachbegriffen darstellen.

Ich vermute, dass diese statistischen Berichte, die sich später als völlig zutreffend erwiesen, die Gemütsruhe unseres Oberkommandos bestärkt haben. Ein Satz in dem Verleihungstext, der dem Bronze Star beigefügt und von General Courtney H. Hodges unterzeichnet war, scheint dies zu bestätigen: »[Sterns] detaillierte statistische Analyse der feindlichen Divisionen, die der Ersten Armee gegenüberstanden, war für die höheren wie für die nachgeordneten Stäbe von unschätzbarem Wert.«

Natürlich bin ich nur einer von vielen Hunderten der in Camp Ritchie ausgebildeten Vernehmer, die nach besten Kräften zu den Kriegsanstrengungen beigetragen haben. Ein hoher Armeeoffizier, der die Geschichte der militärischen Feindaufklärung während des Zweiten Weltkriegs geschrieben hat, kommt zu dem Ergebnis, dass zwei Drittel der entscheidenden Informationen von den Ritchie Boys geliefert wurden. Wir sammelten viel: Erkenntnisse über feindliche Stellungen, die deutsche Atomwaffenforschung, deutsche Gefechtspläne und die Höhen und Tiefen der deutschen Kampfmoral. Wir informierten unser Armee-Oberkommando über die Sabotageversuche der von einem Hauptmann Stielau geführten Trupps, die unsere Linien mit Englisch sprechenden deutschen Soldaten in GI-Uniformen durchsetzen wollten. Wir erfuhren auch, dass diese Einheit Pläne für ein Attentat auf General Eisenhower geschmiedet hatte.

Man könnte aus all dem schließen, dass die Ritchie Boys eine knochentrockene Gruppe zwanghaft Arbeitssüchtiger bildeten. Lassen Sie sich von diesem Irrtum befreien, indem ich Ihnen von der Zeit erzähle, als es Fred gelang, einen weltberühmten Filmstar zu einer Jeepfahrt in unser Kriegsgefangenenlager zu überreden. Es geschah in einer Zeit, als unsere Stimmung am trübsten war. Als Folge des deutschen Gegenangriffs in den Ardennen hatten wir uns im Winter 1944/45 zurückgezogen. An einem frostigen Morgen erreichte uns eine Nachricht vom Hauptquartier der Ersten Armee: Marlene Dietrich werde, knapp dreißig Kilometer von uns entfernt, als Truppenbetreuerin auftreten.

Wir wussten von ihrem Mut. Im Gegensatz zu uns war sie nicht aus Nazi-Deutschland vertrieben worden. Im Gegenteil, von den regierenden Nazis, vor allem von Propagandaminister Joseph Goebbels, war sie immer wieder bedrängt worden, aus den Vereinigten Staaten nach Deutschland zurückzukehren und ein Idol der deutschen Kinobesucher zu sein. Sie benutzte keine vulgären Ausdrücke (zu denen sie durchaus fähig war), um Goebbels mitzuteilen, er solle sich sein Angebot irgendwo hinstecken, wo es warm und dunkel ist, aber sie kam dem nahe. Statt in deutsche Studios zurückzukehren, meldete sie sich im Krieg freiwillig, um US-Truppen zu unterhalten.

Mein Kumpel Fred, als Initiator von abenteuerlichen Unternehmungen mir immer voraus, übernahm die Führung: »Da müssen wir hin, Guy!«, schrie er, als er von der Show hörte.

Unser Chef, Hauptmann Ed Kann, erhob keine Einwände, als wir um einen Jeep baten. Die Show fand in einer Festhalle statt, die zu einem Landgasthaus gehörte. Sie war bereits überfüllt, als wir ankamen. Natürlich gab es keine Stühle. Wir quetschten uns in eine Reihe in der Saalmitte und setzten uns auf unsere Stahlhelme, wie alle anderen auch. Etwa eine Viertelstunde später erschien Marlene Dietrich auf einem Podium, nur wenige Schritte von ihrem Publikum entfernt, breitbeinig auf dem Deckel eines Klaviers sitzend, das von ihrem üblichen musikalischen Begleiter gespielt wurde. Der glamouröse Star aus Filmen und Konzerten steckte höchst unglamourös in den gleichen olivgrünen Klamotten, die wir außerhalb des Felddienstes trugen. Doch Marlene Dietrichs Zauber war wunderbarerweise ungebrochen. Sie trat ans Mikrofon und sagte etwas, das ein Band knüpfte, ein Gefühl der Kameradschaft zwischen ihr und den GIs und Offizieren, den Männern, die vor ihr saßen. Aus einer heiklen Situation machte sie einen Scherz: Während unseres unvorhergesehenen Rückzugs waren unsere Wasservorräte verunreinigt worden; wir alle litten praktisch an Durchfall, ein Leiden, das im Sprachgebrauch der GIs selbstironisch »GIs« (von gastrointestinal) heißt. »Leute«, sagte Marlene Dietrich, »wenn ich plötzlich verschwinden sollte, und sei es mitten in einem Lied, werdet ihr Jungs wissen, warum«.

Sie sang, meist auf Englisch, die Lieder, die später ihre sogenannten OSS-Alben füllen sollten, einige Cole Porter-Lieder und Hits aus ihren Filmen. In *Der große Bluff* hatte sie ein Liedchen gesungen über »The Boys in the Backroom«, die Jungs, die sich im Hinterzimmer betranken. Diesen Song gab sie auch jetzt zum Besten. Wir, die seit dem deutschen Durchbruch keinen Alkohol genossen hatten, bekamen Durst.

Nach ihrem Auftritt ergriff Fred erneut die Initiative. Er schlug vor: »Komm, wir gehen zu ihr.« Ich bremste: »Sie wird von all den hohen Offizieren umgeben sein, die wir während der Vorstellung gesehen haben.« Fred ließ sich nicht abbringen.

Und er erweckte Marlene Dietrichs Aufmerksamkeit, indem er sie auf Deutsch ansprach. »Frau Dietrich, ich überbringe Ihnen Grüße von meiner Mutter aus New York!« »Danke«, sagte sie, »und wer ist Ihre Mutter?« »Paula Erickson«, rief Fred. Die Hollywood-Legende kam zu uns herüber. Paula Erickson war mit einem heranwachsenden Sohn in die Vereinigten Staaten gekommen und hatte die Fachkenntnisse einer Masseurin erworben. Wenn die Dietrich in New York war, ließ sie sich von ihr massieren. Sie erwiderte die Grüße.

Fred war mit seinem kurzfristigen Triumph nicht zufrieden: »Frau Dietrich, haben Sie jemals ein Kriegsgefangenenlager gesehen? Nein? Unseres liegt ganz in der Nähe. Vielleicht möchten Sie es gern sehen?« Wenige Minuten später hatte Marlene Dietrich ihrem Pianisten mitgeteilt, dass sie einen kleinen Abstecher machen wolle.

Wir sprangen in unseren Jeep, nur wir drei, und fuhren durch die Festungsstadt Huy eine kurvenreiche Straße hinauf, die zum Festungsgelände führte. Man sah Stacheldrahtumzäunungen, durch die ein Gehweg führte. Links des Wegs befanden sich die gefangenen Mannschaften, rechts die gefangenen Offiziere. Kaum hatte sie ein paar Schritte den Gehweg hinauf gemacht, verbreitete sich die Nachricht wie ein Lauffeuer: »Marlene Dietrich ist hier.« Offiziere wie Mannschaften eilten zum Stacheldrahtzaun, um einen Blick auf sie zu werfen.

Nach wenigen Augenblicken erreichten die begeisterten Rufe der deutschen Gefangenen den Kommandoposten. Hauptmann Amacher, der Chef unseres Militärpolizeidetachements, stürmte heraus. »Was, zum Kuckuck, ist hier los?« (Er benutzte eine deftigere Sprache.) Als er sah, was vor sich ging, schrie er uns an: »Schafft sie hier raus! Wir haben hier im Kriegsgefangenenlager gleich einen Aufstand am Hals.« Also fuhren wir sie zurück zum Gasthof, zur Festhalle, wo ihr Begleiter am verstummten Klavier auf sie wartete. Auf dem Rückweg erzählte Marlene Dietrich uns die wunderbare Geschichte, wie sie beschlossen hatte, in Amerika zu bleiben und sich für die Sache der Alliierten zu engagieren. Von der US-Armee war sie zur Truppenbetreuung (USO genannt) eingesetzt worden. Während des gesamten Zweiten Weltkriegs unterhielt sie US-Truppenteile, oft nicht weit hinter der Front, und wurde von ihnen enthusiastisch gefeiert.

Heute wissen wir auch, dass ihr erstes Wiedersehen mit deutschen Zivilisten in der Endphase des Krieges nicht minder freundlich verlief: Im Frühjahr 1945 kam sie nach Stolberg, nahe Aachen, die erste deutsche Stadt, die von den US-Streitkräften eingenommen wurde. Die Stadt lag in Trümmern, und die Einwohner, meist Frauen, hatten wenig zu essen. Marlene machte sich Sorgen darüber, wie sie von ihren ehemaligen Landsleuten empfangen werden würde, denn es war wohlbekannt, dass sie ihre Heimat verlassen hatte. Aber die erste Frau, der sie auf der Straße begegnete, erkannte sie sofort und ging von Haus zu Haus, um Zutaten für einen Kuchen zu sammeln. Sie verließ die Stadt mit einem Gefühl des Triumphs.

Wir setzten Marlene Dietrich beim Gasthaus ab und verabschiedeten uns von ihr. Ich hatte nicht erwartet, sie jemals wiederzusehen. Aber ich hatte immer Glück mit Zufallsbegegnungen. Als Dozent an der Columbia University wurde ich einige Jahre später ein enger Freund der berühmten Bühnen- und Filmschauspielerin Lotte Lenya, die auch die Witwe und die führende Interpretin der Werke des Komponisten Kurt Weill war. Im Sommer 1956 bat Lotte Lenya mich, sie zu einer ihrer Aufführungen am City College von New York zu begleiten. Auf dem Weg von ihrer Wohnung in Tudor City erfuhr ich, dass ich neben der Dietrich sitzen würde. Die entsann sich natürlich nicht Oberfeldwebel Sterns persönlich, aber als wir gemeinsam in Erinnerungen schwelgten, fielen ihr viele Einzelheiten dieses denkwürdigen Tages bei einer Provinzstadt in Belgien im Winter unseres Rückschlages ein. Nachdem die Dietrich und ich zusammen Lenya applaudiert hatten und in die Pause gingen, sagte sie: »Es gibt kein Publikum, mit dem ich mehr im Einklang war als mit euch Jungs in der US-Armee«.

Seitdem bin ich immer ein begeisterter Anhänger von Marlene Dietrich gewesen, und ich war entzückt, als ich Jahre später die Gelegenheit erhielt, die Geschichte meiner Begegnung mit ihr zu erzählen. Ich erhielt einen Anruf von Dr. Heike Klapdor, einer bekannten Wissenschaftlerin, langjährigen Freundin und zudem auch noch Kuratoriumsmitglied der Deutschen Kinemathek, des berühmten Filmmuseums in Berlin, in dem sich die weltweit größte Sammlung von Dietrichs Filmen, Kostümen und Requisiten befindet. »Guy«, sagte sie aufgeregt, »wir hatten einen Anruf von David Riva, dem Enkel von Marlene. Er bat, unser Archiv für ein Projekt über sie nutzen zu dürfen. Und er fragte auch nach Namen von US-Soldaten, die möglicherweise Kriegserinnerungen an sie haben. Wir nannten ihm deinen Namen.«

Der erwartete Anruf aus Los Angeles kam einige Monate später: »Können wir Sie interviewen?« David arbeitete an einer Sammlung von Essays und Interviews mit Menschen, die seine Großmutter gekannt hatten. Bislang war er von potenziellen Verlegern enttäuscht worden, denen ein reißerisches Buch über Marlene vorschwebte. Ich empfahl sein Projekt der Wayne State University Press, und die erwies sich als besonders geeignet. David und ich wussten nicht, dass sein eigener Vater ein theaterwissenschaftliches Studium an der Wayne State University absolviert hatte. Maria Riva war begeistert davon, dass sich die Universität ihres verstorbenen Mannes an dem Projekt beteiligte. David schickte mir später einen sehr schmeichelhaften Brief, der mich genauso freute wie eine akademische Auszeichnung: »Sie haben unserer Geschichte einen Zauber verliehen, den Marlene zu schätzen gewusst hätte.« Meine eintägige Kriegsbegegnung mit Dietrich hatte eine überraschende Folge: Das kurze Treffen fand Eingang in den bemerkenswerten, preisgekrönten Dokumentarfilm ihres Enkels *Marlene Dietrich: Her Own Song.* Ihr eigenes Lied.

Überflüssig zu erwähnen, dass wir nicht nur unterhaltsame und spaßige Begegnungen mit glamourösen Filmstars hatten. Eine ganz andersartige Episode betraf Feldwebel Paul Rabinek, den Angehörigen unseres Teams 41 mit dem ausgeprägtesten Gewinnstreben. Eine seiner unkonventionellen Initiativen hätte einen Teil unseres Teams, darunter auch mich, beinahe in deutsche Gefangenschaft gebracht. Wir fuhren von einem Dienstgeschäft beim Stab der Ersten Armee frontwärts in unser Lager zurück. Paul, der sich den Spitznamen »Abkürzungs-Rabinek« redlich verdient hatte, saß am Steuer. Seine Vorliebe für kurze Wege siegte über jede Vorsicht. »Ich nehme eine andere Straße, auf der wir viel schneller vorwärtskommen«, versuchte Paul uns zu versichern. Auf der Fahrt hörten wir plötzlich Stimmen. Deutsche Stimmen.

Kurt Jasen, unser ranghöchster Unteroffizier, geriet in Aufregung. »Gottverdammt, dreh mit dem verfluchten Jeep um!« Paul, nun selbst beunruhigt, beeilte sich, dem nachzukommen. Aber leider blieb der Jeep stehen. »Was ist los, zum Teufel?« hörte man Jasen schreien.

»Benzin alle«, murmelte ein kleinlauter Abkürzungs-Rabinek.

»Also, du hast einen Reservekanister hinten im Jeep«, fluchte Jasen. »Füll den Scheiß-Tank.«

Rabinek konnte nur noch flüstern. »Da ist kein Benzin drin. Das hab ich gegen Calvados eingetauscht.« Es handelte sich dabei um französischen Apfelschnaps (in Kriegsqualität), den er gegen Benzin von einem französischen Bauern eingehandelt hatte und zu einem Wucherpreis an Soldaten verkaufte.

Jasen stand kurz vor einem Schlaganfall. »Dann kipp das Dreckzeug in den Tank!« befahl er. Abkürzungs-Rabinek füllte den Calvados in rasender Eile um. Gepriesen sei der Herr, ein Wunder geschah. Der Jeep fuhr wieder an, wir erreichten unser Quartier ohne weitere Zwischenfälle. Wir waren in Sicherheit unter unseren Kameraden, nicht in einem deutschen Kriegsgefangenenlager, und wir priesen die Stärke des normannischen Feuerwassers.

Als weiteres Indiz für unseren eigenwilligen Humor könnte ich auch die Spitznamen anführen, die wir deutschen Generalen während unserer Jahre im Feld verliehen haben, oder mein Verhör eines hochrangigen Offiziers des Fallschirmjägerverbandes, der beauftragt war, die Bodentruppen bei der Ardennenoffensive zu unterstützen. Es war ein Verhör, in dem ich mit Beleidigungen arbeitete. Jede meiner Fragen deutete fast unmerklich auf Schwächen in seiner Führung hin. Er schluckte den Köder. Aus verletztem Stolz erzählte er mir seine gesamte Einsatzplanung.

Die Begegnung mit ihm in Huy begann völlig unverfänglich. »Stern«, sagte Hauptmann Kann zu mir, »wir haben die ganze Truppe unter Oberst von der Heydte gefangen genommen, ohne einen Schuss abzufeuern. Es hat keinen Sinn, auch nur einen von ihnen zu verhören. Aber wenn Sie einem dieser Offiziere ein paar Standardfragen stellen wollen, nur zu!« Ich befestigte heimlich die höchsten greifbaren Rangabzeichen an meinen Schulterklappen. Danach führte ich pflichtbewusst einen Stabsoffizier in ein Verhörzelt und feuerte eine erste Frage auf ihn ab.

»Hauptmann«, knurrte er als Antwort, »ich habe das Recht, von jemandem gleichen oder höheren Ranges verhört zu werden.«

Erst staunte ich über seine Arroganz, dann nahm ich sie ihm übel. »Von mir aus«, antwortete ich. »Wir sind ohnehin nicht wirklich an Ihnen interessiert. Das war der inkompetenteste Angriff, den ich während des ganzen Krieges erlebt habe.«

Das Gesicht des Offiziers wurde rot. »Das war der Fehler des Piloten, dass wir kilometerweit von unserem Ziel entfernt gelandet sind!«

»Das ist nicht, was er sagt«, log ich.

»Ich werde ihn vor ein Kriegsgericht stellen lassen!« brüllte der Mann, nun voller Wut, als wirkungslose Androhung. Er fügte hinzu: »Ich persönlich habe die ganze Truppe in Paderborn ausgebildet.«

»Ja, aber nur für eine sehr kurze Zeit.«

Ich dachte, meinem Gegenüber würde der Kragenknopf abspringen. »Ich habe jeden Moment genutzt, um meine Soldaten in Form zu bringen. Ich kannte meine Aufgabe!«

Ich behielt mein Beleidigungsbombardement bei, zitierte eine Hitler-Rede, dass ein deutscher Soldat sich niemals ergebe, und beendete mein Gespräch mit der Bemerkung, dass ich sein Recht respektiere, keine militärischen Informationen preiszugeben. Er war besänftigt. Nicht ahnend, dass meine sarkastischen Bemerkungen ihn zu einer vollständigen Offenlegung seines jüngsten Einsatzes veranlasst hatten, antwortete er: »Das weiß ich zu schätzen, Hauptmann.« Was aus dem guten Offizier nach dem Kriege geworden ist, würde ich gern wissen. Ich hoffe, er konnte seine Auffassungsgabe in einem Zivilberuf vervollkommnen.

Und dann war da noch der Bericht, den wir zur allgemeinen Erheiterung schrieben, in dem wir behaupteten, Hitlers Latrinen-Ordonnanz gefangen genommen zu haben. Hätte doch nur ein humorloser Hauptmann unsere lächerliche, von A–Z erfundene Geschichte nicht ernst genommen! Diese Geschichte muss von Anfang an erzählt werden. Ohne Böses zu ahnen, löste unser Hauptmann Kann eine gigantische Veräppelung aus, die sich zu einem Dummejungenstreich auswuchs. Kurz nachdem die Alliierten den deutschen Gegenangriff während der Ardennenoffensive abgewehrt hatten, rief Hauptmann Kann Feldwebel Hecht (aus New York City) und mich in sein Kommandozelt. Er grinste von einem Ohr zum anderen. »Ich möchte euch etwas zeigen«, sagte er. Er hielt eine Ausfertigung des täglichen kanadischen Geheimdienstberichts in der Hand. Die Kanadier an unserer Nordflanke, wie wir nun einer deutschen Einkesselung entgangen, machten ihrer Erleichterung in einem Späßchen auf unsere Kosten Luft, indem sie sich über Form und Ausdrucksweise unserer Berichte lustig machten. Als leichtes Ziel hatten sie Feldwebel X gewählt, unseren Meister der blumigen, aber nicht so packenden Prosa, und einen besonders vergifteten Pfeil auf ihn abgeschossen.

Das Standardformat für unseren Bericht sah eine kurze Präambel vor, in der die Glaubwürdigkeit und der Charakter des Informanten bewertet wurde, wie z. B. »Die Aussage des Kriegsgefangenen wird von anderen Gefangenen bestätigt«. In einer skurrilen Schlussfolgerung hatte Feldwebel X einem seiner Berichte vorangestellt: »Kriegsgefangener ist ein Tenor. Das sagt alles.« Die Kanadier parodierten X und beliebten zu scherzen: »Kriegsgefangener ist ein Bariton. Was sagt uns das?«

»Kameraden«, fuhr Hauptmann Kann fort, »wir könnten auch etwas humoristische Entspannung gebrauchen.« Er reichte uns das kanadische Witzblatt, auf das er gekritzelt hatte: »Hecht und Stern, lasst euch auch etwas Lustiges einfallen!«

Kurz gesagt, es sollte Humor auf Befehl sein. Wir verließen das Kommandozelt und sahen uns ratlos und unlustig an. Wie sollten wir den Hauptmann oder das etwa vierzigköpfige Team im Armeestab, das routinemäßig unsere Berichte erhielt, mit etwas wahnsinnig Spaßigem amüsieren? Um es zurückhaltend auszudrücken: Das war kein Witz. Aber eine Eingebung war nur fünfundzwanzig Schritte von uns entfernt, obwohl man sich kaum eine unwahrscheinlichere Muse vorstellen kann. Sie hatte die Gestalt eines deutschen Obergefreiten, nennen wir ihn Joachimstaler, der vor meinem Zelt darauf wartete, verhört zu werden, und von einem Bein aufs andere trat. Alles an ihm war klein; er hätte für George Bakers berühmte Zeichentrickfigur »Der Trottel der Kompanie« posieren können, den Inbegriff eines schlappen US-Infanteristen.

Joachimstaler hatte als Kompanieschreiber gedient, und manchmal gingen wichtige Dokumente über die Schreibtische solcher Funktionsdienstgrade. Aber sicher nicht über seinen Schreibtisch! Ein paar Fragen, und mir war klar, dass dieser Obergefreite nicht wusste, wo vorn und hinten war. Oder vielleicht in einem gewissen Sinne doch, denn das erklärte den Tanz, den er vor meinem Zelt aufführte: Er unterbrach meine letzte Frage mit der verzweifelten, unterwürfig vorgebrachten Bitte, ob er sich »gehorsamst und nur ganz kurz« entfernen dürfe, »um dem Ruf der Natur zu folgen«.

Mein Freund Hecht und ich grinsten über die verschrobene Höflichkeit dieses Etappenhasen, die sich so sehr von der Sprache des Frontsoldaten unterschied. Aber wir gaben seiner Bitte umgehend nach. Als Joachimstaler auf dem Weg zum Donnerbalken sein Koppel abschnallte und aus unserem Leben verschwand, ging Hecht ein Licht auf: »Ich hab's! Wir bekommen beim Verhör heraus, dass dieser Joachimstaler Hitlers Latrinen-Ordonnanz war!«

Die Fragen überschlugen sich in unseren Köpfen. Wo hatte er Hitler in dieser wichtigen Funktion gedient? Wie und warum fand er sich an der Front wieder, wo er gefangen genommen werden konnte? Müssen wir das Auftauchen eines Rettungstrupps befürchten, der diesen Zeugen nackter Wahrheit befreien will? Und, am wichtigsten, welche Geheimnisse hatten wir Hitlers Klosett-Geheimrat während eines – leider imaginären – hartleibigen Verhörs entlockt? Mir fiel eine passende Antwort ein: »Er konnte häufig beobachten, dass der Führer einen verschrumpelten Hodensack hatte.«

Von unserem Freund, Feldwebel Fred Howard, mit einigen weiteren Brüllern aufgepeppt, wurde unsere Ausarbeitung noch am selben Nachmittag unserem offiziellen Bericht beigefügt, allerdings mit der Warnung, der Inhalt könne möglicherweise schon kompromittiert sein. Bald darauf überfluteten lobende Anrufe aus einer Reihe von Stäben unser Feldtelefon. Jede Menge Gekicher, Gelächter und Schulterklopfen traf über weite Entfernungen bei uns ein. Eine Sache, die wir als Anhang beigefügt hatten, machte unseren Lesern besonderen Spaß. Unserer Vorliebe folgend, dem Nazi-Bombast wieder einmal die Luft abzulassen, hatten wir mithilfe unseres Meisterfälschers Connie eine Seite zusammengebastelt, die angeblich aus dem Soldbuch des Latrinenwärters herausgerissen worden war.

In diesem Dokument war die Tätigkeit des ehrlichen Fäkalien-Maklers Joachimstaler auf Hochglanz poliert und verherrlicht worden. Er tauchte nun als »Obergefreiter Joachim Joachimstaler« auf, »sanitärer Unteroffiziersdiensttuer und zuständiger Beaufsichtiger für Stoffwechselprobleme im Führer-Hauptquartier.« Die Latrinen-Ordonnanz Joachimstaler hätte, wenn es sie denn gegeben hätte, mächtig stolz auf sich sein können.

Der Beifall für unseren Bericht stieg uns zu Kopf. Großspurig träumten Hecht und ich schon davon, Gag-Autoren für Eddie Cantor oder Jack Benny zu werden, die führenden Komödianten unserer Generation, oder für den *New Yorker* zu schreiben. Unsere Wunschbilder waren von kurzer Dauer. Kurz nach Mitternacht klingelte das Feldtelefon im Verhörzelt. Ich hatte zufällig Nachtdienst. »Guy, hier ist Billy«, sagte die Stimme in der Leitung. Billy Galanis war ein Kommilitone von der Saint Louis University und war nun, so klein ist die Welt, Fernmelder im Oberkommando der Armee. Wann immer wir Briefe aus der Bürgerwelt oder vom Campus der Universität von St. Louis bekamen, hängten wir uns dank Billy ans Telefon, das Verbot der privaten Nutzung von Feldfernsprechern missachtend, und riefen unsere Lieben zu Hause an.

Doch diesmal klang Billy unheilverkündend. »Guy, hör mal, dieser komische Bericht von euch … Vor einer halben Stunde ist Hauptmann A. – du weißt, der Verbindungsoffizier des OSS – von seinem Urlaub in Paris zurückgekehrt, liest euren Bericht, und jetzt ist der Teufel los! Dieser Vollidiot hat den ganzen Stuss geglaubt! Er hat gerade die Zentrale seines Geheimdienstes in Washington angerufen. Stell dir vor, er will, dass ein Hitler-Experte aus Washington rüberfliegt und deiner ›Latrinenordonnanz‹ noch ein paar Fragen stellt.«

In einer Krise wie dieser versucht man zunächst, den eigenen Hintern zu retten (Hecht und ich gebrauchten unverblümtere Ausdrücke, als wir uns darüber berieten). Wir nahmen eine Schaufel, suchten ein leicht wieder auffindbares Versteck und begruben den kanadischen Bericht mit Hauptmann Kanns draufgekritzelter Notiz. Wir hatten Angst, dass die fruchtlose Jagd nach dem Phantom Joachimstaler, für die ein hoher Offizier eigens den Atlantik überqueren müsste, für uns, die Urheber dieses Schwindels, mit einem Kriegsgerichtsverfahren enden würde. Zwischendurch trösteten wir uns damit, dass die Notiz unseres Chefs, wenn wir sie wieder ausgruben, uns entlasten könnte; sie würde zeigen, dass wir unsere Latrinen-Parole auf Befehl erfunden hatten. Aber am Ende holten wir, immer noch ernsthaft besorgt, Hauptmann Kann aus dem Bett. Er wirkte nicht weniger beunruhigt. Er ging ans Feldtelefon und weckte Oberstleutnant Specht, seinen unmittelbaren Vorgesetzten beim Armeestab. »Ich kümmere mich darum«, war Spechts kurze Antwort.

Was dann geschah, haben wir von Billy Stück für Stück erfahren. Specht war zu A.s Unterkunft gerannt und hatte ihn aus dem Schlaf gerissen. Einige Minuten später war Billy angewiesen worden, ein weiteres Ferngespräch mit Washington herzustellen. »Dieser Trottel A. hat seine Bitte um ›Verstärkung durch einen Experten‹ zurückgezogen«, berichtete Billy triumphierend. Und so konnte die Humoreske über den Obergefreiten Joachimstaler, wie es schien, zu Grabe getragen werden. Wir hatten unseren Auftrag ausgeführt und den gewünschten Spaß produziert.

Doch Obergefreiter Joachimstaler trat – wenn auch nicht körperlich, so doch im Geiste – Jahrzehnte später wieder in mein Leben.

Machen wir einen Abstecher ins Jahr 1990. Der Krieg liegt schon lange hinter uns. Der einstige GI mit Chuzpe, Oberfeldwebel Stern, ist längst wohlbestallter Professor an der Wayne State University geworden und schreibt gerade einen wissenschaftlichen Aufsatz über Geheimdienstarbeit im Zweiten Weltkrieg. Er hat einen beachtlichen Stapel Bücher zu diesem Thema mit nach Hause gebracht. Kurz vor dem Abendessen kommt seine Frau Judy nach Hause und stellt fest, dass besagter Professor gar nicht aufhören kann, Tränen zu lachen. »Normalerweise findest du Forschung nicht so amüsant«, bemerkt sie trocken. Der Professor zeigt auf ein Buch, das vor ihm liegt. Es ist von zwei britischen Wissenschaftlern verfasst, Ian Sayer und Douglas Botting: *Amerikas geheime Armee: Die verschwiegene Geschichte des Counter Intelligence Corps.*

Die Ehefrau, allzu oft Kriegsgeschichten ausgesetzt, weiß alles über Joachimstaler. Doch nun liest ihr Mann ihr die Erkenntnisse der britischen Kollegen vor, die offensichtlich aus einer Ausfertigung des »Joachimstaler-Berichts« in den National Archives stammen:

*Die Nachricht vom Überlaufen von Hitlers Toilettenaufseher wurde von Radio Luxemburg ausgestrahlt, das jetzt in alliierter Hand ist. Als Hitler dies hörte, soll er in eine seiner regelmäßig wiederkehrenden Depressionen verfallen sein. Da man glaubte, dass Feldwebel Johannisberg [sic] im Besitz von Informationen war, die sich für den Führer als äußerst peinlich erweisen könnten, wurde der Befehl erteilt, den Überläufer so schnell wie möglich zu finden und in die Heimat zurückzubringen, bevor er alles enthüllte.*

*Der Mann, der mit der heiklen Aufgabe der Wiederauffindung betraut wurde, war zwangsläufig SS-Oberst Skorzeny. Im Beisein von niemand Geringerem als Heinrich Himmler und General Sepp Dietrich wies Skorzeny den von ihm mit der Leitung dieser Mission beauftragten Hauptmann Franz Erich von Missenhofer ein, einen findigen jungen Offizier, der fließend Englisch sprach. Missenhofers wenig beneidenswerte Aufgabe bestand darin, die amerikanische*

*Front zu überwinden, in das Gefangenenlager einzudringen, in dem der übergelaufene Sanitätsunteroffizier gefangen gehalten wurde, und mit ihm zu den deutschen Linien zurückzukehren.*

Der Pseudobericht erstreckt sich über weitere Seiten; alles ist aus unserer Lügengeschichte übernommen oder erschlossen. Obergefreiter Joachimstaler hat auf diese Weise durch seinen anregenden Stuhlgang Größe und Unsterblichkeit erlangt.

Es mag so aussehen, als ob wir Ritchie Boys eine besonders spaßhungrige Soldatengruppe waren. Aber es muss gesagt werden, dass befreiende Komik in Kriegszeiten für alle unabdingbar ist: ein Mittel zur Bewältigung alltäglicher Tragik. Zu dieser Reflexion kam ich allerdings erst nach dem Krieg. Einstweilen war ich damit beschäftigt, Augenzeuge (allerdings nicht handelnd Beteiligter) der Befreiung von Paris zu sein.

Wir hatten unser letztes Kriegsgefangenenlager in Sichtweite von Paris errichtet. Von da an nahm unser ranghöchster Unteroffizier, mein enger Freund Kurt Jasen, unser Schicksal in seine Hände. Indem er uns unsere Ausweise als Angehörige des Feindnachrichtendienstes zücken ließ, verschaffte er uns Zutritt; wir gehörten zu den ersten US-Soldaten, die die französische Hauptstadt einen Tag nach ihrer Befreiung betraten. Er ließ auch in einem renommierten Restaurant ein hervorragendes Mittagessen für sich und seine drei Teamkameraden auftischen, und als erfahrener Mann von Welt hatte er uns vier Einzelzimmer in einem preisgünstigen Hotel gesichert. Keine geringe Leistung im überfüllten Paris!

Aber dieser Nachmittag wollte nicht in einem Gebäude verbracht werden. Paris, die Stadt der Lichter, glühte. Ihre Bürger waren auf die Straße gegangen, sangen, tanzten, umarmten und küssten völlig Fremde, überwältigt von der wiederhergestellten Freiheit, dem wiedergewonnenen Paradies. Gegen Abend führte uns Kurt in seine Lieblingsbar. Auf einem leicht erhöhten Podest stand eine Sängerin, die all ihr Können in einen Gruß an »Paris Libre« legte. Die Liebeslieder von Charles Trenet und Edith Piaf ergriffen uns, und mit ihnen stellte sich das Gefühl purer Glückseligkeit ein.

Es riss mich mit, obwohl ich ein recht disziplinierter Mensch bin. »Ich muss etwas Luft schnappen«, sagte ich zu meinen Kriegskameraden, die ähnlich ergriffen waren. Ich lief weniger als zwei Straßenzüge – und sah sie. Sie glich dem Mädchen meiner Träume. Ich, der junge Mann aus der Provinzstadt Hildesheim, ging auf sie zu und sagte einfach: »Un jour magnifique!« Sie schien hocherfreut über einen Amerikaner, mit dem sie ihre Empfindungen in ihrer Sprache teilen konnte. Aber an diesem Abend voller Gefühle, die wie Feuerwerke explodierten, brauchte es nur wenige Worte. Sie hakte sich bei mir ein.

»Ich heiße Guy«, sagte ich und sprach meinen Namen auf französische Art aus. »Dorette«, sagte sie einfach. Und dann folgte ein Schwall von Worten. Sie war ein Jahr älter als ich und verlobt. Durch die Befreiung, freute sie sich, werde sie nun ihr Studium fortsetzen können. Das war durch die verhasste deutsche Besatzung unterbrochen worden. Sie musste ihren Lebensunterhalt verdienen; ihre Beschäftigung mit der griechischen Antike musste zunächst dem Küchendienst in einem griechischen Restaurant weichen.

»Aber jetzt fängt für uns alles neu an«, schwärmte sie. »Heute ist ein Feiertag«, stimmte ich zu und begann, ein populäres Lied von Edith Piaf zu singen, das ich soeben in der Bar gehört hatte. »Keine schlechte Stimme«, lobte sie. Unsere Schritte hatten uns nah zu meinem Hotel geführt. Sie erhob keine Einwände. Wir fanden uns in meinem kleinen Zimmer wieder. Ausgelassen warf sie ihren roten Hut an die Zimmerdecke und begann sich auszuziehen. Ich tat es ihr zögernd nach; Ungeschicklichkeit hatte mich ergriffen. Sie lachte – und half mir. »Du bist meine erste Frau«, flüsterte ich. Sie gab keine Antwort. Plötzlich erloschen alle Lichter. Unser Zimmer, ganz Paris, war in Dunkelheit getaucht. Aber ich war vorbereitet. Ich hatte einem unserer Gefangenen eine fix einsatzbereite kleine

Lampe abgenommen, um sie für nächtliche Verhöre zu verwenden. Ich angelte sie aus meinem Rucksack und drehte das Rädchen, mit dem sie bedient wurde. Weiches Licht durchflutete den Raum. Ich leuchtete Dorette an, und mir stockte der Atem angesichts ihrer Schönheit.

Später lagen wir dicht beieinander. »Ich bin so glücklich, dass ich deine erste Frau bin – in dieser Nacht der Nächte.« Im Gegensatz zu mir flüsterte sie nicht, sondern sprach laut. Ich könnte sagen, es war eine Nacht der völligen Erfüllung, aber das würde diesen Gipfel der Emotionen nicht hinreichend beschreiben. Ein Gefühl für alles, was in diesen anderthalb Tagen geschehen war, und die Euphorie einer ganzen Stadt lebte in uns auf, als sich unsere Körper trafen.

Am Morgen war sie vor mir angezogen. Sie beugte sich vor, küsste mich und schloss sanft die Tür hinter sich. Im Halbschlaf reagierte ich viel zu langsam, um sie aufzuhalten. Ich sah sie nie wieder. Ich verzichtete darauf, nach dem Siegestag in Europa nach Paris zurückzukehren. Ich wusste, dass nichts dieser Nacht gleichkommen würde. Später schlug ich die Bedeutung ihres Namens nach. Dorette, so erfuhr ich, kommt aus dem Griechischen und bedeutet »das Gottesgeschenk«.

## KAPITEL 6

## Nachkriegsjahre –
## Mein Leben als Student und darüber hinaus

Courtney H. Hodges, der Oberbefehlshaber der 1. Armee, verlieh mir an unserem letzten Standort in Deutschland einen Orden. Dies hatte einen direkten Einfluss auf meine persönliche Entwicklung. Es stärkte mein Selbstwertgefühl, das durch die Ermahnung meines Vaters, wie unsichtbare Tinte zu sein, gemindert worden war. Seit ich mit der Führung der Berichtsabteilung betraut worden war, fühlte ich mich in der Lage, alle uns gestellten Fragen zu beantworten. Ich war zufrieden mit der Arbeit, die ich tat. Zwei Belobigungen verstärkten meinen Wunsch, Zeitungsreporter zu werden. Zur Auszeichnung durch unseren Oberbefehlshaber kam noch die Empfehlung eines führenden US-Journalisten, der mich während des Krieges genau beobachten konnte.

Während des Krieges war ich bei mehreren Gelegenheiten mit Major Shepard Stone zusammengetroffen. Ich wusste, dass er im Zivilleben die Sonntagsbeilage der *New York Times* redigierte. Unser Austausch hatte sich immer auf Militärisches beschränkt. Eines Tages jedoch kam er zu unserem Verhörzelt und beglückwünschte mich zu meinem Orden. Zu meiner Überraschung fragte er mich, was ich nach dem Krieg machen wolle. »Ich würde gerne Journalist werden«, antwortete ich. »Davon habe ich gehört«, sagte er, »und ich habe einen Brief an David Joseph geschrieben, den Lokalchef der *New York Times*, und mich für Sie verwendet. Hier ist ein Durchschlag.« Ich habe diesen Brief mein ganzes Leben lang aufbewahrt und teile ihn hier in aller Unbescheidenheit mit meinen Lesern:

12. September 1945

*Lieber Herr Joseph,*

*Ich möchte Ihre Aufmerksamkeit auf Oberfeldwebel Guy Stern lenken, einen der maßgeblichen Verhör-Spezialisten im Gefangenenlager der 1. Armee. Sterns Fähigkeit, aus hartgesottenen Nazis Informationen herauszuholen, war eine Großtat für die Kämpfe der 1. Armee. Er zeigte bemerkenswertes Geschick, Aussagen sinnvoll zusammenzufügen, und seine Spezialberichte waren von großem Wert für unsere Feindnachrichtenabteilung. Oberfeldwebel Stern möchte Zeitungsmann werden. Ich glaube, darin wäre er gut. Ich habe erlebt, wie er unter Druck und Lebensgefahr arbeitete. Er hat sich immer bewährt. Ich möchte Ihnen den Mann empfehlen. Vielleicht können Sie ihm den Weg ebnen.*

Beste Grüße,

SHEPARD STONE,
Major AC,
Generalstabsoffizier,
Feindnachrichtenabteilung

*Herrn David H. Joseph*
*Stadtredakteur*
*The New York Times*
*Times Square, New York, N. Y.*

Ich habe meiner Entlassung mit einem Gefühl der Hochstimmung entgegengesehen. Es sah so aus, als würde mir Major Stones Brief direkt die Tür zu den Büros der *New York Times* öffnen.

Ein Truppentransportschiff brachte Hunderte von GIs, darunter meine Ritchie-Kumpel und mich, nach Newport News, Virginia. Eine kleine Kapelle spielte, und eine Schar junger Südstaaten-Damen hatte es offenbar übernommen, Kriegsheimkehrer zu begrüßen. Eines der jungen Mädchen wollte mich in ein anregendes Gespräch verwickeln, aber schließlich gab ich auf, weil mein deutscher Akzent sich nicht mit ihrem Südstaatendialekt vertrug und wir uns kaum verstanden. Ich blieb auch nicht lange. Noch am selben Nachmittag fuhr ich mit einem Personenzug der C&O Eisenbahngesellschaft nach St. Louis.

Als ich nach fast drei Jahren in meinem alten Zuhause ankam, waren meine Tante und mein Onkel da, um mich zu begrüßen. Ungestüm umarmte ich das Ehepaar, das mich durch meine Jugend bis ins Erwachsenenalter begleitet hatte. Dankbarkeit überwältigte mich. So gut sie konnten, hatten sie versucht, mir die Eltern zu ersetzen, die ich so sehr vermisste. Tante Ethel hatte unermüdlich den Slang verbessert, den ich in unserem Wohnviertel aufschnappte, und auch das altmodische Englisch, das ich in meinem deutschen Gymnasium gelernt hatte. Und wenn Onkel Benno sich an seine eigene Kindheit erinnerte, hatte mich das wieder mit der Zeit bei meinen Großeltern verbunden. Mit diesen Gedanken ging ich in mein altes Zimmer. Es schien kleiner geworden zu sein.

Am nächsten Tag suchte ich nach meinen ehemaligen Schulkameraden, von denen viele noch im gleichen Viertel wohnten, manche von ihnen ebenfalls Kriegsheimkehrer. Einige würden niemals zurückkehren. Ich blieb weniger als einen Monat in St. Louis. Damals hörte man überall ein populäres Lied: »How Ya Gonna Keep 'em Down on the Farm (After They've Seen Paree?)«, oder auf gut Deutsch: »Wie wollt ihr sie auf dem Bauernhof festhalten, nachdem sie Paris gesehen haben?« Das war, wie bei vielen Veteranen, auch mein Lebensgefühl. Außerdem brannte der Brief von Shepard Stone in meiner Brusttasche.

Ein Telefonat mit dem hoch angesehenen Lokalchef der *New York Times* bestätigte, dass mich Mr. Joseph empfangen würde, wenn ich nach New York käme. Bevor ich mit dem Zug nach Osten fuhr, informierte ich meinen Kumpel Fred Howard, der immer noch in aktivem Dienst in Europa war, über meine Pläne. Er schrieb zurück, dass ich erst einmal bei seiner Mutter und seinem Stiefvater unterkommen könne, die mitten im Herzen von Manhattan lebten. Paula und ihr Mann, Jim Erickson, Nachtportier eines Hotels in Manhattan, erwiesen sich als äußerst liebenswürdige Gastgeber. Endlich lernte ich Freds Mutter kennen, das Bindeglied zu unserem denkwürdigen Treffen mit Marlene Dietrich.

Zwei Wochen später stand ich in einem beeindruckenden Büro der *New York Times*, überzeugt davon, dass ich das Gebäude meines Leib- und Magenblattes mit einem Arbeitsvertrag auf Lebenszeit wieder verlassen würde. Die einleitenden Worte von Herrn Joseph ermutigten mich: »Wir haben Sie erwartet. Wir halten Sie für einen aussichtsreichen Kandidaten. Wissen Sie, Shep schreibt selten solche Briefe.« Aber dann kam eine kalte Dusche. »Wir stellen derzeit niemanden ein. Tatsächlich sind wir doppelt besetzt. Unsere Korrespondenten kehren von ihrem Kriegsdienst zurück, und wir wollen nicht die Ersatzleute entlassen, die in diesen Kriegsjahren so gut gearbeitet haben.« Aber seine letzten Worte machten mir wieder etwas Hoffnung. »Ich schlage vor, Sie bleiben in New York und kommen etwa einmal im Monat vorbei.« Das war ein sehr großzügiges Angebot, und es zeigte noch einmal, welches Gewicht er dem Brief von Shepard Stone beimaß. Nach unserem ersten Gespräch traf ich mich noch drei- oder viermal mit Herrn Joseph.

Ich ließ mich also in New York nieder, und als Fred aus dem Krieg zurückkam und sein altes Zimmer bei seinen Eltern bezog, suchte ich mir ein billiges Hotel. Meine Gewerkschaftspapiere als Kellner ließ ich zum Ortsverband in New York senden und verschaffte mir einen Job in einem Restaurant am Broadway.

Ich meldete mich bei den Freunden aus meiner Ritchie-Boy-Zeit, von denen viele in New York lebten. Eine dieser Freundschaften sollte die Weichen für mein Leben und meine Berufslaufbahn stellen. Karl Frucht, im Zivilleben Schriftsteller, hatte sich kurz vor Kriegsende unserem Team angeschlossen. Trotz der Kürze unserer Bekanntschaft wurde er ein enger Freund, denn die Geschichten, die er zu erzählen hatte, faszinierten mich. In der kurzen Zeit, bevor auch Österreich von der unseligen Nazi-Regierung übernommen wurde, flohen viele deutsche Schriftsteller und Künstler dorthin. Karlie und seine bewunderte Freundin, die Schriftstellerin Hertha Pauli, eröffneten eine literarische Agentur und konnten eine ganze Anzahl von Flüchtlingen in fachgerechte Berufe vermitteln. In New York fand Karlie viele seiner alten Klienten wieder und vernetzte sich auch mit deren Freunden und Bekannten. Er erneuerte seine Freundschaft mit Pauli, die inzwischen eine enge Freundin und dann die Frau eines anderen aus Deutschland geflüchteten Schriftstellers, E. B. Ashton (Ernst Basch), geworden war.

Während des Trainings in Camp Ritchie hatte auch ich einen prominenten Exilautor kennengelernt. Stefan Heym hatte vor seiner Einberufung seinen ersten amerikanischen Roman geschrieben. *Hostages* (*Der Fall Glasenapp*) wurde ein Bestseller. Seinen Roman *The Crusaders* (*Bitterer Lorbeer*) begann er während seiner Ausbildung in Camp Ritchie. Häufig fragte er seine Kameraden nach einem englischen Wort. Nach dem Krieg wurde das halb fiktive Werk *Bitterer Lorbeer* in beiden deutschen Staaten ein hochgelobter Kriegsroman. Eines Abends rief mich Karlie an: »Hallo Guy, Pauli und Ashton haben ihren monatlichen Jour fixe in ihrem Apartment im Park Plaza Hotel. Willst du mich begleiten?« Es war eine unwiderstehliche Einladung. Als wir ankamen, entdeckte ich einen ganzen Reigen bekannter deutschsprachiger Schriftsteller, von denen Karlie in unseren Gesprächen in den letzten Kriegstagen erzählt hatte. Nun waren sie direkt vor meinen Augen in faszinierende Gespräche verwickelt, und ich, erst auf dem Niveau eines Drittsemesters, war zumindest klug genug, ihnen zuzuhören, anstatt mich in ihre Unterhaltungen einzumischen. Jedenfalls wurde ich völlig ignoriert.

Dennoch wurde ich erneut eingeladen, und ich fand einen Schlüssel zu Herthas und Ashtons Herzen. Ihr ziemlich kleines Zimmer erschien sogar noch kleiner, denn sie teilten es mit einer Hündin namens Bambi, die vor Kurzem geworfen und seine Bewohnerzahl um sieben Welpen erhöht hatte. Als ich zum zweiten Mal eingeladen wurde, kam ich vorbereitet. Ich hatte den Geschirrspülern an meinem Arbeitsplatz, dem Broadway Lobster Pond, ein Trinkgeld gegeben, damit sie mir einen gewaltigen Beutel mit ausgesuchten Fleischresten – darunter auch feine Steaks – für die Hundepopulation des Park Plaza Hotels mitgaben. Mein Geschenk an die Gastgeberin traf ins Schwarze. Solche Pakete wurden meine Eintrittskarten zu den monatlichen Zusammenkünften, die mich in zeitgenössischer deutscher Literatur weiterbildeten.

Während ich also weiterhin auf ein Zeichen der *New York Times* hoffte, war ich keineswegs in New York gestrandet. Durch meine Freunde aus Camp Ritchie war ich wunderbar vernetzt. Ich genoss die anregende Atmosphäre dieser großen Geister unter den Exilanten, und ich konnte problemlos von meinem Verdienst als Kellner in verschiedenen Broadway-Restaurants leben. Aber das war natürlich nicht, was ich mir als mein Lebensziel vorgestellt hatte. Ich musste meine Ausbildung abschließen, die immer noch im zweiten Studienjahr stagnierte, und ich begann, mich bei verschiedenen Universitäten in New York zu bewerben. Es dauerte nicht lange, bis sich herausstellte, dass die kriegsbedingt verspäteten Aufnahmeanträge von Veteranen bereits zu einer Überfülle an geeigneten Bewerbern geführt hatten. Wir alle wurden ermutigt durch ein wunderbares Geschenk des dankbaren Landes: die GI Bill of Rights, ein Bundesgesetz der USA von 1944, das US-Soldaten des Zweiten Weltkriegs die Eingliederung ins Berufsleben oder ihre Ausbildung erleichtern sollte. Aber die Colleges waren nicht erpicht auf immer mehr Einschreibungswillige, und schon gar nicht auf Übergangsstudenten, die nur zwei Jahre oder weniger auf ihrem Campus bleiben und ihn dann verlassen würden, was in absehbarer Zukunft zu einem Rückgang an fortgeschrittenen Studenten im Hauptfach führen musste. Die einzige positive Antwort, die ich erhielt, kam von der Fordham University. Da ich schon an einer anderen Jesuitenuniversität studiert hatte, war das College geneigt, mich bevorzugt zu behandeln. Aber ich dachte, dass ich nach meinen Studien an der Saint Louis University ein konfessionell nicht gebundenes geisteswissenschaftliches College ausprobieren sollte. Nicht nur hatten einige solcher Colleges an der Ostküste bereits einen sehr guten Ruf – auch schien ihre Lage ein Gefühl der Ruhe, eine Atmosphäre des strengen Lernens und, wenn man Filmen trauen durfte, romantische Gelegenheiten zu bieten.

Freunde erzählten mir von einer neu gegründeten Hochschule, die meinen Erwartungen zu entsprechen schien: Hofstra College, das seine Verbindung zur New York University abgebrochen hatte, lag günstig im nahe gelegenen Long Island und nahm noch immer Bewerber auf. Ich nahm den Zug nach Hempstead und durfte sofort beim obersten Studienverantwortlichen, Dekan William Hunter Beckwith, vorsprechen. Er akzeptierte mich an Ort und Stelle. Ich war begeistert. Der Campus wirkte ländlich; erst später erfuhr ich, dass er auch Kriegserinnerungen hervorrufen konnte. Einige Seminare auf dem sich ausweitenden Campus wurden in Wellblechbaracken abgehalten, die wie Armeeunterkünfte aussahen. Wenn ein Flugzeug auf dem angrenzenden Fliegerhorst Mitchell Field startete oder landete, unterbrach der Professor einfach den Unterricht, bis Start oder Landung zu einem glücklichen Ende gekommen war. Schon in den ersten paar Wochen traf ich einen anderen Ritchie Boy, den ehemaligen Feldwebel Felix Strauss, und schloss sofort Freundschaft mit ihm.

Ich liebte Hofstra. Ich konnte ein gut zu bewältigendes akademisches Programm belegen: Die Hochschule kam mir entgegen, indem sie mir einige meiner Kurse in Camp Ritchie anrechnete. Zum Beispiel wurde unsere Armeeausbildung in Gelände-Aufklärung kurzerhand als Universitätskursus der Geologie anerkannt. So konnte ich meinen Wohnsitz in New York beibehalten, weiter als Kellner arbeiten und meine sozialen Beziehungen pflegen, während ich auf dem Weg zum Uniabschluss gut vorankam. Hofstra hatte viel zu bieten. Der Präsident, John Adams, war ein Shakespeare-Experte, und er hatte dafür gesorgt, dass sich unsere riesige Sporthalle schnell in das Globe Theater verwandeln konnte, wenn darin ein Shakespeare-Stück aufgeführt werden sollte. Wenn die Darbietungen auch nicht an die Höhe der Schauspielkunst von Stratford-upon-Avon heranreichten, so waren sie doch hervorragend mit ihrer schönen Hauptdarstellerin, der Kommilitonin Aphrodite Stevens (ihren Vornamen verdankte sie hoffnungsfrohen Eltern). Ich fand mich auch plötzlich in die Position eines Feature-Redakteurs der Zeitschrift *Hofstra Chronicle* und in das Redaktionskollegium des Hochschul-Jahrbuchs katapultiert.

Für viele unserer Kurse hatte man die Dozenten sehr einfallsreich ausgewählt. Für Kunstgeschichte hatte die Hochschule einen Gelehrten aus den Niederlanden geholt. Er erfüllte seinen Lehrauftrag in doppelter Hinsicht: Zum einen hatte er umfassende Kunstkenntnisse, zum anderen stellte er phantasievolle Aufgaben. Einmal schickte er sein gesamtes Seminar nach New York, um eine hochgelobte Ausstellung über »Hogarth, Constable und Turner« im New Yorker Kunstmuseum zu besuchen. Professor Constant van de Wall flocht aber auch lebhafte Erinnerungen an sein Heimatland in seine Vorlesungen ein und machte uns auf die kulturelle Tradition Hollands aufmerksam. Kurz gesagt, er machte uns mit den Niederlanden vertraut. Das war auch dringend erforderlich für eine Hochschule, die stolz auf die niederländische Herkunft ihres Gründers schaute und ihre Sportmannschaften »Die Fliegenden Holländer« nannte.

Einem tschechoslowakischen Professor für Politikwissenschaft, der sich als Kriegshetzer gegen die Sowjetunion entpuppte, konnte ich in meiner Position als Feuilletonredakteur bei der *Hofstra Chronicle* auf satirische Weise nachdrücklich Paroli bieten.

Noch ein weiteres Mal hatte ich Gelegenheit, über amerikanisch-russische Beziehungen zu schreiben. Die Vereinten Nationen waren, lange bevor sie ihren Sitz am East River bezogen, in den Büros der Sperry Corporation in Lake Success, New York, im Kreis Nassau auf Long Island untergebracht. Besucher konnten ohne vorherige Anmeldung auf den Tribünen mit Blick auf den Saal des Sicherheitsrates Platz nehmen. Eines Tages wagten ein Studienkollege und ich uns dorthin, ohne uns große Gedanken darüber zu machen, was auf der Tagesordnung stand. Unser engagierter Artikel, der im *Hofstra Chronicle* veröffentlicht wurde, nahm den US-Delegierten Warren R. Austin und sein russisches Gegenüber, Andrej Gromyko, ins Visier. Wir beschrieben Gromyko als unbeugsamen Willensmenschen, der aber nicht unbedingt auf einen weiteren Krieg aus war. Wir illustrierten unseren Text mit Fotos, die wir während der Sitzung aufgenommen hatten. Bei diesen Zeilen mag man vielleicht darüber nachdenken, mit wie vielen Sicherheitsmaßnahmen unsere Anwesenheit und das Fotografieren verbunden gewesen wären, hätten wir die heiligen Hallen der Vereinten Nationen einige Jahrzehnte später betreten.

Ich blicke mit Freude und Erstaunen auf die beiden Studienjahre in Hofstra zwischen 1946 und 1948 zurück. Was trieb mich zu dieser unermüdlichen Aktivität sowohl in Hempstead als auch in New York? Die Antwort ist einfach: Die Nachrichten aus Deutschland und die Gedanken an den Tod meiner gesamten Familie brachen mit beunruhigender Häufigkeit über mich herein. All meine studentischen Aktivitäten, für sich genommen gewiss wertvoll, dienten auch dazu, die Dämonen zu vertreiben. Ich verspürte den Drang, mein Verlustgefühl zu unterdrücken.

Akademisch profitierte ich damals ungemein, aber *eine* Erwartung an meine Collegezeit nach dem Krieg erfüllte sich nicht. Ich hatte kein Liebesleben, von dem ich erzählen könnte. Wie viele Veteranen hatte ich nicht bedacht, dass wir mit durchschnittlich drei Jahren Verspätung auf den Uni-Campus kamen. Unsere Kommilitoninnen waren drei Jahre jünger, und uns trennte unsere Kriegserfahrung. Sie waren nicht erpicht darauf, Kriegsgeschichten zu hören, und wollten daher nicht mit uns alten Männern ausgehen.

Während ich in St. Louis verweilte, hatten meine Freunde – zuerst drei, dann vier Ritchie Boys – keine Zeit in New York verloren, um ihr Liebesleben in Schwung zu bringen. Kurt Jasen, der mit den Razorback-Schweinen, hatte sich mit seiner Jugendfreundin Roe (für Rose) verlobt; beide stammten aus wohlhabenden Familien. Karl Frucht war im Begriff, Lucy, eine angesehene Film-Cutterin, zu heiraten. Zu einem früheren Zeitpunkt in seinem Leben war sie eine seiner Retterinnen gewesen, als er auf der Flucht aus Europa versuchte, von Lissabon nach New York zu gelangen. Johnny Kirsners, unser Experte für russische Sprache und Kultur, tat sich mit Sigrid, einer eifrigen Psychiatriestudentin aus Österreich und Israel, zusammen. Der extravagante Fred, der unsere Reihen bei seiner Rückkehr aus Europa erweiterte, wurde mit einer rothaarigen Schönen namens Fay verkuppelt. Glücklicherweise wurde mein Streben nach Romantik schließlich und überraschend von einem Vermittler erfüllt, den ich kurz nach meiner Ritchie-Zeit kennengelernt hatte. Als ich nach New York kam, fühlte ich mich allein, obwohl Freds Mutter und sein Stiefvater, Jim Erickson, mich unter ihre Fittiche nahmen. Und dann nahm Jim mein Leben noch direkter in die Hand: Während des Sommers hatte er neben seiner festen Arbeit in Manhattan noch eine zweite in einem Hotel in Jones Beach, Long Island, angenommen. Unter seinen Hotelgästen fand er eine intelligente, attraktive junge Dame und lud mich zu einem Hotelaufenthalt und zum Baden am Strand ein, um mich behutsam seiner Entdeckung vorzustellen. Er hätte glatt Karriere als Inhaber einer Partnervermittlung machen können. Funken flogen zwischen Faye und mir. Wir teilten ein Interesse an Literatur, Theater und Ausdruckstanz, und gemeinsam besuchten wir einen der frühen Auftritte der Tänzerin Martha Graham an der Hofstra University. Meine Ritchie-Freunde erfreuten sich daran, unsere Romanze voranzubringen. Johnny und Sigrid hatten sich ein Motorboot angeschafft und uns auf eine Überfahrt von New York nach Connecticut mitgenommen. Karl und Lucy luden uns zu ihren Partys ein. Meine neue Freundin war beeindruckt von den im Exil lebenden Schriftstellern, die ihr eine andere Welt eröffneten.

Ich nahm mir ein Beispiel an meinen Ritchie Boys-Kameraden, die sich alle innerhalb eines halben Jahres glücklich verheiratet hatten, und machte Faye einen Heiratsantrag. »Ich dachte schon, du würdest nie fragen«, antwortete sie. Aber ihre Eltern stellten sich quer. Sie konnten mich zwar gut leiden, aber weil Faye zehn Jahre älter war als ich, sahen sie Eheprobleme voraus, wenn wir älter wurden. Vermutlich übertrugen sie auf Faye und mich ihr eigenes, aus einem beträchtlichen Altersunterschied resultierendes Eheproblem. Ihre Argumente behielten die Oberhand. Ich war am Boden zerstört.

Vielleicht führten diese Enttäuschung und die Einsamkeit, die darauf folgte, zu einer der unüberlegtesten Entscheidungen meines Lebens. Ich lernte Margith bei einer Dinnerparty kennen, die von Fred und seiner frisch angetrauten Frau Fay veranstaltet worden war. Margith war eine enge Freundin von

Fay und wurde von dieser in den höchsten Tönen gelobt – was ich für bare Münze nahm. Doch während Freds Stiefvater mich zu einer erfüllenden und aufregenden Beziehung mit meiner Freundin Faye geführt hatte, war Freds Frau als Heiratsvermittlerin eine Fehlbesetzung.

1948 teilte sich meine Aufmerksamkeit zwischen meinem Liebeswerben und den Prüfungen vor den Abschlussfeierlichkeiten. Es war wahrscheinlich das letzte Mal, dass die Mehrheit der Studenten nicht in dem gemächlichen Tempo von Elgars »Pomp and Circumstance« einherflanierte. Da so viele von uns Veteranen waren, fielen wir noch einmal in unseren Marschtritt. Bei der Übergabe der Diplome durch Präsident Adams salutierten zwei von uns zackig. Anscheinend war es leichter, uns aus der Armee zu entlassen als die Armee aus uns. Als Hofstra mir 1998 die Ehrendoktorwürde verlieh, konnte ich mich endlich einem Universitätspräsidenten mit dem angemessen würdevollen Gang eines älteren Akademikers nähern.

Einen Monat, nachdem ich meinen Abschluss als Bachelor of Arts gemacht hatte, verlor ich meinen Bachelor- (also: Junggesellen-)Status – durch die Heirat mit Margith. Vielleicht war es das Beispiel meiner Kriegskameraden, das mich zu einer eiligen Heirat trieb. Heute frage ich mich: Wo war meine ausgeprägte Menschenkenntnis geblieben? Im Laufe der Zeit erwies sich Margith als der schwierigste Mensch, dem ich je begegnet war. Aber »über die Toten rede man nur Gutes«; also werde ich mich weitgehend auf ihre anziehenden Seiten beschränken.

Wir heirateten im Juni 1948. Unsere Hochzeit war eine trostlose Angelegenheit. Der orthodoxe Rabbiner, den meine Schwiegereltern ausgesucht hatten, gefiel uns überhaupt nicht, und unsere Abneigung gegen ihn wuchs am Hochzeitstag, als er zwei Stunden zu spät zur Zeremonie erschien und zu unserem Missvergnügen die Geduld unserer Gäste strapazierte. Er hatte noch eine weitere Hochzeit in seinen Terminkalender gequetscht, bevor er zu unserer kam. Meine normalerweise freundlichen Umgangsformen wichen beleidigendem Spott, mit dem ich den Rabbiner beschoss. Ich begrüßte ihn mit der Bemerkung, dass er mit ungewaschenem Hals erschienen sei. Meine Tante und mein Onkel, die mit der Bahn nach New York gekommen waren, hätten nicht gedacht, dass ihr Neffe zu einem solchen Wutausbruch fähig sei.

Innerhalb einer Woche nach unserer Hochzeit begann ich auch mein Aufbaustudium, indem ich die Sommerschule an der Columbia University belegte. Ich hatte mich dort während meines letzten Jahres in Hofstra beworben und festgestellt, dass meine Bewerbung an nur einer Universität mir nicht zum Nachteil gereichte. Heute würde eine solche Festlegung fast schon als waghalsig gelten.

Als ich mich darauf vorbereitete, meine berufliche Karriere zu planen, konnte ich die Vergangenheit nicht plötzlich auslöschen, schon gar nicht die jüngste: die Invasion in der Normandie, die Befreiung Frankreichs, die Befreiung der überlebenden Häftlinge von Buchenwald und den Sturz Nazi-Deutschlands. Ich verspürte widersprüchliche Regungen. Meine Verbundenheit mit dem kulturellen Erbe Deutschlands kollidierte mit der Warnung von Freunden. Mein eigener Instinkt, eine Laufbahn auf dem Gebiet der Germanistik einzuschlagen, würde unweigerlich meine deutsche Vergangenheit – und sehr tiefe alte Wunden – wieder aufreißen. Daher dachte ich an einen Kompromiss. Während meines Graduiertenstudiums würde ich einen Magister in Germanistik erwerben, gefolgt von einem Doktortitel und (wie ich hoffte) einer Professur für Vergleichende Literaturwissenschaft. Aber es kam anders. Ich entschloss mich, meine Nähe zur deutschen Literatur und Kultur nicht zu unterdrücken, die im Laufe der Jahre von einem engagierten und inspirierenden Universitätsinstitut gefördert worden war. Da mir nach der Doktorarbeit eine Stelle in deutscher Literatur erreichbar schien, blieb ich bei der Germanistik. Das klingt einfach und unkompliziert, war es aber nicht.

Die Chronik meiner Zeit an der Columbia University umschließt die Jahre 1948 bis 1955, dazu, aus finanziellen Gründen, fünf weitere Jahre als Gastdozent oder Professor in deren Sommerschule, während ich in den regulären Semestern an anderen Universitäten tätig war. Zur richtigen Zeit am richtigen Ort, hatte ich Gelegenheit, die Geschichte der deutschen Abteilung in Columbia mitzuprägen. Es waren Jahre des Übergangs, für mich wie für die Abteilung – eine oberflächliche Feststellung, wie sie für alle Jahre der Geschichte gilt. Diese Nachkriegsjahre aber waren alles andere als traditionsgebunden. Für mich bedeuteten sie eine veränderte Einstellung zu Deutschland, von Feindseligkeit hin zu Versöhnung, und für die Abteilung einen großen Wandel.

Kurz vor meinem Hofstra-Abschluss unternahm ich meinen ersten Streifzug zur Philosophy Hall der Columbia University, dem damaligen Sitz der Graduiertenabteilung des Germanistischen Instituts. Auf dem Flur traf ich einen unglaublich jung aussehenden Professor. Es war Henry Hatfield, der durch persönliche Erscheinung und Berufsverständnis einen Übergang verkörperte: vom Schwerpunkt auf die Literatur früherer Jahrhunderte hin zur aktuellen Auseinandersetzung mit deutschen Nachkriegsautoren. Er war der Sohn eines angesehenen, aber äußerst konservativen Germanisten, James Taft Hatfield. Nachdem er während des Krieges Seite an Seite mit Klaus Mann im Office of War Information (der US-Propagandazentrale) gedient hatte, war Henry nicht nur zum Vorkämpfer von Thomas Mann, sondern auch dessen weitaus »sozialistischeren« Bruders Heinrich geworden. Hatfield führte die Auflehnung gegen die festgefahrene alte Garde an, die sich um Frederick W. J. Heuser, den Direktor des »Deutschen Hauses«, versammelt hatte.

Heuser sorgte dafür, dass die Präsenzbibliothek gut gefüllt war. Das ist ihm hoch anzurechnen. Studenten unterer wie höherer Semester konnten sie als Lesesaal nutzen, und auch alle möglichen Gremien der Germanistik durften dort ihre Sitzungen abhalten. Ich verbrachte viele Stunden in diesem behaglichen Umfeld. Und Heuser hatte die gute Idee, Frau Scott einzustellen, die Frau eines unserer Dozenten, die uns vergessen ließ, dass der Herr des Hauses unterdrückte antisemitische Gefühle hegte.

Ein Gastprofessor wurde zum Vorboten des angedeuteten Wandels. Vorwiegend auf Drängen von Hatfield wurde Professor Barker Fairley aus Kanada herangeholt; er hielt ein faszinierendes Seminar über Heinrich Heine mit zugespitzten Verweisen auf dessen posthume Behandlung in Nazi-Deutschland. Wir Studenten der Oberkurse bewunderten Fairley, besonders als er zu Zeiten des Komitees für unamerikanische Umtriebe zu einem Treffen linksgerichteter Schriftsteller und Intellektueller im Hotel Waldorf Astoria ging, bei dem angeblich Thomas Mann und Reinhold Niebuhr zu den Rednern gehörten. Nur durch engagiertes Einschreiten von Henry Hatfield konnte Fairleys Ausweisung nach Kanada mitten im Semester verhindert werden.

Was unseren Lehrplan in den Anfängersemestern betraf, fand ich es bedauerlich, dass es mit Ausnahme von Thomas Mann kaum ein Exilant in unsere Kurse oder auf unsere Leselisten geschafft hat. Ich wurde auf gefeierte Exilanten wie Paul Celan, Nelly Sachs und den Philosophen Walter Benjamin erst nach Studienabschluss aufmerksam oder durch die Hintertür im Graduiertenklub. Der im Exil lebende Literaturwissenschaftler Kurt Pinthus, der eine Stelle in der Theaterwissenschaft, nicht aber in der Germanistik erhalten hatte, wurde von Walter Sokel zu einem unserer Treffen eingeladen. Ich lud die Dichter Walter Mehring und Hertha Pauli ein. Mein Kollege Gustave Mathieu führte Rudolf Hirsch, einen ehemaligen Assistenten des weltberühmten Theaterregisseurs Max Reinhardt, ein. Eine Kommilitonin, Joan Merrick, wurde eine Freundin und dann die Frau des Kafka-Spezialisten Charles Neider und erfüllte uns mit ihrer und ihres Mannes Begeisterung für den böhmischen Schriftsteller. Ich genoss es, meinen Exil-Kulturhelden zu begegnen, und in späteren Jahren wurde ich zu einem Vorkämpfer für ihr Leben und Werk, indem ich über sie lehrte und indem ich die Gesellschaft für deutsche Exilforschung mitbegründete. Ich begann zu spüren, dass mir ein Universitätsgelände wie ein Maßanzug passte. Während der nächsten fünfzig Jahre konnte ich dieses Gefühl bestätigen.

In den rein männlichen Anfängerklassen der Columbia University trug die Fairness von Jack Madison Stein viel dazu bei, Ressentiments gegen alles Deutsche entgegenzuwirken. Stein, mein Vorbild und Mentor, der zu Beginn seiner Laufbahn als Kirchenorganist tätig war, wurde (vielleicht wegen seines Namens) von vielen für einen Juden gehalten, war es aber nicht. Für Fortgeschrittene führte er beispielsweise *Das Tagebuch der Anne Frank* in einer kommentierten Ausgabe ein, die unter seiner redaktionellen Leitung im Verlag W. W. Norton veröffentlicht wurde. Auch zog er für die Klassen Textsammlungen mit Kurzgeschichten des Nazi-Gegners Wolfgang Borchert, von Mitgliedern der neu gegründeten Autorenvereinigung Gruppe 47 und von Bertolt Brecht heran. Im Germanistenklub der unteren Semester legte Gus Mathieu als selbsternannter Discjockey Weill-Brechts *Dreigroschenoper* auf. Die allgegenwärtige Präsenz deutsch-amerikanisch-jüdischer Hilfsassistenten schwächte die weit verbreitete (und verständliche) Deutschfeindlichkeit unserer jüdischen Studienanfänger ab.

Bei alledem kann ich mich übrigens an keine einzige Erwähnung von Holocaust-Literatur in Anfänger- und Fortgeschrittenen-Kursen erinnern. Aber darin und in allen anderen Lehrplan-Praktiken unterschieden wir uns wahrscheinlich nicht von den anderen Elite-Universitäten. Ich glaube nicht, dass vor den späten fünfziger Jahren an der Columbia University ein spezielles Seminar über den Holocaust stattgefunden hätte. Verschiedene Spuren der Vergangenheit blieben lange unangetastet, wie

etwa die haarsträubende Aufbewahrung einiger der schockie-
rendsten antisemitischen deutschen Literaturwerke nach dem
Holocaust.

Eine andere Art der Ermutigung ging von Henry Hatfield
aus. Ich hatte gerade meinen MA erworben, als er mir, bedingt
durch einen Krankenhausaufenthalt, die Leitung seines Les-
sing-Proseminars anvertraute. Ich war sehr stolz. Hier begann
meine Begeisterung für Lessing, die mich in späteren Jahren zur
Gründung der Lessing-Gesellschaft und des Lessing-Jahrbuchs
an der Universität von Cincinnati inspirieren sollte. Lessing verkörperte für mich den Durchbruch der Toleranz und eine Wertschätzung jüdischen Geistes im achtzehnten Jahrhundert.

Der Zustrom von angehenden Wissenschaftlern aus dem
Ausland gefiel den Konservativen nicht. Jahre nach meiner Zeit
an der Columbia University, als Henry Hatfield und ich Freunde
und Kollegen geworden waren, vertraute er mir an, dass unser
hauseigener Deutsch-Nationaler, Professor Heuser, den Leiter
der germanistischen Abteilung, Carl Bayerschmidt, regelmäßig
zusammenstauchte: »Es kommen zu viele Juden rein!« Bayerschmidt hörte sich das an, nahm sie trotzdem weiter auf und
stellte noch jüdische Frauen als Sekretärinnen ein. Wir wussten freilich von Heusers Vorlieben und Vorurteilen schon, als
wir noch an der Columbia-Uni studierten. In seinem geliebten Deutschen Haus fand ich eine frühe Abhandlung über die
I. G. Farben, den weltgrößten Chemiekonzern, der sich später
bei der »Endlösung« mitschuldig machte. Siehe da, der Autor
zitierte einen Brief Heusers aus den ersten Jahren des Dritten
Reiches, in dem er um Gelder für das Deutsche Haus warb. Eine
Spende, so argumentierte er, würde dazu beitragen, die »ver-
zerrte Darstellung« des neuen Deutschland durch ein positi-
veres Bild zurechtzurücken. Dennoch: Als ich mich als einer
von nur zwei Studenten für sein letztes Gerhart-Hauptmann-
Seminar einschrieb, zeigte er keine Voreingenommenheit. Er
lobte meine Seminararbeit über Hauptmanns Geschichtsphi-

losophie und machte mir das großzügige Angebot, sie mit nur zwei zusätzlichen Kapiteln als Doktorarbeit anzunehmen. Ich lehnte ab und schob einige plausible oder unplausible Gründe für meine Ablehnung vor. Hatte der Wind des Wandels, der durch die Abteilung wehte, sogar Frederick W. J. Heuser berührt? Aber natürlich wünschte ich mir Professor Hatfield als Doktorvater.

Als ich mit meiner Dissertation begann, war Henry Hatfield so anständig, mir vertraulich mitzuteilen, dass er Ende des Jahres nach Harvard gehe und mich nur dann betreuen könne, wenn ich innerhalb dieser Zeitspanne fertig würde. Im Nachhinein weiß ich immer noch nicht, wie mir das gelungen ist. Oder ja, ich weiß es natürlich doch. Ich lebte in jenem Jahr ein klösterliches Dasein und stand nur am ersten Tag des jüdischen Lichterfestes Chanukka und am Silvesterabend von der Schreibmaschine auf. Ich untersuchte, wie von Hatfield vorgeschlagen, wie sich die neuartigen Romane von Henry Fielding auf seine deutschen Zeitgenossen und spätere Autoren auswirkten. Es war faszinierend zu untersuchen, wie die Blütezeit des Romans im England des achtzehnten Jahrhunderts einen ebenso beeindruckenden Ideenreichtum in Deutschland hervorbrachte. Meiner Prüfungskommission gehörten neben ihrem Vorsitzenden auch Vertreter der Anglistik und Romanistik an. Ich habe meine Doktorarbeit nur einen Monat vor Hatfields Weggang nach Harvard erfolgreich verteidigt. Damals verlangte die Columbia University nicht, dass die Dissertation als Buch veröffentlicht werden musste, und ich begnügte mich damit, sie für Artikel auszuschlachten.

Viel später, im Jahr 2003, erzählte ein Kollege von mir, Leo Fiedler, hinter meinem Rücken einem seiner Verleger, dass meine Dissertation nie veröffentlicht worden war. Überraschung! Der Verleger bot mir einen Vertrag an. Noch im selben Jahr erblickte mein Jugendwerk das Licht der Welt. Ich ging zu meinem Freund und Institutschef, Donald Haase, und überbrachte ihm die gute Nachricht. »Herzlichen Glückwunsch, Guy«, antwortete er. Und dann fügte er hinzu, was er jedem jungen Hochschulabsolventen sagte: »Viel Glück bei der Jobsuche!«

Meine Jahre an der Columbia bestätigten und rechtfertigten die Entscheidung, die ich zu Beginn meines Studiums getroffen hatte. Ich hatte beschlossen, mein Erbe anzunehmen und es zu mehren, indem ich mich für die Germanistik entschied. Wegen des Dritten Reiches darauf zu verzichten, wäre in meinen Augen einem Akt der Selbstverstümmelung oder Kollaboration mit dem Feind nahegekommen. Später, nach meinem Beitritt zum Leo-Baeck-Institut mit seinem Auftrag, das deutsch-jüdische Erbe zu bewahren, fasste ich einen weiteren Entschluss: Ich wollte die Werke deutsch-jüdischer Schriftsteller der Vergangenheit verbreiten helfen und über sie forschen und lehren. Insbesondere würde ich mich aber auch den Werken zeitgenössischer Autoren widmen, die in den dunkelsten Stunden Deutschlands getötet oder vertrieben worden waren. Exil- und Holocaust-Literatur sollten Kern meines Fachgebiets werden. Kurz gesagt, mein Berufsleben schien auf einem soliden Fundament aufgebaut zu sein.

Aber mein Privatleben konnte damit nicht mithalten, denn meine Ehe entpuppte sich immer mehr als Fehler. Margiths unerfreulichster Charakterzug, über den ihre Bekannten und sogar ihre engsten Verwandten tuschelten, war ihre Fähigkeit, »Freunde zu verlieren und sich Menschen zu Feinden zu machen«, wie man den berühmten Buchtitel von Dale Carnegie parodieren könnte. Während meiner Jahre als Masterstudent an der Columbia University traf Margith mit meinen Professoren und Kommilitonen zusammen, machte sich fröhlich Feinde und trat in viele Fettnäpfchen. Margith bestand darauf, dass ihre Meinung – worüber auch immer – die einzig richtige war, und daran hielt sie so lange fest, bis ihr selbstgefälliges Verhalten jeden Widerspruch erstickte. Mit der Zeit fand ich einen

Modus Vivendi: »Da könnte was dran sein«, war meine Antwort – und wenn sie behauptet hätte, der Erdball sei viereckig und aus Gorgonzola.

Ich hatte auch zunächst nicht bemerkt, dass Margith ein viel vorteilhafteres Bild von sich selbst zeichnete, als es der Wahrheit entsprach. Ein paar Jahre nach unserer Heirat klärte ihre Schwester mich darüber auf. So stellte Margith zum Beispiel ihr Hochschulstudium grotesk übertrieben dar. Eine Kopie ihres Studienbuches, die mir ein Dekan vom City College of New York sandte, ließ ihre angeblichen Studienerfolge freilich zur Bedeutungslosigkeit schrumpfen.

Es gelang uns nicht, eine Familie zu gründen. Margith hatte eine Reihe von Fehlgeburten. Ein Kind trug sie fast bis zum Ende der Schwangerschaft aus und verlor es zuletzt doch. Dies endete für uns beide traumatisch.

So verlief die tragische Geschichte: 1960 wurde Margith wieder schwanger. Diesmal vertrauten wir ihre Betreuung nicht unserem Hausarzt in Granville an. Wir suchten den führenden Gynäkologen im Staat Ohio auf. Dr. Ullery, weit über den Mittleren Westen hinaus bekannt, praktizierte am Ohio State University Hospital in Columbus. Nur selten nahm er neue Patientinnen an, machte aber eine Ausnahme, als er Margiths leidvolle Krankengeschichte hörte. Er gab Ratschläge und verbot ihr vor allem das Rauchen. Als ich sie dabei ertappte, wie sie gegen die ärztliche Anordnung verstieß, erklärte sie, dass sie immer das neueste Modell einer Zigarettenspitze benutzte, das garantiert das gesamte Nikotin herausfiltere.

Diesmal ging es für längere Zeit gut. Wir begannen, Hoffnung zu schöpfen. Aber wieder wurde das Baby zu früh geboren. »Wir werden unser Bestes tun«, versprach Dr. Ullery. Und das taten er und sein Team sicher auch, denn das Kind überlebte drei Tage lang. Ich ahnte das Schlimmste, als der Arzt am nächsten Tag Margiths Zimmer betrat. »Es tut mir so leid«, sagte er leise, »Ihr Baby ist gestorben.«

Kaum hatte er den Raum verlassen, brach Margith in Schreie aus. Immer wieder rief sie »Heidi, Heidi«, den Namen, den sie für das Baby ausgesucht hatte. Entschlossen ging sie auf die großen Fenster zu. »Es ist alles vorbei«, sagte sie zu mir. »Ich will es beenden!« Ich führte sie vom Fenster weg und drückte den Notrufknopf. Die Krankenschwestern stellten sie ruhig.

Am Abend kam sie zu sich. Sie war ruhiger, aber weiterhin zum Selbstmord entschlossen. Ich musste handeln. In unseren glücklosen Jahren hatten wir gelegentlich über Adoption gesprochen, und tatsächlich hatte ich mich einmal nach der Machbarkeit erkundigt. »Ihre Chancen sind gering«, hatte mir ein Vertreter der staatlichen Adoptionsagentur damals gesagt. Noch ein Misserfolg, diesmal eine gescheiterte Adoption, würde Margith ein weiteres Motiv zur Selbstzerstörung liefern. Ich war verzweifelt. Hatte ich irgendeine Einflussmöglichkeit, die über die offiziellen Kanäle in Ohio hinausreichte? Ich rief im Büro unseres Kongressabgeordneten Robert W. Levering an, für den ich vehement Wahlkampf betrieben hatte. Ich bekam ihn selbst ans Telefon und erklärte ihm stammelnd unsere Notlage. »Ich glaube, ich kann helfen«, sagte er ohne weitere Erklärung. Wir unterzeichneten die Adoptionspapiere für den einen Monat alten Mark, und er füllte die für Heidi bestimmte Wiege. Binnen kurzer Zeit verbreitete Margith die Geschichte, dass ihr Neugeborenes überlebt habe, und zwang mich, sich dieser Vorspiegelung anzuschließen. Freilich nehme ich an, dass etwa unsere engsten Freunde, Janie und Jim Gordon, ihre Geschichte nie geglaubt haben.

Margith zeigte wenig Begabung als Mutter. Ihr Verhalten ging Mark und mir auf die Nerven. Sein ganzes Leben lang konnte er mit den Überspanntheiten seiner Mutter noch weniger fertigwerden als ich. Mark war ein durchschnittlicher Schüler. Er liebte Wanderungen und alles, was sich in der frischen Luft abspielte, und entschied sich schließlich, das Bauhandwerk zu erlernen. Aber Margith wollte ein intellektuelles Genie aus ihm machen. Sie bestand darauf, dass er Gedichte in einem von ihr gewünschten extravaganten Stil aufsagte.

Ein Beispiel für meine Frustration während seiner Kindheit ist mir besonders in Erinnerung geblieben. Mark und seine Babysitterin Nancy (eine Studentin von mir), Margith und ich waren auf einer Reise durch Skandinavien. Dort wollte ich am Leben gebliebene Beiträger einer politisch-literarischen Zeitschrift befragen, die ihre Blütezeit in den zwanziger Jahren gehabt hatte und über deren Geschichte ich schrieb. Als ich von einem der Interviews zurückkam, fand ich meine Frau vor der Hotelpforte stehen, ihre Übellaunigkeit kaum unter Kontrolle. Ich fragte sie, was los sei. »Unser Hotel hat uns zu viel berechnet. Ich habe eine Kanne Kaffee bestellt und die hat mehr gekostet als gestern. Ich habe gerade die Fremdenpolizei benachrichtigt, und die sollte jede Minute hier sein.«

»Na«, sagte ich besänftigend, »wie viel hat es denn gekostet?« Die Summe erschien mir unerheblich, aber das beruhigte Margith nicht. Mein Standpunkt machte sie sogar noch wütender. »Ich bleibe hier, bis die Polizei kommt!«, erklärte sie.

Wie erwartet, tauchten die Gendarmen nie auf. Margith kehrte in unser Zimmer zurück und wies Nancy an, unsere Koffer für die Abreise am nächsten Morgen zu packen. Und dann gab es eine weitere Instruktion: »Pack das silberne Kaffeekännchen, das Tablett und die Löffel ein, um diese unverschämte Geldschneiderei auszugleichen!«

Mein Überredungsversuch, die ganze Sache auf sich beruhen zu lassen – ich wiederholte meinen Standpunkt, dass die angebliche Geldschneiderei nicht der Rede wert sei –, nutzte nichts. Ich malte mir schreckliche Folgen aus. »Amerikanischer Fulbright-Professor wegen Diebstahls verhaftet« war eine Schlagzeile, die mir vor Augen trat. Ich zerbrach mir in schlaflosen Stunden den Kopf. Was sollte ich tun? Schließlich griff ich zu einem deutschen Buch, das ich mir gerade gekauft hatte: Alexander Spoerls »Memoiren eines mittelmäßigen Schülers«.

Sein ansteckender Humor lenkte mich für einen Teil der Nacht ab.

Am Morgen drängte mich meine Frau, mich fertig zu machen. Es war Zeit, zum nächsten Interview aufzubrechen. Plötzlich begann mein Verstand wieder zu funktionieren. Ich antwortete ihr, dass ich das Hotel nicht verlassen würde, bis das Diebesgut wieder auf der Kredenz lag. Margith gestand ihre Niederlage ein, indem sie Nancy einfach sagte, sie solle das Silberzeug wieder auspacken. Ich war froh, dass sie alles herausrückte. So dachte ich zumindest.

Als wir an einem anderen Zielort in Dänemark ankamen, zeigte sie mir triumphierend ihre Diebesbeute. »Mit diesen beiden Teelöffeln konnte ich mich wenigstens etwas rächen«, sagte sie.

Nachdem ich eine der zahlreichen Dummheiten meiner ersten Frau offenbart habe, ist es nur fair, dass ich auch eine eigene Dummheit zugebe, die ich in dieser Zeit begangen habe. Es ist das einzige Mal in meinem Leben, dass ich sternhagelvoll war. In einem der Sommer unserer schwierigen Ehejahre beschlossen wir, ein paar Wochen an einem fabelhaften Urlaubsort, in Saint-Jean-de-Luz an der baskischen Küste, zu verbringen. Mark hatte eine wunderbare Zeit, denn er entdeckte sein Schwimmtalent. Aber er fand auch noch etwas anderes heraus. Ein Spielgefährte erzählte ihm, dass im französischen Limoges gerade Höhlen mit prähistorischen Zeichnungen entdeckt worden seien. Mark drängte uns, diese Höhlen sofort zu besuchen. Auf einer Karte sahen wir, dass Limoges knapp 450 Kilometer entfernt war. Aber wir brachten in Erfahrung, dass in der Stadt Vare, ganz in der Nähe unseres Ferienortes, ebenfalls Höhlen existierten. Obwohl es dort keine Höhlenzeichnungen gab, war Mark damit zufrieden. Wir kamen gegen Mittag in Vare an, und ich, der ewige Optimist, wollte uns ein Taxi organisieren, das uns zu den Höhlen bringen sollte. Aber leider konnte sich Vare keines Taxi-Unternehmens rühmen. Gerüchten zufolge sollte ein Bäcker im Nebenerwerb Touristen durch die Stadt führen. Wir eilten zur Bäckerei und wurden von der Frau des Bäckers in einer Sprache begrüßt, die wir nicht verstanden. Es war Baskisch. Als wir endlich auf eine gemeinsame Sprache, Spanisch, kamen, erzählte sie uns, dass ihr Mann gerade mit einem anderen Touristen in der Umgebung von Vare unterwegs sei. Sie schlug uns vor, in einem Fünf-Sterne-Restaurant zu Mittag zu essen. Das Lokal wurde seinem Ruf gerecht und zählte obendrein zwei Prominente zu seinen Gästen. Brigitte Bardot und ihr Verlobter, Gunther Sachs, waren anwesend, und wir konnten sie ausgiebig betrachten.

Als wir in die Bäckerei zurückkehrten, war der Bäcker sehr damit einverstanden, uns zu den Höhlen zu führen, vorausgesetzt, er dürfte seinen siebenjährigen Sohn mitbringen. Der Junge erwies sich als perfekter Spielkamerad für Mark, auch wenn eine Sprachwand zwischen ihnen stand. Sie rannten mehrere Male in den Höhlen hin und her. Später erfuhren wir von unserem Fahrer, dass diese Höhlen während des Zweiten Weltkriegs als Sammelplätze für deutsche Flüchtlinge gedient hatten, bevor sie versuchten, die Pyrenäen und die französisch-spanische Grenze zu überqueren. Ich fühlte mich unserem guten Bäcker sehr verpflichtet und schlug vor, auf einen Drink an einer Bar anzuhalten.

»Na schön«, sagte er, »dann lassen Sie uns über die Grenze nach Spanien fahren; dort betreibt mein Cousin, ein Landwirt, eine provisorische Bar, in der er uns Getränke zu sehr günstigen Preisen serviert.« Meinen Einwand, dass wir unsere Pässe nicht dabeihätten, schob er beiseite. »Wir fahren über die Felder zu seinem Bauernhof. Da gibt es keine Grenzkontrollen.«

Als wir auf dem Bauernhof ankamen, war eine ganze Sippe versammelt, die an einem notdürftigen Tisch Süßes aß. Ich sah mir das näher an und war entsetzt. Dort, in einer Landschaft, die praktisch aus Obstgärten bestand, verzehrten sie Importware, nämlich ausgerechnet Obstsalat aus Dosen der amerikanischen Firma Dole. Die männlichen Mitglieder des Clans und ich versammelten uns an der Bar im Freien. Ich bestellte eine Runde für alle und ein Glas Portwein für mich selbst. Und ich dachte, damit wäre der kleine Umtrunk zu Ende. Aber das sollte nicht sein. Ein älteres Mitglied der baskischen Großfamilie bestellte sofort nach, nur wenige Augenblicke, nachdem wir unsere Gläser geleert hatten. Ich sagte unserem freundlichen Fahrer, dass ich mein Pensum intus hatte. »Oh, das geht nicht. Nachdem Sie allen Ihre Gastfreundschaft gewährt haben, wird nun jeder in der Runde eine Bestellung aufgeben.«

Ich habe keine Ahnung, wie Weib und Kind mich in das Auto des Bäckers und in den Bus von Vare zurück nach Saint-Jean-de-Luz verfrachtet haben, geschweige denn, wie ich von der Bushaltestelle zum Hotel kam. Einige Stunden später wachte ich allein in unserem Hotelzimmer auf und wusste, dass ich dringend etwas essen musste. Lange nach dem Mittagessen schleppte ich mich in den Speisesaal, und eine barmherzige Kellnerin brachte mir eine große Portion Pastete. Ich überlebte und war am nächsten Morgen fast wieder ein Vorbild an Nüchternheit.

Margith hatte einige positive Eigenschaften, die es mir erlauben, auch freundliche Gefühle für sie zu hegen. Dazu gehört die Rettung aus meinem Vollrausch, obwohl ich mich kaum daran erinnern kann. Außerdem leitete sie vorbildlich eine Druckerei. Nach unserer Scheidung und meinem Umzug nach Maryland führte Margith mein Programm, das Fremdsprachen in den Lehrplan einer Grundschule einführte, erfolgreich fort. Wenn sie wollte, konnte sie den Charme eines österreichischen Operettenstars verströmen. Auch ihre exquisiten Backkünste verrieten ihre Wiener Herkunft, und diese Fähigkeit trug ihr lokalen Ruhm ein.

Wenn ich auf meine erste Ehe zurückblicke, versuche ich, mich an die freudvollen Momente innerhalb der Düsternis zu erinnern. Ich fühlte mich auf dem Campus rundum wohl, in meinen eigenen vier Wänden allerdings immer weniger zu

Hause. Margith und ich waren nicht füreinander bestimmt. Ich hätte meinen Mangel an Urteilsvermögen viel früher erkennen müssen, aber ich fühlte mich nicht wohl bei dem Gedanken an eine Scheidung nach kurzlebiger Ehe. Die konservative Haltung meiner Kindheit hatte Bestand. In der Generation meiner Eltern ließen sich kaum Menschen scheiden. Wir blieben über zwanzig Jahre zusammen. Fotos aus den letzten Jahren zeigen mich immer noch lächelnd. Das war aber eher eine Maske als ein Ausdruck meiner wahren Gefühle.

Abgesehen von der Erfüllung, die mein Beruf während der schwierigen Ehejahre erzeugte, hatten Mark und ich außerhalb des Hauses Spaß miteinander. Wandern wurde sowohl zum Zeitvertreib als auch zur Flucht, bevor ich die legale Flucht durch Scheidung antrat.

Wir erhielten gemeinsames Sorgerecht. Ich hätte es vorgezogen, der alleinige Erziehungsberechtigte zu sein. Während meiner Zeit mit Mark nahm ich ihn mit in naturwissenschaftliche Museen im In- und Ausland und auf lange Wanderungen in der Natur, die ihm viel Freude bereiteten. Im Sommer gingen wir auf Fahrt zu urwüchsigen Naturschönheiten im Staat Washington, in den Wäldern von Ontario und an der Küste von San Diego. Ich wurde auch Marks Schwimmtrainer. Mit zwölf Jahren wurde er der führende Rückenschwimmer seines Teams, der »Tigerhaie«, die ein Regionalfinale gewannen; es war einer der glücklichsten Momente seines Lebens. Nach der Siegerehrung wurden Fässer mit Eiscreme herangerollt, und als wahre Champions gewannen die Tigerhaie auch die Nachtisch-Schlacht. Selten habe ich Mark so glücklich gesehen. Er genoss den Moment des Sieges, in dem seine Mutter keine Gelegenheit hatte, ihn herabzusetzen. Ich teilte seinen Triumph und drei seiner Eiswaffeln.

Er schloss die Schule ab, aber nur durch ein Anerkennungsverfahren, das ihm einige der für das Abitur erforderlichen Stoffe abverlangte. Klugerweise versuchte er nicht, eine Hochschule zu besuchen, sondern verschaffte sich stattdessen eine Stelle im Baugewerbe. Später wurde er Teilhaber in einem kleinen Unternehmen. Er fand eine Freundin und erarbeitete sich ein einigermaßen zufriedenstellendes Leben.

Und dann, im Alter von fünfundvierzig Jahren, starb er viel zu früh. Weder uns noch ihm war klar, dass er herzkrank war, und der Tod trat plötzlich ein, als er allein zu Hause war. Unter anderen Umständen hätte ihm ein Defibrillator vielleicht das Leben gerettet. Meine Bestürzung über Marks Tod, die erst mit der Zeit abnahm, hat sich in anhaltende Trauer verwandelt.

1 Mit meiner Mutter
Hedwig, 1922

2 Herrchen und Hündchen,
ca. 1924

3 Meine Eltern Julius und Hedwig
mit meinen Geschwistern Werner
und Eleonore, 1938

4 Hildesheimer Synagoge, 1907

5 Ganz rechts, auf einer Wanderung mit Mitgliedern der jüdischen
Jugendgruppe, darunter Kantor Cysner (3. von links, vor dem Baum)
und Gerda Schönenberg (ganz links), Frühjahr 1937

6 Einige Monate nach meiner Ankunft in St. Louis, Missouri, 1938

*Guenther Stern*

7 Ganz rechts, als Abräumkellner im Piccadilly Room des Melbourne Hotels, St. Louis, Missouri, 1939

8  Beim Eintritt in die Armee in Fort Leavenworth, Kansas, 1942

9  Meine Einbürgerungsurkunde

10  Eingangstor Fort Ritchie, Cascade, Maryland

11 Ich verhöre einen deutschen
Feldwebel, Belgien, Winter 1944

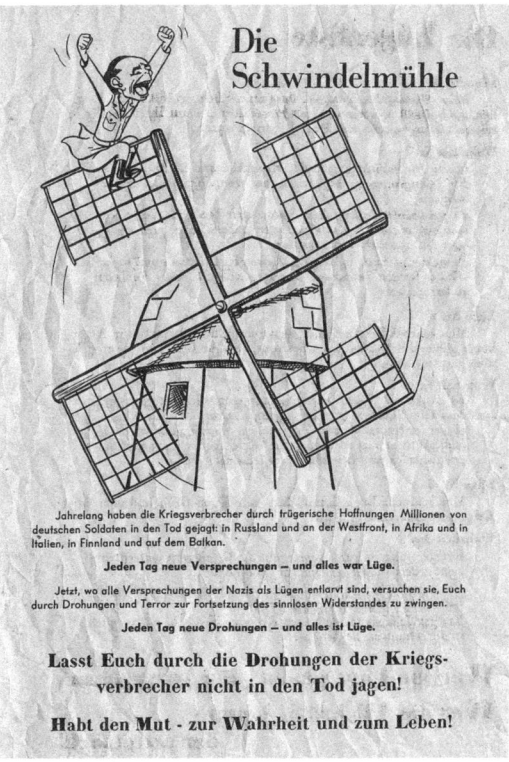

12 Feindflugblatt CT-32 aus der Kampfpropagandaserie
der 1. US-Armee, im November 1944 mit Flugblattgranaten
über die Frontlinie geschossen

13 Verhör des NS-Verbrechers Dr. Gustav Wilhelm Schübbe,
Bad Neuenahr, 1945

14 Mit zwei anderen Ritchie Boys: Leutnant Walter Sears (Mitte) und Fred
Howard (rechts), in Bad Hersfeld am Tag des Kriegsendes in Europa, 8. Mai 1945

15 Als Akkordeonspieler, kurz nach Kriegsende 1945,
noch in Deutschland

16 Während meiner Zeit
in New York, 1947

17 Margith Langweiler,
meine erste Ehefrau,
New York, 1949

18 Lebensretter: Onkel
Benno Silberberg
und seine Frau Ethel,
1950

19 Als junger Professor
an der Denison University
in Granville, Ohio, 1959

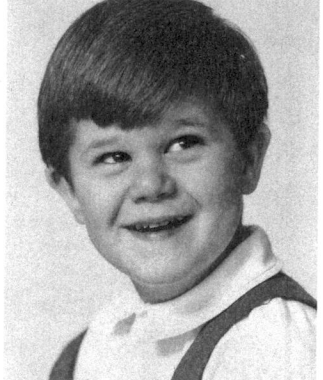

20 Mein Sohn Mark,
etwa drei Jahre alt

21 Mit den Schriftstellern Günter Grass (rechts) und Uwe Johnson (Mitte)
an der University of Cincinnati, Mai 1965

22 Judy und ich flankieren eine langjährige Freundin, die Sängerin
und Schauspielerin Lotte Lenya, an der Wayne State University, Detroit.
Sie nahm hier am 2. März 1980 eine Ehrung durch den Staatssenat
von Michigan entgegen

23 Mit Judy
auf einer Karibik-
Kreuzfahrt, 1989

24 Mit Kollegen der Germanistikabteilung, Wayne State University.
Von links: Alfred Cobbs, ich, Roslyn und Marvin Schindler, Mark
Ferguson, hintere Reihe: Donald Haase, Detroit, Michigan, ca. 2001

25 Symposium mit Prof. Barbara Mahlmann-Bauer und
Prof. Konrad Feilchenfeldt, Germanisten und Herausgeber
meiner zweiten Festschrift, München, 2002

26 Mit Filmemacher Christian Bauer, München, 2005

27 Mit Susanna
auf dem jüdischen
Friedhof »Heiliger Sand«
in Worms, 2005

28 Mit Susanna auf einer Hochzeit in Northville, Michigan, 2009

29 Während der Ritchie Boys-
Ausstellung am Holocaust Memorial
Center mit dem damaligen
Direktor Stephen Goldman,
Farmington Hills,
Michigan, 2011

30 Mit Susanna
in Cannobio, Italien, 2015

31 Nach Erhalt des Ritterkreuzes der Französischen Ehrenlegion
mit dem französischen Generalkonsul Vincent Floreani im
Holocaust Memorial Center, 27. Januar 2017

32 Erster Preisträger des vom
»PEN Zentrum deutschsprachiger
Autoren im Ausland« verliehenen
OVID-Preises, Deutsche
Nationalbibliothek in Frankfurt/Main,
14. März 2017

33 Anlässlich des OVID-Preises
verewigt von Burkhard P. Bierschenck

34 Mit Lyrik-Laureatin Rita Dove und ihrem Ehemann, dem deutschen
Schriftsteller Fred Viebahn, vor dem Holocaust Memorial Center, Juli 2017

35  University of Michigan, Ann Arbor,
Heimspiel, »Veteran des Spiels«, Oktober 2018

36  Rede im Hill Auditorium der University of Michigan, Ann Arbor, im Rahmen
der Reihe: Fisher-House Michigan/Stories of Service, 5. November 2018

**37** Gedenktafel Hoher Weg 36, Hildesheim, 22. Mai 2018

**38** Mit Susanna auf einer Feier für »8 über 80«
in Farmington Hills, Michigan, Mai 2019

**39** Freudiges Wiedersehen mit einer lieben Bekannten:
Dr. Ruth Westheimer als Ehrengast zur Jahresfeier
des Holocaust Memorial Centers, 17. November 2019

## KAPITEL 7

## Unterrichten

Selbst auf die Gefahr hin, mich zur Zielscheibe des Spotts zu machen, bleibe ich dabei, dass meine Karriere als Lehrer begann, als ich in der Oberstufe der Highschool war. Ich war erst seit anderthalb Jahren in Amerika, als ich mit sechzehn Jahren eine ungewöhnliche Nachricht von der Job-Vermittlungsstelle der Highschool erhielt, bei der ich mich angemeldet hatte. Die Eltern eines frühreifen Klavier-Wunderkindes, etwa fünf Jahre jünger als ich, wollten, dass ihr zukünftiger Mozart Deutschunterricht bekäme, damit er deutsche Liedtitel aussprechen und die Empfindungen aus den Liedern und Arien herausholen könne, die er so geschickt auf seinem Flügel vortrug. Ich stellte mich in einem opulenten Herrenhaus unweit der Highschool vor und unterrichtete meinen Schüler in den folgenden drei Monaten recht erfolgreich über den Inhalt der Lieder von Schubert und Schumann, scheiterte aber kläglich bei dem Versuch, ihn dazu zu bringen, Wagner-Arien wie »Winterstürme wichen dem Wonnemond« mit ihrer schwierigen Aussprache des deutschen Ws richtig auszusprechen.

Danach ging ich in den vorübergehenden Ruhestand, bis ich von der US-Armee in den Dienst gedrängt wurde. Während wir uns 1943 im englischen Bristol fieberhaft auf die Invasion an den Stränden der Normandie vorbereiteten, entschied ein einfallsreicher Oberst, dass unsere Truppen an der Front einige elementare deutsche Befehle wie »Werft die Waffen weg!« kennen sollten. So bereiste ich einen großen Teil der britischen Landschaft und besuchte verschiedene Einheiten, um ihnen intensiven, manchmal urkomischen Unterricht in Militärdeutsch zu erteilen. Ich hatte das Gefühl, dass wir unsere »Studenten« nicht nur mit einigen nützlichen Phrasen, sondern auch mit einer gewissen humorvollen Abwechslung versorgten. Bei einer Gelegenheit forderte ein Unteroffizier in einer kampfbereiten Infanterieeinheit mich heraus: »Verdammt, Herr Oberfeldwebel, zu diesen Bastarden werden wir nicht so höflich sein!«

»Sie haben recht, Korporal«, sagte ich. »Hier sind noch einige Worte, die Sie vielleicht hinzufügen möchten.« Ich brachte ihnen die deutschen umgangssprachlichen Entsprechungen für »Allerwertester« und »Rektum« bei. Die Vulgarismen wurden mit Lachsalven und perfekten Wiederholungen aufgenommen. Für den Moment jedenfalls hatte der Humor ihre (und meine) Besorgnis über die bevorstehende Invasion zerstreut.

Sieben Jahre später hatte ich eine richtige Dozentenstelle und stand am Columbia College (in New York City) vor Klassen, die auch von einigen hartgesottenen, entlassenen Veteranen besucht wurden, die meisten nur wenig jünger als ich. Wegen dieser Zuhörer war mein Eintritt in den Lehrerberuf dramatischer als der, der fast allen Lehrassistenten in Vergangenheit, Gegenwart und Zukunft blüht. Zunächst konnte ich, da noch nicht allzu erfahren, nur auf wenige Orientierungskurse zurückgreifen. Aber ich ließ mir etwas einfallen. Eines Tages kam ich in meiner Eisenhower-Jacke zum Unterricht, geschmückt mit den Streifen eines Oberfeldwebels und verschiedenen Auszeichnungen. Ich brachte die ungestümen Veteranen zum Verstummen, indem ich ihnen »Rührt euch« zurief, ein Befehl, der in der Geschichte des Columbia College vielleicht zum ersten Mal in einer Lehrveranstaltung ertönte.

Bis ich meinen Masterabschluss in der Tasche hatte, arbeitete ich weiter als Kellner, eine recht abgesicherte Tätigkeit, die mich während meiner ganzen Studentenzeit versorgt hat.

Als ich schließlich meine Kellneruniform am Broadway Lobster Pond abgab, glossierte die Gewerkschaftszeitung die Begebenheit mit der witzigen, alliterierenden Überschrift: »From Lobsters to Languages« (Von Hummern zu Sprachen). Während ich in den Lehrerberuf hineinwuchs, kam ich früh zu der Einsicht: Man wird ein effektiver Lehrer, indem man sich eine Persönlichkeit zum Vorbild nimmt, deren Temperament dem eigenen sehr ähnlich ist. In meiner Karriere hatte ich das Glück, mehreren solcher Vorbilder zu begegnen. Am Columbia College rief ich mir Pater Steven J. Reeve ins Gedächtnis, den Jesuiten, der mein Lehrer gewesen war, als ich vor dem Krieg an der Saint Louis University ein Grundstudium absolvierte. Er war streng und anspruchsvoll, zeigte aber auch Freundlichkeit gegenüber seinen Studenten, wenn er eine nachgiebigere Vorgehensweise für angebracht hielt. Auch hatte er Sinn für beißenden Humor. Insgeheim unterstützte er wohl die Evolutionstheorie, denn als ein Student behauptete, dass er buchstäblich und unumstößlich an die biblische Version der Erschaffung der Welt glaubte, antwortete Pater Reeve: »Nun, genauso gut kann man glauben, dass die Welt gestern erschaffen wurde, dass wir alle die gleichen Erinnerungen haben und dass heute die meisten von uns einen Haarschnitt brauchen.«

Während dieser Jahre zog das Columbia College viele jüdische Studenten an. Sie gehörten größtenteils nicht zur Oberschicht. Ein Student kam nach dem Unterricht zu mir, beinahe in Tränen. Er hatte seine Hose an einem Nagel in seinem Stuhl zerrissen und damit seinen einzigen vorzeigbaren Anzug ruiniert. Am nächsten Tag steckte ich ihm ein kleines Päckchen zu. Ich hatte richtig eingeschätzt, dass er ungefähr die gleiche Größe und Figur hatte wie ich. Und ich hatte mich erinnert, dass zu einem meiner Anzüge zwei Hosen gehörten.

Im Allgemeinen hegten die Studierenden wenig Argwohn gegenüber Nachkriegsdeutschland. In einem geschichtslosen Zeitalter schien ein Krieg, der zehn Jahre zuvor beendet worden war, ein längst begrabener Konflikt zu sein. Bei ihren Eltern war das jedoch eine andere Sache.

Einem meiner jüdischen Studenten, der ganz begeistert von deutscher Literatur war und besonders gut vorankam, hatte ich ein kleines Stipendium für eine Sommerschule in Deutschland verschafft. Seine Eltern kamen in meine Sprechstunde. »Was haben Sie getan?«, warfen sie mir entgegen. »Wir sind aus Deutschland geflohen; viele unserer Angehörigen sind dort gestorben, und Sie schicken unseren Sohn zurück zu den Nazis!« Ich erzählte ihnen ein wenig über meine eigene Familientragödie. Meine anfängliche Abneigung gegen alles Deutsche sei aber abgelöst worden durch die Erkenntnis, es sei kurzsichtig, ein Pauschalurteil über ein Volk zu fällen. Es wüchsen ja auch neue Generationen heran. Mein Gegenargument im Fall ihres Sohnes – es war schließlich seine Entscheidung, und er würde Studenten seiner eigenen Altersgruppe treffen und nicht ehemalige Mitglieder der Hitlerjugend – konnte ihr Entsetzen jedoch nicht lindern. Doch die Geschichte nahm ein glückliches Ende. Der Student, der gelegentlich zu Zechtouren neigte, besserte sich unter den nachhaltigen Einflüssen seines Studiums in Freiburg. Nach seiner Rückkehr kam sein Vater, ein Juwelier, noch einmal in mein Büro in Hamilton Hall und schenkte mir eine Krawattennadel.

Wie sehr unsere Abteilung am Columbia College sich wandelte, symbolisierte unser Deutscher Klub. Wenn ich zurückschaue: Er war antiquiert, die Treffen eine verwässerte Nachahmung von Alt-Heidelberg mit seiner bierseligen Romantik. Der Studentenpräsident Ernest Leo (später Dozent am City College von New York) schwang einen Säbel oder ein Schwert anstelle des herkömmlichen Amtshammers, und wir sangen ausgelassene Lieder, wie z. B. »Krambambuli« aus dem Kommersbuch. Wir tranken schwaches Bier in reichlichen Mengen, angefeuert durch Trinksprüche aus dem Repertoire schlagender Verbindungen. Zu den Treffen kamen aber moderne Darbietungen von Dozenten und Hochschulassistenten. Jack Stein sprach über die Schönheit von Wort und Musik in deutschen Liedern; Hugo Schmidt (später Abteilungsleiter an der Colorado University in Denver) verglich die nationalen Besonderheiten von Deutschen und Österreichern. Ich sprach über Wilhelm Hauff als einen Vorläufer des modernen historischen Romans. Mein Freund Gustave Mathieu redete über Brecht, der Exildichter Walter Mehring hielt eine Lesung, und ein Gastredner aus der Musikabteilung spielte impressionistische Musik auf einem verstimmten Klavier, eine Darbietung, die mich zu einem lebenslangen Feind von Claude Debussy machte. In meinem letzten Columbia-Jahr, nachdem ich meinen Doktortitel erhalten hatte, wurde ich Vertrauensdozent des Deutschen Klubs.

Mit Beziehungen zur Metropolitan Opera erwarb ich jedes Jahr erschwingliche Eintrittskarten für Aufführungen von Don Carlos, denn wir lasen Schillers Stück, das Verdi zu seiner Oper inspiriert hatte.

In der Studentenschaft gab es damals nur wenige Afroamerikaner, und das bedeutete eine noch geringere Zahl in unseren Deutschkursen. Tatsächlich kann ich mich nur an zwei erinnern. Einer war ein älterer Student, der in deutschen Kabaretts aufgetreten war und fast akzentfrei Deutsch sprach. Der andere stotterte, aber durch den Konversationsunterricht und die ständige Teilnahme an unserer Kaffeestunde, einem weiteren Angebot der Abteilung, wurde sein Deutsch immer fließender, und die Sprechstörung verschwand vollständig, wenn er auf Deutsch statt in seiner Muttersprache Englisch redete.

Ich hatte das Glück, meine erste Professur zu ergattern. Selbst damals wuchsen die Stellen nicht auf Bäumen – und schon gar nicht an den führenden Universitäten der Ostküste. 1956 waren nur zwei Professorenstellen vakant.

Schon früh während meiner neun Jahre an der Denison University in Granville, Ohio, entdeckte ich ein Vorbild, das zu einer lebenslangen Inspiration wurde. Paul Tillich (diesmal ein protestantischer Theologe, nicht ein katholischer wie Pater Reeve) kam nach Granville und zog den ganzen Campus in seinen Bann. Ich habe diese Geschichte bereits für die Millennium-Ausgabe der PMLA, der Zeitschrift der Modern Language Association, niedergeschrieben, aber ich denke, sie ist es wert, wiederholt zu werden. 1957 stürmte Tillich, Theologe, Philosoph, Historiker, Kunstkritiker und Humanist, wie ein intellektueller Feuerwerker auf dieses kleine geisteswissenschaftliche College los. Er sprach über Religion, Kunstgeschichte, Philosophie, Musik und Geschichte vor einer ständig wachsenden Menge von Studenten und Dozenten. Schließlich konnte nur die Aula das Gefolge dieses liebenswerten Rattenfängers halten.

Unsere deutschen Studenten, die als letzte Gruppe mit ihm zusammentrafen, saßen ihm im Haus einer Studentinnenverbindung zu Füßen. Ohne Fachbegriffe zu benutzen, begann er mit einer kurzen Erörterung auf Deutsch. Es ging um die Notwendigkeit, Ethik im Lehrplan stärker zu berücksichtigen. Er bat dann um Fragen. Jede Frage hörte er sich aufmerksam an, gleichgültig, wie naiv oder sprachlich unvollkommen sie gestellt war. Er formulierte sie um und polierte sie, bis sie leuchtete. Dann beantwortete er sie ausführlich, wandte sich mit einer nachdenklichen Miene an den Fragesteller und fügte als Kompliment hinzu: »Ich danke Ihnen für diese Frage; sie hat mir wirklich viel zu denken gegeben.« In den kommenden Wochen beobachtete ich, dass die dreißig bis vierzig Deutsch-Studenten sich während ihrer Begegnung mit der großen Persönlichkeit, dem großen Lehrer, veränderten. Sie waren durch seinen Respekt und seine Ansprechbarkeit emporgehoben worden. Kurz gesagt: Hatte Jack Stein mich gelehrt, niemals einen Schüler herunterzumachen, so lehrte mich Paul Tillich eine noch wichtigere Lektion. Guter Unterricht besteht darin, die Schüler zu erheben und auf diese Weise zu inspirieren. In all den Jahren danach habe ich dieses Ziel zumindest angestrebt.

Die ungewöhnlichste Erfahrung außerhalb des Lehrplans für die Denison-Studenten und mich wäre heute nicht zu wiederholen. Ich hatte erfahren, dass die renommierte Theatertruppe Gustaf Gründgens', mit Gründgens selbst in seiner Glanzrolle als Mephistopheles, aus Deutschland zu Gastvorstellungen von *Faust* in die Carnegie Hall in New York kam. Ich schnappte mir einen Verantwortlichen aus der Univerwaltung und fragte ihn, wie ich meine Studenten nach New York bringen könnte. »Wir mieten einen Bus«, antwortete er in der unbürokratischen Art von damals. Kein einziger Sitzplatz blieb leer. Kollegen anderer Abteilungen schlossen sich uns an, und wir wurden Zeugen einer der denkwürdigsten *Faust*-Aufführungen – ohne Übertreibung: – des Jahrhunderts. Wir trafen nach der Aufführung mit den Schauspielern zusammen. Und zuletzt rundeten wir unser New Yorker Abenteuer mit einem Empfang im Goethe-Institut ab, wo der Poet Hans Egon Holthusen speziell für uns eine Dichterlesung hielt. Eine Busladung an- und aufgeregter Denison-Adepten kehrte am nächsten Tag in die Kleinstadt Granville zurück.

Nach neun Jahren dort und nach stimulierenden Kontakten mit Magistranden und Doktoranden während meiner Gastvorlesungen an der Universität München verspürte ich das Bedürfnis, in einer fortgeschritteneren Abteilung für deutsche oder vergleichende Literaturwissenschaft zu unterrichten. (In München hatte ich anderthalb Jahre als Fulbright-Forschungsprofessor verbracht und über den jüdischen Publizisten Efraim Frisch und seine Zeitschrift *Der neue Merkur* recherchiert; dabei hatte mich besonders der Zeitungswissenschaftler Heinz Starkulla unterstützt.) Ich bewarb mich um die Stelle eines Professors und Abteilungsleiters an der Universität von Cincinnati und wurde berufen. Ein rascher Aufstieg für einen Lehrenden, selbst in besseren Zeiten.

Die Erfahrungen, die ich an der Denison University gesammelt hatte, kamen mir an der zehnmal größeren städtischen

University of Cincinnati zugute. Nur musste ich die begrenzten Möglichkeiten einer kleinen geisteswissenschaftlichen Hochschule mit dem Betrieb einer riesigen Universität vertauschen. Die Geselligkeit des Deutschen Tisches von Denison wurde zu einer Aktivität der studentischen Vereinigung Delta Phi Alpha, in die die besten Deutsch-Studenten ehrenhalber aufgenommen wurden. Die früheren informellen Beratungsgespräche im Studentenkreis nahmen die formale Struktur durchgeplanter Programmbesprechungen an: eine für Studenten im Grundstudium und eine für Fortgeschrittene und Dozenten, beide auf monatlicher Basis.

Kann man glauben, dass Kathleen Battle, die spätere Operndiva, damals aber Musikstudentin an der Universität von Cincinnati, einen Liederabend für unseren Deutschen Klub gab? Oder dass wir Günter Grass und Uwe Johnson, die zu Deutschlands bedeutendsten Autoren zählten, für eine Lesung am selben Abend zusammenbringen konnten? Oder dass Lotte Lenya einwilligte, eine Truppe unserer Theaterabteilung für eine unvergessliche Aufführung von »Brecht über Brecht« anzuleiten? Oder dass ein deutsches Ensemble zweimal Gastspiele in unserem Theatergebäude geben würde? Das waren in den Jahren meiner Tätigkeit in Cincinnati (1963–1973) die neuen Dimensionen des Lernens und Lehrens jenseits des Hörsaals. Zu den beiden Koryphäen der zeitgenössischen deutschen Literatur, Grass und Johnson, fällt mir übrigens noch eine kleine Anekdote ein: Die Lesung aus ihren Werken auf unserem Campus war natürlich ein Riesenerfolg. Als Ausklang des Abends hatten wir einen Empfang vorgesehen, an dem beide Redner lebhaft Anteil nahmen. Günter Grass konzentrierte sich allerdings ausschließlich auf die etwa 20 Austauschstudenten aus Deutschland. Die letzte Strophe seines kurz vor dem Besuch verfassten Gedichts »Gesamtdeutscher März« lautet: »Bald wird das Frühjahr, dann der Sommer mit all den Krisen pleite sein – glaubt dem Kalender, im September beginnt der Herbst, das Stimmenzählen, ich rat euch, Es-Pe-De zu wählen.« Nun setzte er auch hier sein ganzes rhetorisches Talent ein, um diese kleine Gruppe deutscher Wähler auf die Seite der von ihm favorisierten politischen Partei zu ziehen. Schließlich mischte sich Johnson in diesen Redeschwall ein: »Günter, diese Studenten, die du da vor dir hast, werden kaum die Wahl entscheiden!« Grass, wie so oft, war um eine volkstümliche Antwort nicht verlegen. »Aber du weißt doch, Uwe: Kleinvieh macht auch Mist!«, dröhnte es weit hörbar durch den Saal.

Ein vielfältiger Lehrkörper wird Vorbilder für unterschiedliche Gruppen innerhalb der Studentenschaft abgeben. Unsere deutsche Abteilung war eine der wenigen, in der es überhaupt einen afroamerikanischen Professor gab; Alfred Cobbs kam aus den Reihen unseres eigenen akademischen Nachwuchses.

Ich führte einen Kurs über Exilliteratur ein, was in diesen frühen Jahren kaum auf dem Lehrplan amerikanischer Universitäten stand. Ich war an der Uni in Cincinnati sehr beliebt und hatte unter einem neuen Präsidenten, Warren Bennis, einem bekannten Spezialisten für Management, die Position seines Stellvertreters erlangt. Wir verstanden uns gut, weil wir Gleichgesinnte waren, die die Geisteswissenschaften und Künste stark favorisierten. Ich erzählte ihm auch von meinen Gedanken, dass die Verwaltung unserer Universität um Angehörige von Minderheiten erweitert werden müsse. Er stimmte bereitwillig zu.

Unter den vielen Bewerbern war der Afroamerikaner Albert C. Yates am qualifiziertesten. Er hatte einen Bachelor of Science in Physik, Chemie und Mathematik an der Memphis State Universität erworben und an der Indiana Universität in theoretischer chemischer Physik magna cum laude promoviert; dort war er damals Professor für Chemie. Dr. Yates nahm das Angebot der Universität von Cincinnati an und kam an Bord. Albert und ich arbeiteten gut zusammen.

Wann immer wir an Sitzungen des Ohio Board of Regents (also des Kultusministeriums) in Columbus teilnehmen mussten, fuhren wir zusammen hin. Diese Stunden im Auto boten Zeit für Gespräche und den Austausch unserer Lebensgeschichten. Einer unserer gemeinsamen Erfolge war es, die Zustimmung des Senats der Universität von Cincinnati zu erlangen, in den Studienplan der Medizinischen Fakultät einen Abschluss in Medizinischer Kommunikation aufzunehmen. Dies war eine blühende neue Spielwiese des digitalen Zeitalters: Ärzten wurde es möglich, sich über elektronische Kanäle ohne Zeitverzug konsiliarisch zu beraten – sogar im Operationssaal.

Leider haben wir uns, wie es oft im Leben geht, durch berufliche und familiäre Anforderungen aus den Augen verloren. Kürzlich erfuhr ich bei einem Telefonat, das unsere lang vernachlässigte Freundschaft erneuerte, dass Albert Kanzler der Colorado State University geworden und 2003 in den Ruhestand gegangen war. Wir schwelgten kurz in Erinnerungen, dann sagte er: »Ich bin so froh, von dir zu hören. Du hast mir die Tür geöffnet.« Auch nach seiner Pensionierung blieb Albert sehr aktiv, und für seine fortdauernde Betätigung erhielt er viele Auszeichnungen.

Albert förderte die ethnische Diversität sowohl an der Universität von Cincinnati als auch von Colorado. Dort hat er viele Studiengänge erarbeitet und maßgeblich an der Entwicklung eines Instituts für Führungskräfte mitgewirkt, das nach ihm benannt wurde. Er öffnete Türen für viele.

Mein Vorschlag, eine freie Stelle in eine ständige Gastprofessur umzuwidmen, trug sehr zum Wohl und zur Harmonie unserer Abteilung bei. Als Ersten konnten wir 1965 meinen Münchener Freund und Kollegen Heinz Starkulla darauf berufen. Auf dem Campus und außerhalb blieben wir bis zu seinem Tod im Jahr 2005 verbunden.

Seine Vorlesungen waren so anregend und machten so viel Spaß, dass die Studenten jedes seiner Kursangebote wahrnahmen. Einer von ihnen sagte ein Treffen mit mir ab mit den Worten: »Ich bin in Dr. Starkullas Klasse, und ich traue mich nicht, morgen aufzutauchen, ohne mit jedem deutschen Satz vertraut zu sein, den er uns für seinen Konversationsunterricht aufgegeben hat.«

Heinz, ein Kommunikations- und Medienspezialist, war ständig über aktuelle Sprachentwicklungen auf dem Laufenden und gebrauchte sie, einschließlich umgangssprachlicher Wendungen, im Unterricht und bei geselligen Treffen. Ich erinnere mich, dass er unseren Studenten den Satz »Das schnall ich nicht« beibrachte, ein Ausdruck, den sie sehr schnell lernten. Ich übrigens auch.

Sein Sohn, Heinz junior, war im Highschool-Alter, als er seine Eltern nach Cincinnati begleitete, wo er die Elite-Schule der Stadt, Walnut Hills High School, besuchte. Er genoss diesen Schultyp sehr, der so anders war als sein Humanistisches Gymnasium zu Hause. Auch mit ihm und später seiner Frau Linda entwickelte sich eine Freundschaft, die bis heute anhält. Er ist, wie vormals sein Vater, Kommunikationsexperte an der Universität München.

Der stetige Einsatz eines Gastprofessors erwies sich als Segen für unser Programm. Aber einer endete tragisch. Hans-Georg Richert kam von der Universität Uppsala in Schweden zu uns. Er wurde nicht nur ein vertrauter Kollege und Mitarbeiter, sondern auch ein Mitstreiter bei Freizeitaktivitäten. Beide waren wir engagierte Schwimmer, Rivalen beim Tischtennis und der Vertraute des jeweils anderen. Ich riet ihm, an seiner wunderbaren Frau festzuhalten (dieser Ratschlag hatte keinen Erfolg), und er riet mir, schnellstmöglich meine Ehe zu beenden. Auch fungierte er als Vaterersatz für meinen Sohn, wenn ich Verpflichtungen außerhalb der Stadt hatte.

Doch Hans-Georg wurde von einem unberechtigten Schuldgefühl geplagt. Als Deutscher nahm er die Schuld seiner Landsleute am Holocaust auf sich und fühlte sich durch mich und alle Überlebenden ständig an die Täterrolle seines Volkes erinnert, was natürlich auf ihn überhaupt nicht zutraf. Als die Nazis an die Macht kamen, war er noch gar nicht geboren. Gelegentlich kehrte er in seinen Gesprächen mit mir zu dieser selbst auferlegten Last zurück.

Unser erstes Treffen begann unter einem wolkenlosen Himmel. Hans-Georg war mir von Fritz Schlawe, seinem Vorgänger als Gastprofessor, empfohlen worden. »Er hat einen unvergleichlichen Sinn für Humor und eine Schwäche für Schabernack«, hatte Fritz mir erzählt. Geleitet von dieser Charakterisierung, dachte ich mir eine spitzbübische Begrüßung aus. Ich schrieb Hans-Georg, dass er und seine Frau mit einem Auto der Universität abgeholt und direkt zu ihrer Wohnung auf dem Campus gefahren werden würden. Ich sagte ihm nicht, dass ich ihn dort erwartete. Das Paar kam pünktlich an, und ich stellte mich mit einer argen Täuschung vor: »Sie müssen Herr und Frau Richert sein. Mir wurde aufgetragen, Sie hier zu treffen und Ihnen beim Umzug behilflich zu sein.« Dankbar akzeptierten sie. Als alles erledigt war, zog Hans-Georg seine Brieftasche hervor, um dem Handwerker ein Trinkgeld zu geben. Das war der Moment, mein Inkognito aufzugeben. Es gab erschreckte Blicke, dann hemmungsloses Lachen. Mein Streich schuf die Grundstimmung für unsere Beziehung.

Seine Scheidung, etwa drei Jahre nach unserer ersten Begegnung, schien ihn nicht zu verändern. Tatsächlich hatte Hans-Georg nach der Trennung keine Schwierigkeiten, Trost bei einer unserer Doktorandinnen zu finden. Doch dann nahmen seine Schuldgefühle immer mehr zu. Als er zum ersten Mal davon sprach, sich umzubringen, erinnerte ich ihn an seinen christlichen Glauben: »Euch Christen wird gesagt, dass Jesus für die Sünden aller gestorben ist.« Meine Absolution hielt nicht lange vor. Als seine Entschlossenheit zum Selbstmord zu wachsen schien, appellierte ich an seine Freundschaft mit mir. »Ich möchte, dass du dabei bist, wenn Botschafter Pauls hierherkommt, um mir eine Auszeichnung zu überreichen. Du musst einer der Redner bei dieser Gelegenheit sein!« Er versprach es und hielt Wort. Aber einige Monate später scheiterte ein ähnlicher Appell. Meine Abteilung verlor einen inspirierenden Lehrer. Ich erlitt den Verlust eines meiner engsten Freunde und Vertrauten. Ich glaube, man kann Hans-Georg Richert als ein spätes Opfer des Naziregimes betrachten, jenes unbeschreiblichen Übels.

Kurz nach meiner Scheidung von Margith stellte ich fest, dass unser gemeinsamer Wohnort ihr als Vorwand diente, sich mir bei verschiedenen Campus-Aktivitäten anzuschließen oder Treffen anzubahnen, angeblich, um über Mark zu reden. In Wirklichkeit wollte sie eine Versöhnung herbeiführen. »Guy, Mark langweilt sich zu Tode. Er muss etwas tun. Weißt du, gerade ist ein Film rausgekommen, *Star Wars*. Das würde ihn interessieren. Warum nehmen wir ihn nicht mit zu diesem Film?« Mit der Zeit wurden Margiths Manöver durch ihre Häufigkeit und Intensität absolut unerträglich. Ich beschloss, dass ich umziehen musste. Ich erhielt mehrere Angebote; das der Universität von Maryland in College Park schien mir einen nahtlosen Übergang meines Lehrangebots zu ermöglichen. Insbesondere bot mir der für Geisteswissenschaften zuständige Vizepräsident an, mich in zwei Abteilungen anzusiedeln: Deutsche und Slawische Philologie und Vergleichende Literaturwissenschaft. Meinem Traum, als Komparatist zu arbeiten, würde ich damit näherkommen. Außerdem hatte ich das Gefühl, dass meine Bekanntschaft mit Walter Hinderer, einer der Leuchten der Germanistik an der Universität von Maryland (und heute einer der führenden Gelehrten unserer ganzen Disziplin) der Beginn einer wunderbaren Freundschaft sein könnte.

Alles wies auf eine vielversprechende Karriere hin. Aber die einzige Erwartung, die sich erfüllte, war eine dauerhafte Freundschaft mit Walter Hinderer. Als ich zum ersten Mal nach Washington, D. C. kam, boten mir Walter und seine Frau Dietlinde sofort ihr Gästezimmer an, bis ich einen geeigneten Wohnsitz finden konnte.

Aber Vorzeichen können trügen. Direktor Corrigan hatte erwähnt, dass es »interne Konflikte« innerhalb der Abteilung gab, hatte aber vorausgesagt, dass das aufgrund meiner Erfahrung als Abteilungsleiter und Dekan meinem Erfolg nicht im Wege stehen würde. Nun, dem war nicht so. Mein Einsatz als Feuerwehrmann, der das Unheil bekämpfte, das einige akademische Brandstifter angerichtet hatten, beanspruchte einen Großteil der Zeit, die ich für wissenschaftliche Arbeit vorgesehen hatte.

Ich war unzufrieden mit meiner Position, und auch meinem persönlichen Leben fehlte die Erfüllung, die ich mir erhofft hatte. Nach meiner Scheidung ging ich vorsichtiger an Beziehungen heran, um nicht den Fehler der überstürzten ersten Eheschließung zu wiederholen. In den nächsten Jahren war ich mit mehreren Frauen zusammen, die alle talentiert waren und bewundernswerte berufliche Ambitionen hatten. Mit einer von ihnen wurde es mehr als eine konventionelle Verabredung. Dorothy, ebenfalls geschieden, eine ehemalige Magisterstudentin und erfolgreiche Doktorandin von mir an der Universität von Cincinnati, kam ins nahe gelegene Washington, nachdem sie eine Stelle bei der Nationalstiftung für Geisteswissenschaften (National Endowment for the Humanities, NEH) bekommen hatte. Wir verpassten nie eine Aufführung im Arena Theater in Washington, schrieben gemeinsam einen wissenschaftlichen Aufsatz, reisten zu Kongressen und zogen zusammen. Dies schien Zukunft zu haben. Dann kam ein schmeichelhafter, aber die Beziehung störender Telefonanruf: ein Angebot von Thomas N. Bonner, dem neuen Präsidenten der Wayne State University in Detroit, sein erster Vizepräsident zu werden.

Dorothy und ich setzten uns eines Abends zusammen, um über unsere Möglichkeiten nachzudenken. Wir erwogen einen gemeinsamen Umzug nach Detroit; dazu hätte Dorothy freilich ihren Job bei NEH aufgeben müssen. Wir konnten auch beide in Maryland bleiben, wo vielleicht der Bürgerkrieg in meiner Abteilung zu einem Ende kommen würde; aber das bedeutete auch, die Chance auf einen größeren Aufstieg abzulehnen. Zwei reife Erwachsene – Dorothy war ein Jahr älter als ich – trafen an einem Scheideweg ihres Lebens einen Entschluss: Allein die Tatsache, dass wir unser Dilemma so sachlich besprechen konnten, sagte uns, dass das, was zwischen uns bestand, einfach nicht ausreichte, um eine langfristige Bindung aufrechtzuerhalten. An Leidenschaft mangelte es in unserer Beziehung sicherlich nicht. Doch als wir eines Abends von einer Party zurückkamen, wiederholte Dorothy eine Bemerkung über uns, die sie zufällig gehört hatte: »das sonderbare Paar«. Und sie stimmte dieser Charakterisierung zu. Für mich verkörperte sie den Typ der zurückhaltenden, selbstbeherrschten Britin, sie sah mich als den extrovertierten, spontanen Kontinentaleuropäer.

Auch eine Bemerkung, die sie einmal gemacht hatte, war bei mir hängen geblieben. Ich hatte eine Frage wiederholt, die mir ein enger Freund gestellt hatte: »Könntet Ihr beide Euch vorstellen, zu heiraten und selbst in Eurem Alter noch eine Familie zu gründen?«

Sie reagierte ziemlich schroff: »Ich habe eine Familie.« Das bestärkte mich in meiner Wahrnehmung, dass ihre höchste Priorität eindeutig die Tochter und der Sohn aus ihrer früheren Ehe waren. Ich bin ihnen nur selten begegnet – und wurde nie Teil dessen, was Dorothy »den inneren Kreis« nannte. Wir trennten uns als Freunde, und ich ging an die Wayne State University und blieb dort für fünfundzwanzig Jahre.

Als ich meine Aufgaben an der Wayne State übernahm, wusste ich von Anfang an, dass die Kombination von Lehre und Verwaltung nicht bis zum Ruhestand andauern durfte. Wie viele andere zu ihrem Leidwesen gelernt haben, können berufliche Fähigkeiten in einer Spezialdisziplin sehr schnell verkümmern. Ich ließ es mir nicht nehmen, wenigstens eine Lehrveranstaltung pro Semester abzuhalten. Arbeit bis spät in die

Nacht gewährleistete, dass ich beruflich nicht ins Hintertreffen geriet.

Ich werde mich nicht allzu lange mit meiner Tätigkeit in der Hochschulleitung aufhalten. Einige der Probleme, mit denen sich die Wayne State University konfrontiert sah, waren damals – und sind bis zu einem gewissen Grad auch heute – örtlich begrenzt auf ihren Standort und ihre Mission. Detroit wird durch den sogenannten Acht-Meilen-Korridor geteilt. Nördlich davon ist die Bevölkerung überwiegend weiß, südlich weitgehend schwarz. Häufig sind die Ressourcen ungleich verteilt. Schulen und unterstützende Einrichtungen in den schwarzen Bereichen sind unterfinanziert. Das benachteiligt die Schüler. Infolgedessen sind viele Studenten aus den ärmeren Gegenden nicht ausreichend auf eine Collegekarriere vorbereitet. Sie beenden ihre Ausbildung nicht, brauchen übermäßig lange oder unterbrechen ihr Studium immer wieder, bevor sie einen Abschluss oder ein Zertifikat erworben haben.

Es werden oft falsche Schlüsse gezogen aus der Ungleichheit in der Ausbildung, die einem Collegebesuch vorausgeht. Als Sprachprofessor mit fünfzig Jahren Lehrerfahrung kann ich mit Überzeugung sagen: Aufgrund der ethnischen Herkunft gibt es keinen Unterschied bei geistigen Attributen. Verdammt sei der Missbrauch der Gaußschen Glockenkurve! Ich habe Fälle gesehen, in denen eine gewisse Schüchternheit einen amerikanischen Studenten zurückhält, wenn er in seiner englischen Muttersprache spricht oder schreibt. Aber wenn derselbe amerikanische Student eine Fremdsprache lernt, geschieht ein Wunder: Er stellt fest, dass er plötzlich in seiner Muttersprache ohne Hemmungen reden kann.

Meine drei Jahre an der Spitze von Wayne State werden nicht als Musterbeispiel akademischer Führung in die Geschichte eingehen. Dennoch halte ich meine Erinnerungen daran hoch, weil ich in dieser Position im richtigen Moment Neues schaffen konnte.

Auf meine Initiative hin wurde 1979 mit der enthusiastischen Zustimmung des Lehrkörpers, der Administration und des Hochschulrates der Wayne State University die »Academy of Scholars« gegründet. Hauptzweck der Akademie war es, das Ansehen der Universität in der Fachwelt zu erhöhen, indem die prominentesten wissenschaftlichen Experten auf den Campus geholt und zu einer Gelehrtengemeinschaft zusammengeschlossen wurden. Bis heute ist die Akademie ihrer Bestimmung gerecht geworden.

Im Rückblick erwiesen sich sowohl die Universität von Cincinnati als auch Wayne State, jede auf ihre Weise, als die lohnendsten Kapitel meiner Lehrtätigkeit. Darüber hinaus bescherte mir Wayne State eine wunderbare Frau.

Sich mit einer Angehörigen des Lehrkörpers zu verabreden, war durch einen Kodex von Geboten und Verboten belastet. Trotzdem trafen meine zukünftige Frau Judy und ich uns über Wayne State. An einem winterlichen Tag erhielt ich einen Anruf von einem Vorstandsmitglied der Universität. »Könnten wir heute zu Mittag essen? Es gibt ein paar Dinge, die ich mit Ihnen besprechen möchte. Wir könnten zum Deutschen Klub fahren. Dort gibt es gutes deutsches Essen!« Ohne zu zögern, nahm ich an. Eine schmackhafte deutsche Mahlzeit war eine höchst wünschenswerte Abwechslung zu meinem selbstgekochten Essen.

Auch später an diesem Tag hatte ich eine Verpflichtung. Lillian Genser, die damalige Direktorin von Wayne States Zentrum für Friedens- und Konfliktstudien, gab für einen Würdenträger aus Washington, D. C. ein Abendessen in einem örtlichen italienischen Restaurant. Als Vizepräsident sollte ich die Grüße der Universität übermitteln. Aber als mein Gastgeber mich nach einem üppigen Mittagessen auf dem Campus absetzte, hatte ich das Gefühl, dass ein italienisches Abendessen mich arbeitsunfähig machen würde. Ich rief Lillian an und redete mich umständlich und lahm heraus. Aber als die Zeit des abendlichen Treffens näher rückte, hatte ich Gewissensbisse. Lillians Einladung zu schwänzen, erinnerte mich daran, was unsere Armee von »Pflichtversäumnis« gehalten hatte. Ich rief sie an und willigte ein, doch teilzunehmen.

Viel später fand ich heraus, dass mein Wankelmut meiner guten Kollegin Kopfschmerzen bereitet hatte. Sie hatte meinen »Ehrenplatz« an jemand anderen in der Universitätshierarchie vergeben. Was sollte sie nun mit mir machen? Sie bat eines ihrer Vorstandsmitglieder, eine charismatische Lehrerin, sich neben mich zu setzen. »Auf keinen Fall«, stieß Judy wütend hervor. »Ich bin hierhergekommen, um alte Freunde zu sehen. Und wer, zum Teufel, ist schon ein Vize-Präsident?«

»Jemand, den du nicht beleidigen willst!« sagte Lillian. Sie gewann. Und ich ebenfalls! Judy und ich saßen beim Abendessen nebeneinander, und ich hatte das Gefühl, nie zuvor eine dynamischere, unabhängigere Persönlichkeit getroffen zu haben. Ich dachte, ich hörte eine Zeile aus einem bekannten Musical in mein Gehirn eindringen. »Eines Tages wird es in mein Leben treten, das Mädchen, das ich liebe«. (Ich habe eine Vorliebe für alte Unterhaltungsmusik.) Judith Owens, geborene Edelstein, war, wie ihr Mädchenname verriet, ein Juwel; eine entschlossene Frau, doch mit unendlicher Freundlichkeit und Menschlichkeit. Beeindruckend und attraktiv, bewies sie schon in der Kindheit ihre Charakterstärke.

Sie und ihr jüngerer Bruder Sol waren die Kinder tauber Eltern, die ihr Gehör durch Unfälle früh im Leben verloren hatten. Judy wurde Führerin ihrer Eltern durch eine verwirrende Stadt, ihre Einkäuferin, ihre Gesprächspartnerin und in mancher Hinsicht auch ihre Lehrerin. Und einige dieser Funktionen übernahm sie auch für ihren Bruder. Ihre Eltern kamen über die Runden und konnten für ihre Kinder sorgen. Judys Vater war gelernter Mechaniker und arbeitete sein ganzes Berufsleben hindurch für ein Detroiter Autowerk.

In einer Welt der Stille zu Hause wurde Judy zu einer eingeschworenen Leseratte und Radiohörerin. Sie war eine ausgezeichnete Schülerin auf der Highschool und erwarb drei Abschlüsse an der Wayne State University. Der letzte, ein Doktor in Jura, ließ auf ihre Entschlossenheit und ihren Idealismus schließen. Im Studium hatte sie ihren ersten Schwerpunkt auf Geschichte und Politikwissenschaft gelegt. Ich habe nie erlebt, dass sie bei irgendeiner Frage zur Geschichte und zum Regierungssystem der USA um eine Antwort verlegen gewesen wäre. Dann erwarb sie einen Master in Pädagogik und hatte vierzig Jahre lang eine Stelle an einer Highschool in Royal Oak inne, einem Vorort von Detroit. Bei unseren Ausflügen in Restaurants in Royal Oak besuchten unweigerlich ehemalige Schüler in verschiedenen Stadien des Erwachsenenalters unseren Tisch und zeigten Judy ihre Anhänglichkeit; die Mahlzeiten auf unseren Tellern wurden kalt.

In den Vorstädten und der Stadt Detroit setzte sich Judy für soziale Anliegen ein. Dazu gehörte die Verbesserung der Wohnverhältnisse für arme Bürger ebenso wie Bewegungen gegen Krieg und Rassendiskriminierung. Zeitweise integrierte sie ihre außeruniversitären Anliegen in ihren Unterricht. Sie nahm Studenten mit zu örtlichen Gerichtsverhandlungen und in die Landeshauptstadt Lansing. Für ihre kurz vor dem Abschluss stehenden Schüler half sie bei der Organisation von Reisen nach Washington, D. C. Sie durften dort an Sitzungen des Repräsentantenhauses und des Senats teilnehmen und sich danach mit Abgeordneten treffen. Als ehemaliges Mitglied des Fulbright-Auswahlkomitees für Deutschland staunte ich nicht schlecht, als Judy drei aufeinanderfolgende Fulbright-Sommerstipendien für verschiedene Länder Südostasiens erhielt. Die dort gewonnenen Erkenntnisse gab sie an ihre Studenten weiter, und sie belebte ihren Unterricht, indem sie Fotografien von ihren Begegnungen mit Indira Gandhi oder ihrer Gruppe von Fulbright-Stipendiaten zeigte, die auf ihre Initiative hin den Chaiber-Pass von Pakistan nach Afghanistan überquerten. Judy hatte Mumm. Ich drängte sie mit Donnerstimme, sofort nach Hause zu kommen, als in Sri Lanka Unruhen ausbrachen. Sie ließ mich abblitzen.

Eine seltsame Episode während unserer Turtelzeit beschleunigte unseren Weg in die Ehe. Judy besuchte mich in meinem Apartment auf dem Campus. Natürlich war uns beiden klar, dass ein Altersunterschied von zwanzig Jahren zwischen uns bestand – was meine junge zukünftige Frau nicht gestört hat. Wir sprachen über Tierkreiszeichen, an deren Einfluss sie glaubte und ich nicht. »Wann ist dein Geburtstag?«, fragte Judy bei ihren astrologischen Erkundungen. »14. Januar«, antwortete ich. Erst schaute sie mich erstaunt an, dann brach sie in Gelächter aus. »Du schlauer Fuchs! Du hast wohl in meinen Führerschein geguckt«, schloss sie. Auch wenn ich nicht an die Sternenkunde glaubte, stärkte die Tatsache, dass wir am selben Tag Geburtstag hatten und beide im Zeichen des Steinbocks geboren waren, unsere romantischen Gefühle.

Wir heirateten am 19. Juli 1979 vor dem botanischen Gewächshaus von Belle Isle, einem beliebten sommerlichen Ausflugsziel aller Detroiter. Mit der Wahl des Hochzeitsortes wollte Judy ihr Engagement für die Stadt Detroit demonstrieren. Bezeichnend war auch, dass sie ihren Lieblingsrabbiner, Dannel Schwartz, bat, die Trauung vorzunehmen, zusammen mit Damon Keith, einem von ihr bewunderten Professor, bei dem sie an der Wayne State Jura studiert hatte. Er war Oberrichter des Berufungsgerichts im sechsten der zwölf US-Gerichtsbezirke und einer der ranghöchsten Afroamerikaner in der Judikative. Judy hatte alles geplant. Aber unsere Hochzeit wurde trotzdem zu einem Ereignis mit Überraschungen.

Rabbi Schwartz, der nie zuvor auf Belle Isle gewesen war, hatte sich offenbar verirrt. Unsere zahlreichen Hochzeitsgäste, die in der heißen Julisonne vor Hitze vergingen, wurden unruhig. Judy übernahm das Kommando. »Damon«, sprach sie ihren ehemaligen Professor an, »es gibt kein Zeichen von dem Rabbiner. Sie werden uns allein trauen müssen.«

»Aber das habe ich noch nie getan«, protestierte er.

»Alles, was Sie tun müssen, ist uns zu fragen, ob wir heiraten wollen, und uns dann zu Mann und Frau zu erklären.«

Richter Damon Keith brachte sich an einer Balustrade in Stellung. Wie in einem einstudierten Drama tauchte Rabbi Schwartz genau in diesem Moment auf. Helfende Hände schoben ihn die Balustrade hinauf. Rabbiner und Richter arbeiteten nun zusammen, der Rabbiner nannte das Team Schwartz und Schwarz. Man hätte erwarten können, dass die Zeremonie nun ohne Unterbrechung stattfand, aber weit gefehlt. Mitten in der Amtshandlung kletterte eine hübsche junge Afroamerikanerin in festlicher Kleidung zu den beiden hinauf und übergab ein großes Dokument in einem ausladenden Rahmen. »Euer Ehren, Rabbi, meine Damen und Herren! Ich bin hier im Namen der Legislative des Bundesstaates Michigan. Ihre Mitglieder haben von dieser Veranstaltung erfahren. Mit ihren Grüßen räumen sie Ihnen, Herr Richter Keith, das Recht ein, ein halbes Jahr lang Trauungen vorzunehmen.«

Der gelehrte Richter war so verblüfft wie die promovierte Juristin Judy. Sie wussten nicht oder hatten jedenfalls nicht daran gedacht, dass das Recht, Trauungen vorzunehmen, nur den Bundesstaaten und deren Organen zustand, nicht aber der Bundesregierung und der Bundesgerichtsbarkeit. Nur mit diesem Dokument war unsere Eheschließung rechtsgültig!

Unsere Ehe, deren Auftakt so abenteuerlich gewesen war, verwandelte sich bald in einen beglückenden Alltag. Familienbande, aber auch Hochschulbildung und soziale Probleme waren unsere ständigen Gesprächsthemen zu Hause. Abends korrigierten wir Tests und Klausuren und stöhnten darüber gelegentlich im Duett. Wir verbrachten viel gemeinsame Zeit an unseren Schreibtischen, blieben aber unternehmungslustig. Die von Judy geplanten Reisen führten mich auf neue Routen: eine Kreuzfahrt rund um die griechischen Inseln und eine weitere nach Jamaika, ein Besuch in Crested Butte in Colorado und

Überseereisen nach China und Japan. Gelegentlich taten wir verrückte Dinge: Als eine Fluggesellschaft einen Schnäppchenflug von Detroit nach New York anbot, buchten wir einen frühen Flug in die Stadt und kehrten spätabends zurück.

Kurz danach – wir hatten die Zeit verbracht mit netten und kultivierten Freunden, neuen und alten – wurden wir, wie alle Amerikaner und Freunde unserer Nation, in eine Tragödie gestürzt.

Der 11. September 2001 begann wie jeder andere Dienstag in meinem Büro in Wayne State. Ich sah meine Notizen zu den Gemälden der Romantiker durch und aktualisierte sie ein wenig; im letzten Jahr war eine sehr gute neue Studie erschienen, und meine studentische Hilfskraft war dabei, einige Arbeitsblätter vorzubereiten. Kein Problem. Ich hatte anderthalb Stunden Zeit, bevor meine über sechzig Studenten, die für Deutsche Kulturgeschichte, Teil II, eingeschrieben waren, in den Unterricht kommen würden. Das Telefon klingelte, und ich hörte die aufgeregte Stimme meiner Frau in der Leitung: »Guy, ich rase zu einer außerplanmäßigen Schulversammlung. In New York geschieht Schreckliches. Mach das Radio an!«

Über den Flur der Manoogian Hall hörte ich bereits die Radios meiner Kollegen in voller Lautstärke. Während der Berichterstattung über den Angriff auf die Zwillingstürme – Entsetzen über verlorene Leben, die Schreie der Hinterbliebenen, die die Ansager stumm machten – sagte ich mir, dass es einer Groteske gleichkäme, mit Faksimiles der heiteren Bilder Moritz von Schwinds in den Hörsaal zu gehen. Und die Stunde ausfallen lassen? Das würde ein Band zwischen mir und den Studenten zerschneiden. Ich fragte mich, wie meine Freunde und Kollegen im In- und Ausland auf die Katastrophe reagierten. Geschichte spielte sich ab.

Ich eilte hinunter in unser Sprachlabor, das lobenswerterweise auf dem neuesten Stand der Technik für die Didaktik klassischer und moderner Sprachen war. Ich fand seinen Direktor, Dallas Kenny, sofort. »Dallas«, sagte ich, »wäre es möglich, die deutsche Berichterstattung über dieses schreckliche Ereignis in meinen Hörsaal zu übertragen?« »Kein Problem, Guy. Ich kann das sofort erledigen.« Und er schaffte es.

Wir wurden Zeuge, wie unsere nationale Trauer von einer verbündeten Nation geteilt wurde, deren politische Führung ihr Mitgefühl und ihre Empörung zum Ausdruck brachte. Wir spürten, dass wir Amerikaner in unserem Unglück nicht allein waren. Später wurde dieses Gefühl greifbar: Die Stadt Frankfurt ließ ein künstlerisches Plakat gestalten, das Anteilnahme ausdrückte. Ein Kollege der dortigen Universität, dem ich erzählt hatte, dass meine Studenten das Ereignis im deutschen Fernsehen verfolgen konnten, schickte mir ein Exemplar des Plakats. Bevor ich es aufhängte, ließ ich es von jedem Studenten unterschreiben. Jeder bekam eine Kopie als Andenken an die gemeinsam erlebte nationale Tragödie. Das Plakat trug die Aufschrift: »Amerikaner, die Stadt Frankfurt steht Euch zur Seite.«

Himmelschreiende Verbrechen wie die Anschläge vom 9. September 2001 brennen sich jedem, der sie miterlebt hat, ins Gedächtnis ein. Aber man darf darüber nicht vergessen, wie erfüllend der Alltag im Universitätsleben ist. *Universitas*, die Gemeinschaft der Lehrenden und Lernenden, ist ein ganz besonderer Zusammenhalt. Am Leben von Schülern und Kollegen Anteil zu nehmen, sich mit ihnen zu beraten und von ihrer Arbeit inspirieren zu lassen, hat mir immer reine Freude bereitet. Weit über meine Pensionierung hinaus nahm ich an akademischen Kongressen teil und habe bis heute nicht meine Begeisterung dafür verloren. Unsere Zusammenkünfte dienten stets denselben Zwecken: Sie waren nicht nur ein Arbeitsmarkt, sondern ermöglichten uns auch den Erwerb von Fachwissen, welches über das hinausging, was wir im Studium und durch eigene Lehre und Forschung gelernt hatten. Kongresshallen waren auch fabelhafte Orte für Treffen mit alten Freunden und für ein Wiedersehen mit Studenten und ehemaligen Kollegen.

Es wäre unmöglich, all die Tagungen aufzuzählen, die ich über die vielen Jahre hinweg genossen habe. Aber es gibt einige, die mir im Gedächtnis haften geblieben sind, möglicherweise, weil sie überraschende Entdeckungen auslösten. So war es auch bei einer der jährlichen Fremdsprachen-Konferenzen auf dem Campus der Universität von Kentucky. Ich hatte einen Vortrag zu einem Bereich gehalten, der mit meinem Lieblingsthema zu tun hatte: den Schriften von Exilanten deutschsprachiger Länder. Der stets liebenswürdige Leiter der Deutschabteilung, Paul K. Whittaker, hatte Germanistikprofessoren aus anderen Städten zu einem Empfang bei sich zu Hause eingeladen. Im Laufe des Abends fand er heraus, dass ich einer der Ritchie Boys gewesen war. Aber er enthüllte mir nichts über seine eigene Teilnahme am Zweiten Weltkrieg. Auch in den folgenden Jahren, als ich wiederholt in sein Haus eingeladen wurde, äußerte er sich nicht darüber.

Schließlich wurde der Grund für seine Geheimniskrämerei deutlich: Er war nicht bloß ein Offizier des militärischen Nachrichtendienstes, sondern auch ein »Ultra-Amerikaner«, um den Titel eines Buches von Thomas Parrish aus dem Jahr 1986 zu borgen. Kurz gesagt, er hatte als erfahrener Übersetzer zu der wohl spektakulärsten Geheimdienstarbeit während des Krieges beigetragen, der *Operation Ultra*: So hieß das Enträtseln der geheimen deutschen Funksprüche, die durch Enigma-Verschlüsselungsmaschinen liefen. Paul hatte mindestens vierzig Jahre gewartet, bevor er begann, über seine ultra-geheime Rolle im Krieg zu sprechen. Ohne unsere enge Bekanntschaft hätte ich wahrscheinlich nicht einmal zu diesem späten Zeitpunkt erfahren, dass dieser kultivierte, nach Südstaaten-Mode gekleidete Herr ein Übersetzer gewesen war, den sich unsere britischen Verbündeten ausgeliehen hatten. Er war in Bletchley Park gewesen, jenem Ort, an dem die Entschlüsselung geglückt war und an den der preisgekrönte Film *The Imitation Game – Ein streng geheimes Leben* aus dem Jahr 2014 erinnert.

Ein anderes Treffen rief eine ähnliche Freude hervor, weil es mich in meine Tage als Ritchie Boy zurückversetzte. Ich fungierte viele Jahre lang – mehr als fünfzig, um genau zu sein – als Vorstandsmitglied des Leo-Baeck-Instituts (LBI). Es ist eines seiner Ziele, Beweise für die Symbiose zwischen Juden und Nichtjuden zu bewahren, die andauerte, bis diese für beide Seiten ersprießliche Beziehung von den Nazi-Barbaren auseinandergerissen wurde. Sitzungen führten mich von meinem Heimatcampus aus – wo immer das gerade war – zum LBI in New York. Einmal wies ich in einem Referat meine Vorstandskollegen beiläufig auf meine Rolle im Zweiten Weltkrieg hin. Gleich nach der Sitzung hielt mich John Weitz an, ein relativ neues Vorstandsmitglied: »Du warst also in Camp Ritchie?« Ich bestätigte diese Tatsache. Seine Antwort überraschte mich: »Ich nämlich auch!«

Ich war hocherfreut, in ihm plötzlich einen Waffenkameraden gefunden zu haben. »Und was war dein Auftrag?«, fragte ich.

»Warte,« grinste er. »Hast du ungefähr eine Stunde Zeit?« Wir landeten in einem Café auf der anderen Straßenseite.

»Ich blieb nicht lange im militärischen Nachrichtendienst. Das OSS wollte mich«, sagte er. »Oh, so secret!«, warf ich mit einem Augenzwinkern ein. Das war ein Insiderwitz aus dem Zweiten Weltkrieg, der oft über die Initialen des Pentagon-Geheimdienstes *Office of Strategic Services* gemacht wurde.

»Ich kann ohne Übertreibung sagen, dass mein Deutsch einwandfrei war. In aller Bescheidenheit: Ich sah außerdem damals wie der Prototyp eines nordischen Herrenmenschen aus. Und ich besaß die ganze jüdische Chuzpe, um genau die Mission auszuführen, für die ich ausgewählt worden war. Das OSS steckte mich in die Uniform eines deutschen Offiziers und ließ mich mit einem Fallschirm hinter den deutschen Linien landen, ausgestattet mit einwandfrei gefälschten Dokumenten. Ich sollte die neuen deutschen Operationspläne nach der Ardennenoffensive ausforschen.«

»Du hast diese Krauts getäuscht?«, fragte ich, in meinen einstigen Armee-Jargon zurückfallend.

»Verdammt richtig!«, antwortete er. »Ich habe mich mehreren deutschen Einheiten angeschlossen, bekam die Informationen und bin etwas eilig wieder raus – sonst hätte ich ein Stück Heimatboden für alle Ewigkeit gepachtet.«

Als er seine unglaubliche Geschichte beendet hatte, starrte ich ihn in stiller Bewunderung an, wenn auch manches an seiner Erzählung mir beinahe zu märchenhaft erschien. Als ich wieder Worte fand, stellte ich ihm eine eher banale Frage.

»Was ist dein jetziger Beruf?«

»Wenn du nach Hause kommst, schau dir mal die Hemden in deinem Kleiderschrank an«, sagte er.

Das tat ich sofort, als ich heimkam. »John Weitz« stand auf dem Etikett einiger meiner Hemden. Bevor wir uns trennten, hatte er mir auch von seiner Freizeitbeschäftigung erzählt: »Ich habe gerade ein Buch geschrieben, eine Biographie über Joachim von Ribbentrop.« Natürlich kannte ich den Namen von Hitlers Reichsminister des Auswärtigen, der seine unrühmliche Karriere am Galgen beendete, gehängt als Kriegsverbrecher nach den Nürnberger Prozessen. Aufgrund der charismatischen Präsenz von John Weitz gab es jetzt einen weiteren Grund, sich auf die Treffen im Leo-Baeck-Institut zu freuen.

Nur wenige der Treffen, an denen ich teilnahm, hatten solche Höhepunkte. Aber was auch immer geschah, wissenschaftlich waren sie nie unbefriedigend.

Eine Konferenz jüngeren Datums in St. Louis, Missouri, bot mir eine willkommene Gelegenheit, mein Engagement in aktuellen Angelegenheiten zu bekunden. Das Treffen des 39. Jahressymposiums für deutsch-amerikanische Studien fand im Oktober 2015 statt, nicht allzu lange nach dem Ausbruch von Unruhen in der Vorstadt Ferguson. Im Hinblick auf meine amerikanischen Wurzeln, auf meine frühen Jahre in St. Louis, fühlte ich mich verpflichtet, ein Papier vorzulegen, das ein positives

Beispiel für Konfliktlösung setzen würde. Meine Absicht wurde durch die Tatsache gefördert, dass ein Reporter des St. Louis *Post Dispatch* im Vorfeld des Treffens einige von uns Rednern ansprach. Ich sagte ihm: »Ich bin froh, dass Sie mich kontaktiert haben, denn mein letztes Interview mit dem *Post Dispatch* liegt mehr als siebzig Jahre zurück. Das war gleich nach der Invasion in der Normandie, und Ihre Starreporterin Virginia Irwin befragte mich in unserem Kriegsgefangenenlager in Foucarville, Frankreich. Führt Ihre Zeitung Interviews immer in so großen Abständen?«

Er lachte und sagte: »Da habe ich ja eine Geschichte über einen Jungen aus St. Louis zu Tage gefördert, die alle Erwartungen übertrifft.« Ich gab ihm die von ihm verlangten Hintergrundinformationen, aber vor allem war es mir wichtig, dass mein Vortrag an die vorausgegangenen Ereignisse in Ferguson anknüpfen sollte. Der Reporter schrieb: »Bei seinem Auftritt am Freitagmorgen will Stern dazu beitragen, ein kleines Stück der rassenbezogenen Kluft zu überwinden, die durch die Geschehnisse in Ferguson sichtbar geworden ist. Seine Arbeit trägt den Titel: ›Deutschsprachige Flüchtlinge in einem afroamerikanischen Umfeld – afro-amerikanische Dichter in einem deutschen Umfeld‹.«

Ich freute mich, dass die Vorankündigung in der Presse zu einem sehr guten Besuch meines Vortrags führte. Denn mein Anliegen war es, zu größerem Verständnis füreinander und größerer Harmonie in der Gesellschaft beizutragen. Es erfüllte mich mit Genugtuung, meine wissenschaftliche Arbeit mit einem staatsbürgerlichen Thema zu verknüpfen. Wann immer möglich, betonte ich, dass wir unsere staatsbürgerlichen Pflichten im Auge behalten müssen, selbst wenn wir über ein scheinbar ganz andersartiges wissenschaftliches Thema diskutieren.

Mitte der 50er Jahre plante ich mit meinem Freund und häufigen Mitarbeiter Gustave Mathieu, in New York an einem Kongress der Modern Language Association (MLA) teilzunehmen. Doch weil wir gerade unseren Hochschulabschluss in der Tasche hatten und beide frisch verheiratet waren, mussten wir mit unseren Mitteln äußerst sparsam umgehen. Selbst zu reduzierten Tagungspreisen konnten wir uns kein Hotel in New York leisten. Wie viele andere junge Kongressteilnehmer nahmen wir uns ein briefmarkengroßes Zimmer in einer nahe gelegenen Jugendherberge, in der auch Wohnungslose hausten. Bei der letzten denkwürdigen Tagung, an der wir gemeinsam teilnahmen, erneut bei der MLA in New York, wurden wir beide wie Ehrengäste wahrhaft prächtig empfangen. Zusammen hatten wir ein Lesebuch für Studenten im Grundstudium verfasst. Es war ein Erfolg, und nach mehreren Jahren überreichte unser Verleger W. W. Norton uns beiden in Leder eingebundene Exemplare unseres Lehrbuchs. Als weitere Anerkennung empfanden wir die Einladung zu einer Cocktailparty, die zeitgleich mit der Konferenz stattfand. Essen und Getränke waren exquisit. Gus und ich dachten an unsere bescheidenen Anfänge während des ersten MLA-Treffens zurück. Zu gutem Essen und Trinken eingeladen zu werden, war für uns ein Barometer des Vorankommens. Wir genossen es, als wären wir in den Buckingham Palace eingeladen worden.

Als Professor hatte ich angehenden Lehrern eine Reihe von Richtlinien an die Hand gegeben: »Respektieren Sie Ihre Studenten! Setzen Sie keinen Studenten herab! Denken Sie daran: Die sind wahrscheinlich genau so klug oder klüger als Sie, nur weniger sachkundig in Ihrem Fachgebiet. Sonst wären die Rollen vertauscht. Verwechseln Sie die Begeisterung und die Liebe zum Lernen seitens eines Schülers nicht mit persönlicher Zuneigung. Bevorzugen Sie keine Studenten.« Ich sagte auch häufig: »Man lernt durch Unterrichten.« Für mich schloss akademische Lehre immer einen Austausch von Ideen ein.

Gelegentliche Gastprofessuren in Deutschland begleiteten meine Lehrtätigkeit in Amerika. Während meines Fulbright-

Forschungsstipendiums, das mich 1962 an die Ludwig-Maximilians-Universität München führte, hatte ich keine Lehrverpflichtungen. Wohl aber wurde ich gelegentlich zu Vorträgen eingeladen, da ich, anders als meine deutschen Kollegen, selbst in meinen Anfängerveranstaltungen zur neueren deutschen Literatur hochaktuelle Texte – insbesondere der Gruppe 47 – anbot. Ähnliche Vorlesungen und Seminare an der Universität München hörten bei Gerhart Hauptmann und den Vorkriegswerken Thomas Manns auf; ich konnte das kaum glauben. Professor Hermann Kunisch, der mir von Fulbright zur Seite gestellte Kollege, war bereits damit beschäftigt, ein erstes Handbuch zu schreiben, welches die Schriftsteller der Nachkriegszeit einbezog. Nun bat er mich, für ihn bei einer Vorlesung in die Bresche zu springen, und zwar mit einer Besprechung frisch veröffentlichter Texte. Zu ihr erschienen im Auditorium maximum der Universität etwa tausend Studenten – mehr als ich je zuvor begrüßen durfte. Unter ihnen waren auch zwei junge Studenten der Zeitungswissenschaft, Schüler meines alten Freundes Heinz Starkulla: Peter Glotz, der in den kommenden Jahren intellektuellen Schwung in die Sozialdemokratische Partei Deutschlands bringen sollte und danach Professor an der Universität St. Gallen und Gründungsrektor der Universität Erfurt wurde, und Wolfgang Langenbucher, der später eine Professur an der Universität München und einen Lehrstuhl an der Universität Wien erhalten sollte. Zu ihren gemeinsamen Veröffentlichungen zählt das Lesebuch *Versäumte Lektionen*, das ich sehr schätze.

Bei einer anschließenden Begegnung stellten sich mir die beiden jungen Männer vor, und ich hörte mir ihre höflichen Lobeshymnen und ihre liberalen Ansichten an. Dann stutzte ich bei dem Namen Langenbucher. Eine ausgesprochen nationalsozialistische Geschichte der neueren deutschen Literatur aus dem Jahr 1933, mehrfach erweitert und neu aufgelegt, stand plötzlich vor meinen Augen. Als Doktorand an der Columbia University hatte ich mit wachsendem Abscheu Kostproben daraus gelesen. »Sind Sie mit Hellmuth Langenbucher verwandt?«, fragte ich.

»Ja«, antwortete Wolfgang, »leider ist er mein Vater.«

»Wie sprechen Sie miteinander? Sie scheinen an völlig entgegengesetzten Enden des politischen Spektrums zu stehen.«

»Wir treffen uns von Zeit zu Zeit«, antwortete der Sohn, »aber wir haben einander nichts zu sagen.«

Nachkommen einer Person mit fragwürdiger Vergangenheit traf ich noch mehrere Male. Nach meinem Fulbright-Jahr hatte ich jeweils im Sommer drei aufeinanderfolgende Lehraufträge am Goethe-Institut München. Während eines dieser Aufenthalte verpflichtete mich James Fifield Crane, damaliger Direktor des Amerika-Hauses, zu einem Vortrag. Dabei machte ich die Bekanntschaft einer jungen Redakteurin bei einem Münchner Verlag. Sie und ihr Begleiter luden mich zum Abendessen ein. Während unseres unbeschwerten Gesprächs über Bücher, Musik und Kunst fragte ich nichtsahnend, ob auch ihr Vater im Verlagswesen tätig sei.

»Dieses Nazi-Schwein ist für mich gestorben«, antwortete sie. Offenbar hatte er eine hohe Position in Deutschlands gefürchtetem Reichssicherheitshauptamt innegehabt.

»Und Ihre Mutter?« fiel ich ihr ins Wort, in einem unbeholfenen Versuch, das Thema zu wechseln.

»Ich rede nicht mit ihr, der Nazisse!«

Die dramatische Geschichte einer Kluft zwischen den Generationen entfaltete sich: Ihr Bruder, ebenfalls abgestoßen von dem scheußlichen Verhalten seiner Eltern während der Nazizeit, hatte eines Tages eine verschlossene Schublade im Schreibtisch seines Vaters aufgebrochen. Er fand Stapel von belastendem Material. Ohne zu zögern, schickte er es dem Leiter der israelischen Behörde zur Verfolgung von Kriegsverbrechen. Rasch erhielt er eine Antwort: »Wir wissen alles über die Aktivitäten Ihres Vaters. Anklage werden wir nicht erheben.«

In meinem Seminar für berufstätige Fachkräfte im Goethe-Institut in der Münchner Kaulbachstraße geschah nichts vergleichbar Dramatisches. Doch erwähnen möchte ich eine sehr praktische Lektion in Rezeptionstheorie, die ich dort erhielt. Wir analysierten Heinrich Bölls Kurzgeschichte »Mein trauriges Gesicht«. Sie erzählt, wie der Protagonist durch die Polizei einer namenlosen Diktatur gefoltert wird. Er hatte ein unglückliches Gesicht gezeigt – an einem Tag, an dem er im Gegenteil überglücklich hätte sein sollen. Denn es war der Wochentag, an dem er das Privileg hatte, sich im staatlich verwalteten Bordell zu vergnügen. »Böll«, so referierte ich, »hat ein perfektes Symbol erfunden, um zu zeigen, wie Diktaturen uns bis hin zu unseren elementarsten Trieben kontrollieren.« Ein Lehrer aus Taiwan hob seine Hand. »Ich bin anderer Meinung. Das ist keine Erfindung. Ich bin nach Formosa geflüchtet, nachdem ich in der Armee des kommunistischen Festlandchina gedient hatte. Genauso werden die Armeebordelle verwaltet. Böll hat die Realität geschildert.«

Meine Gastprofessur an der Universität Frankfurt war dagegen eine semesterlange Liebesaffäre. Selten in meiner Karriere habe ich den Eros des Lehrens und Lernens so stark empfunden. Die Erklärung für diese intellektuelle Verbundenheit lag zum größten Teil an der Materie. Vierhundert Studenten nahmen an einem Kurs mit dem Titel »Einführung in die deutsche Exil-Literatur« teil, der zuvor nur sehr selten an deutschen Universitäten unterrichtet worden war. Die Studenten sagten mir, dass sie das Gefühl hatten, auf einer exotischen Entdeckungsreise zu sein. Außerdem waren etwa fünfzig Studenten in einem Seminar über deutsch-jüdische Autoren der Nachkriegszeit und ein kleinerer Kreis in meinem Thomas-Mann-Kolloquium.

Eine ganze Menge von Magister- und Doktorarbeiten ging aus diesen Kursen hervor; einige wurden anschließend veröffentlicht, was auch nach meinen Gastaufenthalten an anderen deutschen Universitäten geschah. Ich nahm dies als einen Hinweis darauf, dass die Exilforschung in Deutschland vorankam.

Ich kann mich auch an zwei froh stimmende Vorfälle erinnern: Soweit ich weiß, war Daniel oder Danny Lieberberg der einzige jüdische Student in meinem Seminar, oder zumindest der einzige, der offen seine Religion erwähnte. Er war klug und sprachgewandt. Gelegentlich nahm er an, dass er aufgrund seiner Herkunft einen Wissensvorsprung in Exilstudien hatte. Aber das bewahrte ihn nicht davor, manchmal von seinen Kommilitonen in spontan aufkommenden Streitgesprächen gründlich widerlegt zu werden, wobei meine Moderation fast überflüssig war. Ich verglich das mit Diskussionen nach Gastvorträgen 1962 in München, als seitens der nichtjüdischen Diskutanten Rücksicht überwog. Die freie und lockere Debatte nach Dannys Bemerkungen empfand ich als gesunden Schritt nach vorn.

Was die zweite aufheiternde Episode betrifft, war Nora Müller (ich benutze hier echte Namen) die Heldin dieses außergewöhnlichen Ereignisses. Als ich in meinem Seminar die Aufgaben für die mündlichen Referate verteilte, schlug ich Nora den Roman *Die Jiddische Mamme* von Rafael Seligmann vor, warnte sie aber, dass der Text einige gewagte Passagen enthalte. Sie sagte mir mit Entschiedenheit, als erwachsene Person sei sie bereit, sich damit auseinanderzusetzen. Eine Woche später bat ich sie, in mein Büro zu kommen. Würde sie ihr Referat um eine Woche verschieben? Rafael Seligmann, erklärte ich, habe meine Einladung angenommen, zu unserer letzten Sitzung zu kommen. Sie könne ihr Referat vor dem Autor selbst halten. »Bitte geben Sie mir Bedenkzeit«, antwortete sie. Zwei Tage später kam sie begeistert zurück. »So eine Chance werde ich während meiner gesamten Studienzeit nicht mehr bekommen, vom Autor selbst kritisiert zu werden. Ja, ich mache mit!« Zur Verstärkung brachte Nora ihren Freund mit, einen Wirtschaftswissenschaftler, aber das war nicht nötig. Das Referat erwies sich als hervorragende Leistung. Und sie hatte den Mumm, Seligmann ins Gesicht zu sagen, dass einige seiner Passagen in Pornographie, andere in jüdischen Antisemitismus abgeglitten waren.

Ich will mich nicht mit seiner Replik in der Pornographie-Frage aufhalten, aber ich war absolut verblüfft über seine Zugeständnisse in Sachen Antisemitismus. Hier führte der in Israel geborene, gläubige Jude Rafael Seligmann Argumente ins Feld gegen die in der Nähe von Frankfurt geborene Nora Müller, eine Christin, deren Wissen über das Judentum fast ausschließlich aus Büchern stammte. Doch sie behauptete sich. Die Geschichte hatte ein Happy End. Der normalerweise streitbare Rafael Seligmann schrieb ihr eine Widmung in eines seiner Bücher und lobte ihre Arbeit, und sie zeigte es während einer Abschiedsfeier herum.

Mein Frankfurter Semester bot mir auch eine weitere Gelegenheit, meine Überzeugung umzusetzen, dass ein Hörsaal auch ein Störsaal sein sollte, jedenfalls in dem Sinne, dass darin nicht nur eine einzige Lehrmeinung gelten darf. Kontroversen sind das Lebenselixier einer Universität, genau wie das einer Zeitung. Nun wurde eines meiner Lieblingsexempel der Exilliteratur von einem Fachkollegen an der Universität Stockholm, Helmut Müssener, infrage gestellt. Helmut, ein guter Freund, konnte meine Einladung zu einer Debatte in meinem Seminar nicht annehmen. Und so dachte ich mir einen (ziemlich schlauen, glaubte ich) Ersatz aus. Meine hochbegabte wissenschaftliche Hilfskraft, Martin Spieles, damals in seinem letzten Frankfurter Semester und kurz vor seinem Wechsel zum S. Fischer Verlag, übernahm die Rolle des verhinderten Kritikers. Er vertiefte sich in Müsseners Thesen, und wir lieferten uns einen argumentativen Schlagabtausch. Bald schlugen meine Studenten sich auf eine der beiden Seiten und amüsierten sich königlich damit, ihren eigenen Scharfsinn an unserem zu messen.

Ich erinnere mich kaum an einen Vortrag, den ich in meinem Frankfurter Semester im neu erbauten Jüdischen Gemeindezentrum gehalten habe. Aber mit größter Klarheit steht mir eine brillante Präsentation einige Wochen später vor Augen. Der Redner war Dr. Salomon Korn, Architekt des Zentrums und Mitglied der Jury, die den besten Entwurf für das Berliner Holocaust-Mahnmal auszuwählen hatte. Über diesen Auswahlvorgang sprach er. Ganz abgesehen von den politischen Auseinandersetzungen um das Vorhaben: Warum es so höllisch schwer sei, zu einer zufriedenstellenden Lösung zu kommen, fragte er. Und er gab gleich die Antwort: In der gesamten Geschichte seien Denkmäler errichtet worden, um eine Persönlichkeit zu ehren, um Erhebung oder Trauer einer Schicht oder Nation zu bekunden. Aber nie zuvor sei ein Denkmal als Bekenntnis nationaler Schande geplant worden. Seine Bemerkungen trafen den Kern des Problems, in Deutschland mit einem Denkmal an den Holocaust zu erinnern. Dem kann ich nur hinzufügen, dass ich ziemlich unglücklich mit dem von Peter Eisenmann entworfenen Denkmal in Berlin bin. Was seine Reihen über Reihen massiver rechteckiger Steinstelen symbolisieren, ist für mich nicht recht fassbar.

Zu den Reiseabenteuern Professor Sterns gehörten zwei Invasionen in die ehemalige Deutsche Demokratische Republik. Im Gegensatz zu früheren Gastprofessuren wurden beide auch durch jüdische Organisationen gefördert. Dem bereits mehrfach erwähnten New Yorker Leo-Baeck-Institut, einem bekannten Hort deutsch-jüdischer Geschichte und Kultur, sagte die Bundesrepublik Mittel zu, um jüdisch-amerikanische Professoren an Universitäten in der einstigen DDR zu entsenden. Es ging darum, diesen Institutionen den Übergang zu erleichtern. Ich wurde als zweiter Stipendiat ausgewählt und nahm aufgeregt und beklommen an. Aufgeregt, weil ich einer der ersten Germanisten aus den USA war, der im östlichen Teil des wiedervereinigten Deutschlands lehren würde, beklommen, weil ich nicht wusste, wie die dortigen Studenten mich aufnehmen würden. Ich befürchtete, das gute Verhältnis, das ich in Frankfurt am Main genossen hatte, würde sich nicht wieder einstellen.

1997 fand ich mich am Institut für Germanistik der Universität Leipzig ein. Weder meine Erwartungen noch meine Befürchtungen trafen ein. Die Studenten hatten keinerlei Einwände gegen mich; statt der begeisterten Debattierer von Frankfurt saßen dort nun reihenweise eifrige Mitschreiber. Während meiner zweiten Vorlesung über das Exil beschloss ich, das Problem ganz direkt anzugehen. »Sie sind viel zu brav«, donnerte ich. Und ich präsentierte auf Englisch meinen Lieblingsspruch vom Hörsaal, der ein Störsaal sein sollte. Gesegnet sei der Gott des Unterrichts – ich schätze, es ist Merkur –, es funktionierte. Und mein Weckruf hatte ein weiteres Echo: Am nächsten Tag erschien mein Schrei nach einer wilderen Haltung wörtlich wiedergegeben, inmitten netter Kommentare, in der *Leipziger Volkszeitung.* Eine Reporterin hatte sich in den Hörsaal eingeschlichen, um den exotischen Import aus Amerika zu begutachten. Der Artikel von Claudia Würzburg trug die Überschrift »Ein Provokateur mit Sinn für Humor« und nannte mich »einen Professor mit hochgekrempelten Hemdsärmeln«, der »seine Vorlesung mit Witzen würzt und die Studenten herausfordert, Fragen zu stellen und ihm zu widersprechen.«

Im Verlauf meines Leipziger Semesters erfuhr ich, dass mein Gastinstitut tief gespalten war. Auf der einen Seite gab es Kolleginnen und Kollegen, die in der Deutschen Demokratischen Republik willige oder angepasste Anhänger des kommunistischen Regimes gewesen waren. Nach der Wiedervereinigung wurde von einer Personalkommission entschieden, welche Hochschullehrer ihre Stellen behalten durften. Es waren nur wenige, und die Verbitterung über bevorstehende Entlassungen war spürbar. Auf der anderen Seite wurden die Stellen in den verschiedenen Instituten mit Ankömmlingen aus dem Westen Deutschlands besetzt, deren angeblich bessere Qualifikation aber durchaus infrage gestellt wurde. Zudem machte man sich auf dem Leipziger Campus oft über die »Zugvögel« lustig, die an jedem Feiertag Richtung Westen flohen. Als Amerikaner war ich persönlich nicht in die Feindseligkeiten der beiden Parteien verwickelt. Aber der Friedensstifter in mir drängte mich, meine Fähigkeiten in diesem scheinbar unlösbaren Konflikt zu erproben. Ich teilte meine Gedanken mit einer meiner Kolleginnen, der mittlerweile verstorbenen Professorin Heide Eilert. Sie nahm sich sofort vor, die Spannungen in der Abteilung abzubauen. »Ich bin dabei!«, rief sie. »Ich werde eine Institutsparty geben. Ost und West sollen sich treffen!«

Sie lud zu einem »Büfett« ein, das in Wirklichkeit ein Festmahl war. Ich wurde beauftragt, ein humorvolles Intermezzo beizusteuern. Praktisch das ganze Institut strömte in ihre Wohnung. Seine Mitglieder stellten den Mikrokosmos eines Landes im Übergang dar. Die Situation zeigte mir auch, wie die schädlichen Folgen diktatorischer Herrschaft noch lange nach ihrem Untergang spürbar sind.

Details versinnbildlichen das. Als die Kollegin Eilert ihre Gäste aufforderte, sich einen Nachschlag zu nehmen, folgten die »Wessis« ihrer Einladung freudig. Die »Ossis« mussten mehrmals genötigt werden. Erst nach höflichem Zögern langten auch sie zu. Die informelle Kleidung der »Wessis« hob sich von den Anzügen und Kostümen ihrer östlichen Nachbarn ab. Ungefähr vierzig Jahre der Trennung hatten verschiedene Umgangsformen und Gebräuche aufblühen lassen.

An jenem Abend übernahm ich die mir zugewiesene Aufgabe als Unterhalter und tischte zu fortgeschrittener Stunde eine Lügengeschichte auf. Ich gab vor, in einem Archiv in Düsseldorf gewesen zu sein, das sich dem Leben und Werk eines der unsterblichen deutschen Autoren, Heinrich Heine, verschrieben hatte, und dort um die Ausgabe letzter Hand seiner Gedichte gebeten zu haben. Sie sei mir ausgehändigt worden, aber »der Einband«, sagte ich, »fühlte sich merkwürdig dick an. Meine

Neugierde war geweckt.« Ich fuhr fort: »Ich nahm mein zuverlässiges Schweizer Armeemesser heraus, schnitt den Einband auf und holte mehrere mit der Hand beschriebene Blätter heraus. Sie enthielten weitere Verse von Heines Meisterwerk *Reise durch den Harz.*« Schockstarre ringsum! Ich begann zu rezitieren, allem Anschein nach von den Manuskriptseiten. In Heines Stil produzierte ich satirische Verse, und jeder einzelne nahm Schwächen eines meiner Zuhörer aufs Korn.

1998 führte mich eine erneute Gastprofessur nach Potsdam. Mein Semester an der Universität Potsdam entsprach in vielerlei Hinsicht meiner Leipziger Erfahrung. Dennoch brachte es einen der emotionalsten Momente meiner Lehrkarriere hervor. Für unser Seminar über deutsch-jüdische Nachkriegsautoren hatte ich es arrangiert, eine Dramatisierung von Inge Deutschkrons Memoiren mit dem Titel *Ich trug den Gelben Stern* zu besuchen. Zur Vorbereitung hatte ich Frau Deutschkron gebeten, vor unseren Studenten einen Gastvortrag zu halten. In eineinhalb Stunden gewann sie unsere Herzen mit der Schilderung, wie sie mit ihrer Mutter von einem Versteck in Berlin zu einem anderen geflohen war, um der Deportation in ein Vernichtungslager zu entgehen. Kurze Zeit später gingen wir ins Grips-Theater, das renommierteste Jugendtheater in Deutschland, wo eine hervorragende Schauspielerin die heranwachsende Inge verkörperte. Die Studenten sahen ein individuelles Schicksal: Mutter und Tochter, attackiert und verfolgt in ihrer eigenen Nachbarschaft. Nach dem Stück blieben wir, wie vereinbart, im Theater, um Volker Ludwig, den Regisseur des Stücks, zu treffen. Er war derjenige, der reden musste. Die Studenten und ich waren zu sehr damit beschäftigt, Taschentücher zu benutzen.

Ich möchte dieses Kapitel mit dem Bericht über meine bisher letzte Gastprofessur, vor Jahren an der Universität München, schließen. Zwei Institute, Germanistik und Kommunikationswissenschaft, hatten sich zusammengetan, um Mittel für meine Verpflichtung zu erhalten. Als mir im Jahr 2000 die angesehene Mercator-Stiftung ein Stipendium bewilligte, nahmen mich beide Institute für sich in Anspruch. Ich denke, ich bin der Herausforderung mehr als gerecht geworden, indem ich für beide ein vollständiges Deputat ableistete. Sehr viele Studenten schrieben sich dafür ein. Allein ein gemeinsames Seminar mit meinem Kollegen und (gelegentlich kämpferischen) Freund Heinz Starkulla jr. zählte über neunzig Studenten. Auch diesmal ging aus den Kursen eine Fülle von Abschlussarbeiten hervor. Und auch in München besuchte wieder einer der behandelten Autoren, diesmal mein Freund Arno Reinfrank, ein Seminar. Meine Veranstaltungen endeten in der Regel in geselliger Runde bei Wein und Pizza in einem Gartenrestaurant. Dekan Hans Wagner lud mich am Ende des Semesters ein, im folgenden Jahr wiederzukommen, doch das kam leider nicht zustande. Hans bat mich auch, die Festrede beim traditionellen semesterlichen Kolloquium der Sozialwissenschaftlichen Fakultät zu halten. Als Thema wählte ich »Nichtjüdische Deutsche von heute im Dienste jüdischer Anliegen«. Ich beendete meine Rede mit einer lyrischen Würdigung aller Männer und Frauen guten Willens, die einem Gedicht von Hilde Domin entstammt.

> Wer den Hund zurückbeißt
> wer auf den Kopf der Schlange tritt
> wer dem Kaiman die Augen zuhält
> der ist in Ordnung.

## KAPITEL 8

# Forschung und wissenschaftliche Arbeit

Auf allen Stufen der Hochschulhierarchie konnte ich meine Erkenntnisse aus der Forschung in den Hörsaal hineintragen. Für mich war das einer der Hauptgründe, als Wissenschaftler aktiv zu bleiben. Es ist nur fair, von einem Professor zu verlangen, dass er ein kompetenter Lehrer, Vorbild und Mentor ist. Und er muss veröffentlichen. Die Redensart »Publish or perish« (»Wer schreibt, der bleibt«) wird oft benutzt, um zu erklären, warum man notgedrungen wieder einmal zum Stift greift oder sich an Schreibmaschine und Computer setzt. Ich gebe gerne zu, dass die in dieser Redensart meiner Professoren mitschwingende Warnung gelegentlich auch in meinem Kopf nachhallte. Aber meistens habe ich mich selbst zu Veröffentlichungen angetrieben.

Ich sehe glasklar, warum ich als Forscher ein selbstmotivierter Workaholic bin. Denn ich habe, wie bei so vielen sonstigen Aktivitäten auch, das Überlebensschuld-Syndrom. Wie an anderer Stelle erläutert, bedeutet dies: Wer eine Katastrophe überlebt, verspürt das Bedürfnis, seine weitere Existenz zu rechtfertigen. Ich vertiefte mich in zwei Spezialgebiete, die meine intellektuellen, beruflichen und persönlichen Interessen verbinden. Zu einem guten Teil definieren sie, wer ich bin. Sie lassen sich mit den Stichworten Lessing und Exil umreißen. Lessing hatte ich mich in einer Zeit zugewandt, als seine Botschaft von den Nazi-Barbaren niedergebrüllt und sein Drama

*Nathan der Weise* von den deutschen Bühnen verbannt wurde. Als Fulbright-Professor in München, Anfang der 6oer Jahre, bewegte es mich zutiefst, die Auferstehung des Stücks mitzuerleben. In einer berauschenden Darbietung war der deutschjüdische Schauspieler Ernst Deutsch in der Titelrolle zu sehen.

Ich sehe mich selbst als einen Nachfahren des Zeitalters der Aufklärung. Im achtzehnten Jahrhundert waren europäische Denker, Schriftsteller und Künstler davon überzeugt, dass rationales Denken den menschlichen Fortschritt voranbringen kann. Dank Vernunft und Humanität konnten wir von Dunkelheit und Verblendung zu moralischem Verhalten und intellektuellen Einsichten gelangen. Neben vielen anderen waren Voltaire in Frankreich, Hume und Locke in England, Lessing und Mendelssohn in Deutschland die Initiatoren und Verbreiter dieser Philosophie. In den höheren Fachsemestern meines Studiums las ich ihre Werke, schrieb mich in Seminare über die Aufklärung ein und begann, ihre Theorien und kreativen Werke zu interpretieren. Mehrere Kapitel meiner Doktorarbeit beschäftigten sich mit Christoph Martin Wieland, einem der deutschen Pioniere der Bewegung. Als ich Institutsdirektor und Dekan an der Universität von Cincinnati wurde, nutzte ich meine Möglichkeiten, um dem bedeutendsten Vertreter der deutschen Aufklärung, Gotthold Ephraim Lessing, ein Denkmal zu setzen. Ich überzeugte die akademische Führung meiner Universität und der Cincinnati University Press, die Herausgabe des *Lessing-Jahrbuchs* zu genehmigen und teilweise zu finanzieren; während ich dies schreibe, sind bereits 50 Bände erschienen. Unter den Kollegen in meinem germanistischen Institut fand ich einen begeisterten Mitstreiter. Gottfried F. Merkel, der Direktor unseres Graduiertenstudiums, wurde zum Mitbegründer des *Jahrbuchs* und der weltweit ersten Lessing-Gesellschaft. Cincinnati übt auf Wissenschaftler aus drei Kontinenten, die zum 18. Jahrhundert forschen, eine Sogwirkung aus. Verbindungen zwischen Lessings Heimatland und seinen Bewunderern weltweit wurden neu geknüpft.

Sogar unsere Studenten steckten sich mit dem Lessing-Virus an. Einer von ihnen, Jan Unna, kam am ersten Tag nach einer Europareise mit einem geheimnisvollen Paket in der Hand direkt in mein Büro. Feierlich packte er es aus und enthüllte den Gipsabguss einer berühmten Lessing-Statue. Er hatte ihn in einem Antiquitätengeschäft gefunden. Ein Foto seiner Entdeckung zierte für ungefähr 20 Jahre den Einband der Jahrbücher.

Im Sommer 1968 war ich in München und beschloss, meinen alten Freund Ernst Hueber zu besuchen, den Inhaber des Max Hueber Verlags in zweiter Generation. Ernst verband in seinem Charakter ein Kaleidoskop widersprüchlicher Züge: Er war ein frommer Katholik, zugleich aber auch ein überzeugter Anhänger der Sozialdemokratischen Partei und diverser liberaler Anliegen. Alle wichtigen Entscheidungen traf er allein, aber er war einer der ersten Geschäftsleute, die am Hauptsitz des Unternehmens etwas für die Gesundheit ihrer Angestellten taten. Er ließ z. B. einen Swimmingpool bauen und stellte einen Sportraum zur Verfügung. Während er den kleinen Verlag zu einem der größten Lehrbuchhäuser Deutschlands ausbaute, pflegte er Freundschaften mit den »richtigen« Leuten. Zugleich konnte man auf seinen informellen Abendessen einen in Schwierigkeiten geratenen jungen Lehrer aus Polen ebenso antreffen wie einen älteren Intellektuellen, der aus dem Exil nach Deutschland zurückgekehrt war. Er hasste alle Kriege. Kein Wunder, dass er Lessing liebte.

Sein Zeitgenosse Aaron Salomon Gumperz sagte über Lessing, er bringe Klarheit in jeden Wissenszweig. Diese Klarheit kam meiner Meinung nach all jenen zugute, die versucht haben, Lessings Erbe zu bewahren, von seinen frühen Verfechtern bis hin zu denen, die sich heute in der Lessing-Gesellschaft um das *Lessing-Jahrbuch* scharen. Der Geist Lessings hat uns alle geprägt.

Es ist kaum verwunderlich, dass Exil und Exilliteratur im Laufe der Zeit mein zweites Spezialgebiet wurden. Meine Zeit in Uniform und mein überstürzter Umzug nach New York, als ich um eine Stelle bei der *New York Times* nachsuchte, waren meine Eintrittskarten in eine andere Welt gewesen, eine Welt in Entstehung, ein Potpourri von »unvollendeten Geschichten«, um den Titel eines Exil-Dramas der Autorin Sybille Pearson zu zitieren. Durch meine Tätigkeit in Camp Ritchie war ich Stefan Heym begegnet, einem deutschen Autor im Exil; durch meinen Freund Karl Frucht hatte ich eine ganze Schar von Künstlern und Schriftstellern kennengelernt, zum Beispiel den Maler George Grosz und den Schriftsteller Walter Mehring. Ich schaute in den Spiegel und fragte mich: War ich nicht schicksalsbedingt einer von ihnen? Jedenfalls dann, wenn ich mit einem gerüttelt Maß an Übermut auf in mir schlummernde Talente zählte?

Anflügen von Selbstüberschätzung versetzte meine Freundin Hertha Pauli rechtzeitig einen Dämpfer. Nachdem ich zum Feuilletonredakteur der Hofstra-Universitätschronik aufgestiegen war, stach mich der Hafer. Von Eitelkeit verlockt, begann ich zu dichten und hatte die Kühnheit, Hertha die Ergebnisse zu zeigen. Sie ließ mich ihr Urteil wissen, indem sie aus einem Regal eines ihrer Bücher herauszog und mir eine Widmung hineinschrieb: »Für einen sehr begabten Redakteur«. Ich verstand.

Nicht viel besser erging es mir, als sie mich zu einem Konzert mit ihrem Onkel, dem legendären Pianisten Artur Schnabel, in die Carnegie Hall mitnahm. Ich hatte sie gebeten, mich mit Schnabel bekannt zu machen; ich wollte Bemerkungen von ihm in eine Semesterarbeit für meinen Grundkurs in Musik einfügen. Vor dem Konzert hatte ich mich bis zum Abwinken über Schnabel zu informieren versucht. Schließlich stand ich mit Hertha vor dem großen Mann und hatte das Gefühl, mich lieb Kind machen zu müssen. »Gestatten Sie mir bitte«, sagte ich auf Deutsch, »ein oder zwei Fragen. Ich kenne natürlich Ihren Werdegang, Maestro. Sie kommen aus der Steiermark.«

Weiter kam ich nicht. »Immer langsam, junger Mann. Schlechte Recherche. Ich stamme aus Galizien. In der Steiermark jodeln die Menschen. Wir jodeln nicht.« Der große Mann hatte Sinn für Humor.

Mit solchen Anekdoten über Exilschriftsteller und -künstler – gern auch auf meine Kosten – würzte ich meine Exilkurse und -seminare. Es lohnt, die Persönlichkeiten der Exilanten in Forschung und Lehre lebendig werden zu lassen: Forschung über ihre Lebensumstände bringt Gewinn, da gerade die individuellen Mühen der Flucht und des Exils oft die Kreativität in den Vertriebenen freisetzten. Und in der Lehre förderte dieser subjektive Ansatz das Bestreben meiner Studenten, sich tiefer in die Exilliteratur einzuarbeiten.

Ich begann mich zu fragen, warum viele der Exilautoren, die ich kennengelernt hatte, in amerikanischen Publikationen kaum erwähnt wurden. Und ich kam zu der Überzeugung: Wir müssen die Schriften derer bewahren, die versuchten, die abgeschnittene deutsche Kulturtradition in ihren Asylländern wieder aufleben zu lassen. Wohl jeder Exilforscher hat einen eigenen Ausgangspunkt für seine Studien. Ich selbst kann mich gut in die Gefühlswelt jüngerer Exilanten hineinversetzen: Viele von ihnen fühlten sich gerade dann als Exilanten, wenn sie ihre Heimatstadt in Deutschland besuchten oder dorthin zurückkehrten. Eine allmähliche Entfremdung hatte sich eingestellt. Oder anders ausgedrückt: Die Welt, in der wir aufgewachsen waren und die wir geliebt hatten, hatte eher uns verlassen als wir sie.

Meine langgehegte Vision einer zweisemestrigen Lehrveranstaltung über das Schreiben im Exil konnte ich verwirklichen, als ich Institutsdirektor der Germanistik an der Universität von Cincinnati wurde und den Gegenstand dieser Exilstudien bestimmen konnte. Das ließ sich auf eine einfache Formel bringen. Exilliteratur, so pflegte ich es darzustellen, umfasst die Werke von Autoren, die von Gewaltherrschern und Diktatoren aus ihren Heimatländern vertrieben wurden. Zunächst wurde diese Arbeitsdefinition nur auf jene Männer und Frauen angewandt, die von den Nazis verfolgt worden waren. Später weiteten wir unsere Perspektive global aus. Wir schlossen auch diejenigen ein, die sich in ihren Ländern im Untergrund versteckt hielten oder von den Machthabern noch toleriert wurden, weil sie Selbstzensur ausübten. Immer noch ist die Diskussion nicht abgeschlossen, ob freiwillige Auswanderer sowie Autoren, die sich in die »innere Emigration« begeben haben, in den ehrenhaften Kreis der Exilschriftsteller gehören. Das Problem wurde mir bewusst nach einem Gespräch mit dem afroamerikanischen Schriftsteller James Baldwin. Er lehnte die Bezeichnung »Auswanderer« ab, die nach seinem Wechsel nach Paris auf ihn angewandt wurde. »Ich wurde vertrieben«, sagte er. »Eine Minderheit von Rassisten raubte mir meine Kreativität, während ich in den USA lebte.« Auch die Tyrannei einer Gruppe von Ideologen kann einen schöpferischen Menschen dazu veranlassen, einen Zufluchtsort zu suchen.

Einige Kollegen nennen mich, vermutlich wegen meines etwas vorgerückten Alters, den »Nestor der Exilforschung«. Ich muss diese Bezeichnung ablehnen, nicht nur, weil der Nestor der *Ilias* an Sprechdurchfall leidet, sondern auch, weil meine Kollegen und ich die Exilforschung nicht erfunden haben. Es überrascht nicht, dass die ersten Deuter des Exils die Exilanten selbst waren. Als ich mit meinen Forschungen begann und an Foren und Konferenzen teilnahm, waren stets auch etablierte Schriftsteller, verbannt aus deutschsprachigen oder von den Nazis dominierten Ländern, anwesend, was die Teilnahme besonders spannend machte. Auf einer Tagung in Stockholm kam ich ins Gespräch mit Carl Zuckmayer, dem Autor eines der erfolgreichsten Nachkriegsdramen, *Des Teufels General*. In Wien traf ich den Schriftsteller Günther Anders, einen bekennenden Pazifisten. Auf meinem eigenen Campus in Cincinnati erlebte ich Hilde Spiel, eine eloquente Romanschriftstellerin, die über die Nazi-Vergangenheit schrieb. Und in Kopenhagen begegnete ich Wieland Herzfelde. Den kreativen Schriftstellern folgten etablierte Gelehrte, oft selbst Exilanten. Einer der frühesten Vorkämpfer der Exilforschung war Walter Berendsohn, der seine Exiljahre im schwedischen Bromma verbracht hatte.

Was trug meine Generation zur Exilforschung bei? Ich möchte beispielhaft eine Gruppe von drei begeisterten Wissenschaftlern schildern, zu der ich selbst gehörte. Wir fanden uns und arbeiteten eng zusammen: John Spalek, ein gebürtiger Pole, Joseph Strelka, ein Einwanderer aus Österreich, und ich, der Flüchtling aus Deutschland. Wir durchforsteten nicht nur bestehende Archive wie das New Yorker Leo-Baeck-Institut, sondern auch private Bestände. Auf einer Party traf ich ein Ehepaar, das mir in aller Ahnungslosigkeit erzählte, dass sie und Bekannte von ihnen ganze Bündel von Briefen prominenter Exilschriftsteller besaßen. Diese Korrespondenz wurde zum Wasser auf meine Artikel-Schreibmühle. John Spalek begann ein mehrbändiges Kompendium, in dem jeder ihm bekannt gewordene Exilant in den Vereinigten Staaten in einem umfassenden Artikel vorgestellt wurde. Er hatte wenig Mühe, Beiträger zu gewinnen. Über ein neues Genre von Literatur zu arbeiten, war für viele Kollegen verlockend. Wir gründeten die Amerikanische Gesellschaft für Exilstudien. Sie steht immer noch in voller Blüte und hat die Gründung ähnlicher Organisationen in anderen Ländern angestoßen.

Wenn ich mich wieder einmal in die Korrespondenz aus dieser Zeit versenke – Briefpost natürlich –, kann ich unsere Aufregung von damals spüren. Es war wie auf jedem neuen Gebiet: Wir hatten so viele Fragen, so wenige Antworten. Es gab allgemeine Probleme: Wann enden die Exiljahre eines Autors? Welche charakteristischen Themen sind kennzeichnend für

Exilliteratur? Trauer über die verlorene Heimat etwa begleitete die Exil-Dichtung von der Zeit der babylonischen Gefangenschaft der Juden (»An den Wassern zu Babylon saßen wir
und weinten«) bis zum modernen, hellsichtigen deutschen
Schriftsteller Karl Wolfskehl, der ausrief: »Ich friere wo im an-
dern Ozean: Fremd mut ich, muten mich die Menschen an.«
Wir wollten konkrete Rätsel lösen: Warum beging Stefan Zweig,
einer der weltweit berühmtesten Exilschriftsteller aus Österreich, der in Brasilien sicher war und geschätzt wurde, Selbstmord? Warum ordnete Joseph Goebbels an, den Journalisten
Theodor Wolff zu entführen, nachdem dieser in Frankreich
Asyl gefunden hatte? Warum wurde ein Exilroman von Sala-
mon Dembitzer erst vierzig Jahre nach seiner Fertigstellung veröffentlicht? Und wie gelang es der mutigen Martha Feuchtwanger, ihren Ehemann, den Romanautor Lion Feuchtwanger, aus
einem französischen Internierungslager zu schmuggeln? Einige
dieser kniffligen Fragen konnten wir beantworten.

Um meine wissenschaftliche Arbeit zu veranschaulichen,
will ich zwei meiner Lieblingsthemen herausstellen. Gelegentlich habe ich in fremden Revieren gewildert. Wenn ich jemanden verantwortlich machen kann für einen solchen Abstecher,
dann ist es die Bühnen- und Filmschauspielerin Lotte Lenya,
Witwe des Komponisten Kurt Weill und wohl größte Interpretin
seiner Lieder. Sie zog mich in ihren Wirkungskreis, in die Welt
der Musik. Mein Freund und Kollege Gustave Mathieu und ich
hatten aus Kurt Weills Korrespondenz über sein Musikdrama
*The Eternal Road* eine Chronik destilliert, die die abenteuerliche
Entstehung des Werkes nachzeichnete. Lenyas zweiter Ehemann, der Schriftsteller und Redakteur George Davis, mochte
besonders unser Kapitel »Geburt eines Broadway-Stückes«. Der
Beweis für das Einverständnis des Paares kam ein halbes Jahr,
nachdem wir die Chronik veröffentlicht hatten. Lenya war gerade von einer Reise nach Deutschland zurückgekehrt; in ihrem
Gepäck hatte sie die erste deutsche Aufnahme von Weills und

Brechts polemisch-satirischer Oper *Aufstieg und Fall der Stadt Mahagonny*. Lenya hatte in Berlin eine herausragende Besetzung zusammengestellt – eine der Hauptrollen, die der Prostituierten Jenny, übernahm sie selbst. Am Telefon eröffnete mir George Davis, Lotte und er haben mich ausgewählt, die erste englische Übersetzung des Werkes zu erarbeiten. Sie solle zusammen mit einer Langspielplatte von Columbia Masterworks in einer umfangreichen Broschüre herauskommen. Ich war begeistert – auch davon, dass mich das Paar kurz danach beauftragte, für ein früheres Werk, *Die Dreigroschenoper*, eine neue Nachdichtung zu verfassen, dazu eine Synopse sowie wissenschaftliche Kommentare. Ich war kein Musikwissenschaftler, aber ich stürzte mich in die Arbeit. An Stellen, die mich überforderten, löcherte ich Kollegen vom Musik-Department an der Columbia University mit Fragen.

Lotte Lenya, George Davis und ich wurden enge Freunde. Diese kostbare Freundschaft endete nicht mit Georges Tod, sie hielt auch an in Lenyas dritter Ehe mit dem Maler Russell Detwiler. Lotte kam zur Bar Mizwa meines Sohnes, besuchte FLES-Klassen (Foreign Language in Elementary School/Fremdsprachen in der Grundschule), die ich an einer Grundschule mitbegründet hatte, und führte Regie bei einer Truppe von Laiendarstellern, als unser Germanistisches Institut Weills achtzigsten Geburtstag im größten Hörsaal der Universität feierte. Es machte Freude, mit ihr zusammen zu sein. Als wir beide in Bayern waren, beschlossen wir, die Witwe von Georg Kaiser zu besuchen, der vor der Machtübernahme der Nazis einer der bekanntesten Dramatiker Deutschlands gewesen war, und durch den sie Kurt Weill kennengelernt hatte. Lenya bat mich auch, sie zu ihrem Auftritt am triumphalen Eröffnungsabend des Musicals *Cabaret* zu begleiten, wo ich mehrere ihrer Schauspielerkollegen kennenlernte. Wir trafen uns zufällig in Wien, wo sie mir anvertraute, dass sie gerade zugestimmt hatte, Russell Detwiler zu heiraten. »Ist das nicht etwas plötzlich?«, fragte ich taktvoll. Lotte antwortete: »Na ja, wenn dir jemand Tag und Nacht Anträge macht, was soll man da antworten?«

Während dieses Aufenthalts in Wien hatte sie auch ihre berühmte Auseinandersetzung mit der Besitzerin eines Wiener Gemüsestands. Als sich Lenya als sehr wählerisch herausstellte, beschimpfte die Frau sie in einem proletarischen Dialekt, der für jeden Fremden unverständlich war, aber Lenya verstand alles. Sie antwortete in der gleichen derben Mundart, die sie noch aus ihrer Kindheit kannte. Die Frau entschuldigte sich: »Woher sollte ich wissen, dass die Dame im Pelzmantel eine von uns ist?«

Der eindeutigste Beweis für Lenyas Vertrauen in mich kam, als sie mich bat, dem Vorstand der Kurt Weill Foundation for Music beizutreten, die sie kurz zuvor gegründet hatte. Ihre Wahl von Professor Kim Kowalke zu ihrem Nachfolger war hervorragend; dass sie mich ausgewählt hatte, führte dazu, dass meine Freizeitlektüre sich der Musik zuwandte. Ich lernte, wie man einen Klavierauszug liest, begriff einen »verminderten Quintakkord« und lernte musikalische Neuerer wie Stockhausen, Schönberg und Glass schätzen. Bis heute bin ich ein enthusiastischer Musikhörer und nach wie vor ein begeistertes Vorstandsmitglied der Kurt Weill Foundation for Music. Das führt immer wieder zu spannenden Einsätzen. So musste ich etwa während meiner Gastprofessur in Potsdam häufig Abstecher nach Chemnitz unternehmen: Ich habe bei der Wiederbelebung und deutschen Erstaufführung von Weill/Werfels Bibeldrama *Der Weg der Verheißung* am Chemnitzer Opernhaus mitgeholfen. Bis heute hat die Foundation viele weitere Aktivitäten unternommen, darunter vor allem einen jährlichen Lotte-Lenya-Wettbewerb, der die Gesangskarrieren einiger herausragender Künstler im In- und Ausland begründete.

Ich habe in anekdotischer Weise einzelne Höhepunkte herausgegriffen, die mit meinen fünfzig Jahren Lehre und Wissenschaft einhergingen. Doch diese Chronik ist natürlich alles andere als vollständig. Eine bedeutende Auslassung gibt es unter den aufgezählten Vorbildern. Denn zu ihnen gehört meine Frau Judy. Wenn ich im Ausland unterrichtete, stieg Judy hin und wieder in ein Flugzeug und überraschte mich, indem sie bescheiden in meinem großen Hörsaal saß. Einmal drehte ich den Spieß um. Ich hatte die Einladung angenommen, vor einigen Klassen meines ehemaligen Gymnasiums in Hildesheim zu sprechen. Judy war ein paar Stunden zuvor eingetroffen, und ich sagte: »Du hast einen viel besseren Draht zu den Gymnasiasten als ich. Unterrichte du sie doch.« Das tat sie vorbildlich. Die Schüler ließen sie erst nach einer Zugabe von einer halben Stunde gehen.

Als mein achtzigster und ihr sechzigster Geburtstag nahten, inspirierte sie das zu einer gigantischen Verschwörung, die mit höchster Präzision hinter meinem Rücken geplant wurde. Unter dem Vorwand, dass wir unsere Geburtstage zusammen mit ihrem Bruder und dessen Freundin in einem Hotel mit exquisiter Küche feiern würden, chauffierte sie uns in einen noblen Vorort von Detroit. Verdächtig war, dass sie mit mir durch den allgemeinen Speisesaal auf einen abgetrennten Raum im hinteren Teil des pseudobarocken Gebäudes zusteuerte. Ich öffnete die Tür, und meine Knie gaben nach. Familie und Freunde hatten sich versammelt und waren von zwei Kontinenten angereist. Meine Cousine zweiten Grades, Renée, und ihr südamerikanischer Lebensgefährte waren aus der Schweiz gekommen; meine Cousine Marianne aus New York; mein Kollege Leo Fiedler war aus Deutschland da und hatte das Mammutmanuskript einer Rede bei sich, das er kürzen musste; meine Kollegen aus früheren und gegenwärtigen Beschäftigungen feierten ein Wiedersehen und mischten sich unter das Kollegium von Judys Gymnasium. Ihr Direktor war ebenso zugegen wie mein Universitätspräsident, dazu mindestens zwei Dutzend Verwandte meiner Frau, der Verschwörerin. Auch der deutsche Generalkonsul war unter den Gästen, ein Mann, den ich bewunderte, weil er bei Bedarf die Diplomatie vergaß und Klartext redete. Judy und ich hatten noch gar nicht alle umarmt, als wir meisterliches Klavierspiel hörten. Es kam nicht von einem der üblichen Wirtshausmusikanten, sondern von meinem bewunderten Kollegen, Professor James Hartway, einem Komponisten und Klaviervirtuosen. Wie wir uns später erinnerten, wurde mit jedem Händedruck, jeder Umarmung ein Abschnitt unserer Vergangenheit lebendig, glückliche wie tragische Momente. Mariannes Anwesenheit rief Gedanken an Auschwitz wach, die von Renée beschwor die unglaubliche Schönheit des Lago Maggiore, an dem sie lebte. Es wäre unmöglich, all unsere Assoziationen hier aufzuzählen.

Leider stellte sich heraus, dass es Judys letzter runder Geburtstag war. Vier Jahre vor diesem freudigen Ereignis erhielt sie eine schreckliche Diagnose: entzündlicher Brustkrebs. Wir haben zusammen dagegen angekämpft: Ich, ihr Bruder, ein prominenter Arzt, und vor allem Judy selbst. Wir besuchten Krebszentren im In- und Ausland: unsere örtlichen Kliniken, Karmanos und Beaumont, Sloan-Kettering in New York und, Judys Instinkt folgend, onkologische Kliniken in Freiburg und Hinterzarten. Im täglichen Leben ignorierte Judy ihre Krankheit und – wie soll man das ausdrücken? – widersetzte sich dem Gedanken ans Sterben. Sie eilte von der Chemotherapie in den Unterricht, und noch in den letzten Monaten ihres fünfjährigen Kampfes konzipierte sie einen neuen Kurs, »Moderne amerikanische Geschichte in Spielfilmen«. Kurz vor ihrem Tod hatte sie ihre Hoffnung auf ein weiteres Behandlungszentrum gerichtet.

Judy starb am 29. Juni 2003. Verwandte, Freunde, Lehrer und Schüler der Kimball High School kamen zur Beerdigung. Rabbiner Schwartz, der uns getraut hatte, sprach zu Herzen gehend am offenen Grab. Vieles über Judy, das ich hier erzählt habe, war auch in seiner Trauerrede enthalten.

Ich vermisste Judy, sogar ihre Unzulänglichkeiten. Ich glaube, es war ihr verhasst, eine festgesetzte Zeit einzuhalten. Einmal versäumte sie sogar einen Flug. Das kollidierte mit meiner preußischen Pünktlichkeit. Und sie war eine Sammlerin. Unsere zahlreichen Schränke boten nicht genug Platz, ihre Kleidung unterzubringen, und unser geräumiger Keller war voll mit ihrer Schmuckkollektion, das meiste davon Modeschmuck. Das überschnitt sich mit einem meiner vielen Mängel. Kleidung war mir meist gleichgültig, aber bis heute klammere ich mich an Dokumente, Papiere und andere Gegenstände, die nach dem Papierkorb schreien.

Abgesehen davon, galten wir als Musterbeispiel für eine vollkommene Ehe und waren es auch tatsächlich. In einer Zeit, in der andere Spielarten des Zusammenlebens modisch wurden, blickte ich voller Trauer auf Judy und unsere konventionelle Ehe zurück. Ich war sicher, dass ich nicht wieder heiraten würde. Doch die Achterbahn des Lebens und der Liebe verlief anders.

Im Frühling 2004 war ich, wie so oft, zu Gast bei Ute und Dieter Blanke in Herford. Ich hatte Ute und Dieter, damals Stadträtin und Rechtsanwalt, etwa zehn Jahre zuvor kennengelernt, als Ute die treibende Kraft bei Herfords Bemühungen war, die überlebenden ehemaligen Mitglieder ihrer einst blühenden jüdischen Gemeinde einzuladen. Ich war als Begleiter meiner Cousine Marianne mitgekommen, die nicht mehr in der Lage war, allein zu reisen. Sie war in Herford auf eine jüdische Schule gegangen, nachdem jüdische Kinder ab 1937 keine öffentlichen Schulen mehr in und um Herford besuchen durften. Während dieses Wiedersehens, mit vielen Veranstaltungen im Haus der Blankes, entdeckten wir eine ganze Reihe von gemeinsamen Interessen. Aus einer zufälligen Begegnung wurde im Laufe des Jahrzehnts eine enge Freundschaft, und ich betrachtete mich fast als ein Mitglied der Familie von Ute, Dieter und ihren drei Söhnen, die zusehends aus dem Jugendalter herauswuchsen. Nun saßen Ute und ich uns in einem Café gegenüber. Wir genossen Kaffee und Kuchen. »Ute«, sagte ich, und gestand dieses Gefühl zum ersten Mal, »ich trauere nun schon seit etwa einem Jahr um Judy. Ich glaube, ich bin bereit für eine weitere ernsthafte und dauerhafte Beziehung«. Am nächsten Tag traf ich Susanna. Und das verlangt ein eigenes Kapitel, denn mit diesem Treffen wurden Leben und Schreiben eins.

# KAPITEL 9

## Susanna

»Es war bashert«, würden unsere jiddischsprechenden Freunde ausrufen, und das bedeutet nicht »Da haben wir die Bescherung«, sondern »Das war vom Schicksal vorherbestimmt«. Als glühendem Liebhaber amerikanischer Musicals fallen mir vertraute Worte aus Rodgers und Hammersteins *South Pacific* ein, wenn ich an unsere erste Begegnung zurückdenke. Dass ich an einem verzauberten Abend eine Fremde am anderen Ende eines überfüllten Raumes zu Gesicht bekommen sollte, wurde für mich wahr in der westfälischen Stadt Minden, einem Ort, den ich seit meiner Kindheit kannte. Nur wenige Kilometer entfernt liegt Vlotho, Wohnsitz meiner Großeltern und Geburtsort meiner Mutter. Als ich klein war, nahm mein Onkel Max mich häufig mit auf seine Geschäftsreisen von Vlotho nach Minden. In jener Zeit war Autofahren ein ganz besonderes Vergnügen für ein Kind, daher erinnere ich mich gut daran. Zurück in die Jetztzeit: Mein Freund und Kollege Professor Wolfgang Hempel, der aus Minden kommt (das Schicksal klopft an), organisierte für mich eine Einladung der Mindener Literarischen Gesellschaft zu einem Vortrag. Das sollte nur ein Zwischenstopp bei einer ausgedehnten Vortragsreise durch Deutschland und Holland sein.

Ich sprach über »Das Deutschlandbild in der zeitgenössischen amerikanischen Literatur«; das Thema hatte viele Zuhörer angezogen. In der zweiten Reihe erspähte ich eine sehr hübsche Frau, und ich muss gestehen, dass ich mich bei einigen Redeabschnitten in ihre Richtung wandte. Sie war ganz Ohr und stimmte erfreulicherweise ungehemmt in das Lachen ein, das meine Scherze beim Publikum hervorrief.

Nach meinem Vortrag wurden einige kompetente Fragen gestellt, eine auch von der Frau, die meine Aufmerksamkeit erregt hatte. Die Gastgeberin des Abends, eine beeindruckende Persönlichkeit, Gattin eines evangelischen Geistlichen, kam am Ende der Veranstaltung ans Rednerpult, sprach lobende Worte und überreichte mir gleich mein Honorar. Dann fragte sie mich, ob ich Lust auf einen Empfang habe, der zu meinen Ehren in kleinem Kreis in einem Restaurant stattfinden sollte. Ich wusste, wie es bei solchen Gelegenheiten todsicher zugeht: förmlich und steif. Sie spürte mein Zögern und schlug etwas anderes vor: »Es ist so ein herrlicher Abend! Vielleicht möchten Sie lieber auf unserer Veranda einen Prosecco trinken?« »Natürlich – gehen wir zu Ihnen«, erwiderte ich.

Zu meiner höchsten Freude hatte Frau Hirschberg auch die Dame aus dem Publikum dazugebeten, die, wie sich herausstellte, Schriftstellerin war. Sie hatte am Abend zuvor aus ihren Kurzgeschichten gelesen. Kurz nach meiner Ankunft wurden Knabbereien und Getränke gereicht – und dann nahm das Schicksal seinen Lauf! Der Schriftstellerin wurde ein Platz gleich neben mir zugewiesen. Sie stellte sich als Susanna vor. Sie hatte blonde Haare, grüne Augen und ein hinreißendes Lächeln.

Wir begannen uns zu unterhalten; die Themen waren bunt gemischt. Ich erwähnte Kurt Weill, und sie sagte, wie sehr sie sich für die *Dreigroschenoper* begeistere. Sie warf mir eine Anspielung auf Thomas Manns Roman *Doktor Faustus* zu, ich schoss mit einem Zitat aus diesem Meisterwerk zurück. Und so ging es den ganzen Abend. Wir kümmerten uns ganz ungeniert nur um einander. Mit jeder Minute spürte ich stärker, dass sich gerade etwas ganz Besonderes ereignete.

Als ich Susanna zu ihrem beruflichen Werdegang befragte, erzählte sie mir, sie habe einige Jahre lang Jura studiert, sei dann aber zu Sprachlehrforschung gewechselt. Ihre Nebenfächer an der Uni waren Amerikanistik und Geschichte Nordamerikas gewesen – wie praktisch für eine weitere Annäherung! Nachdem sie in den 90er Jahren an einer Universität gearbeitet hatte, besuchte sie eine Journalistenschule und wurde Rundfunkredakteurin. In ihrer Freizeit schrieb sie Kurzgeschichten und Gedichte, von denen viele anschließend in bekannten Magazinen veröffentlicht wurden. Als freie Mitarbeiterin bei einer Rundfunkanstalt rezensierte sie zudem viele Bücher, etwas, das sie bis heute gern tut.

Irgendwann während unserer Unterhaltung erwähnte ich, dass ich meinen Ehering aus Achtung vor meiner verstorbenen Frau trage. Susanna sagte, dass sie seit vielen Jahren geschieden sei.

Wie ich später erfuhr, wollte sie eigentlich gar nicht zu meinem Vortrag kommen, aber ihr guter Freund und Gastgeber, Gottfried Weidelhofer, hatte sie dazu überredet: Dieser amerikanische Professor sei vielleicht doch nicht allzu einschläfernd.

Am Ende des Abends standen wir auf und umarmten uns. Susanna bot an, Wolfgang Hempel und mich zu unserem Hotel zu fahren. Auf dem Weg zu ihrem Auto begann ich, eine Arie aus Mozarts *Don Giovanni* zu summen, »Reich mir die Hand, mein Leben«. Obwohl ich die Melodie nur summte, merkte Susanna sofort an, dass dies ein zauberhaftes Lied mit besonders schönem Text sei. »Ich wusste, du würdest mich verstehen«, rief ich beglückt aus und fügte hinzu »Ich muss dich wiedersehen! Kannst du morgen zum Frühstück in mein Hotel kommen?« Strahlend stimmte sie zu.

»Wie hast du geschlafen?« fragte ich Susanna am nächsten Morgen in der Hotellobby. »Wie ein Stein«, gab sie zur Antwort. Plötzlich platzte sie heraus: »Das muss ich zurücknehmen –

ich habe die ganze Nacht kein Auge zugemacht. Der Abend war einfach zu aufregend!« Es machte mich froh, das zu hören. Ich lobte ihre Aufrichtigkeit, ergriff ihre Hand und führte sie zu unserem Tisch – oder besser gesagt, zu meinem Tisch, da Wolfgang diskreterweise nicht zum Frühstück auftauchte. Als wir uns setzten, ließ ich ihre Hand nicht los, sondern schaute ihr tief in die Augen und machte freudig ein Geständnis, das mein Leben verändern sollte: »Ich liebe dich.«

Sie starrte mich ungläubig an. »Du verschwendest aber auch keine Zeit, oder?«

»Nein, nicht in meinem Alter.«

Sie blickte mich für eine gefühlte Ewigkeit an und sagte schließlich »Ich liebe dich auch.«

»Heute morgen muss ich den Zug nach Amsterdam nehmen, komme aber nächste Woche zurück nach Deutschland, genauer gesagt, nach Heidelberg. Meinst du, wir könnten uns wiedersehen?«

Erneut stimmte Susanna zu.

Nachdem sie Wolfgang und mich am Bahnhof abgesetzt hatte, rief Susanna ihre Mutter Ingrid in Bochum an, wie sie mir später gestand. Sie habe den Mann ihres Lebens getroffen, sagte sie ihr. Auf die frühere Ehe ihrer Tochter anspielend, antwortete Ingrid nur: »Schon wieder?«

Eine Woche später sah ich Susanna in Heidelberg wieder, Deutschlands romantischster Stadt. Zwei Monate später kam ich erneut nach Deutschland, diesmal, um Susanna zu besuchen, und hatte nun auch Gelegenheit, ihre wunderbare Mutter kennenzulernen. Sie hatte jahrzehntelang als Erzieherin gearbeitet. Von Anfang an verstanden wir uns sehr gut. Als Susanna sie später fragte, was für einen Eindruck sie von mir habe, antwortete sie reizend, aber unverblümt: »Das ist ein sehr netter, liebenswerter Mann. Aber mir wäre er zu alt!«

Unser erster Urlaub führte uns nach Frankreich, wo wir bei einem Freund von mir unterkamen, bevor wir nach Österreich weiterreisten. Der Vorstand der Kurt Weill Foundation of Music war zum Bregenzer Musikfestival eingeladen worden, bei dem Weills frühe Werke aufgeführt wurden. Weder Susanna noch ich hatten jemals dieses Festival besucht, das eine der spektakulärsten Bühnen der Welt besitzt. Entzücken ergriff uns, als wir die Freilichtbühne sahen, die bis in den Bodensee hineinragt.

Wie es sich für mich, damals Sekretär der Stiftung, die Kurt Weills Namen trägt, geziemte, empfand ich die Vorführung von *Die sieben Todsünden* als Höhepunkt einer Woche voller Liebe und Musik. Susanna, die *West Side Story* mehrere Male gesehen und als Kind freudig eine Schallplatte mit dieser Musik »dirigiert« hatte, erklärte, sie könne sich keine hinreißendere Aufführung vorstellen als jene in Bregenz. Dieses Erlebnis war für uns zwei Musikliebhaber pure Glückseligkeit!

Die Reise gab Susanna auch Gelegenheit, meine wenigen Familienmitglieder kennenzulernen. Meine Neffen zweiten Grades, Mario und Claudio Stern, deren Vater Heinz und Großvater David klugerweise Nazi-Deutschland verlassen hatten und nach Argentinien ausgewandert waren, hatten Anstellungen als Physiker und Ingenieur am Europäischen Patentamt in München gefunden. Sie genossen die Bregenzer Festspiele mit uns.

Das Abenteuer wechselseitiger Entdeckung begleitete die Zeit unserer jungen Liebe auch weiterhin. Zu Hause nahm ich jeden Sabbat in derselben Synagoge an Bibelstunden teil, in denen erörtert wurde, was diese Texte uns heute zu sagen haben. Als Susanna mich im Dezember 2004 für drei Wochen zwecks besseren Kennenlernens besuchte, gehörten diese Treffen zu den ersten Aktivitäten, zu denen ich sie mitnahm. Wie geplant, verbrachten wir einige Tage im Großraum Detroit und begaben uns dann von Miami aus auf eine Karibik-Kreuzfahrt. Auf dieser Reise entdeckten wir nicht nur die Schönheit karibischer Inseln, wir lernten auch viel übereinander. Ich fand heraus, dass Susanna eine großartige Tänzerin ist – ihre Meisterschaft im Salsa-Tanz ließ manchen Mund im Saal offen stehen.

Auch bemerkte ich, wie leicht sie mit vielen Passagieren ins Gespräch kam, und dass sie bei Landausflügen exotische Pflanzen, einheimische Gebräuche und architektonische Sehenswürdigkeiten entdeckte, die mir gar nicht aufgefallen wären. Sie hat viel Humor und hätte auch Komikerin werden können. Über mich lernte sie, dass ich jedes noch so exotische Meeresfrüchtegericht kannte, das uns serviert wurde. Erst viel später ließ ich sie wissen, dass ich diese Kenntnisse nicht als Gourmet oder Mann von Welt erworben hatte, sondern lange Zeit Kellner in einem Fischrestaurant gewesen war. Zu ihrem noch immer anhaltenden Leidwesen entdeckte sie auch, dass ich ein gewaltiger Schnarcher bin – meistens in C-Dur.

Während wir auf den stillen Wassern der Karibik umherschipperten oder das Unterwasserleben beobachteten, ereignete sich im Indischen Ozean der verheerendste Tsunami aller Zeiten.

Ein neuer Anreiz hatte sich nun für meine Reisen in die alte Heimat ergeben. Die Zufallsbegegnung mit Susanna war zauberhafter als alle vorherigen zufälligen Begegnungen. Ich erzählte meinen Detroiter Freunden von meinen Gefühlen, und als ich aus München zurückkehrte, wo sich Susanna und ich zuletzt getroffen hatten, eröffnete ich meinen engsten Freunden, sie sollten nicht erstaunt sein, wenn sie bald transatlantische Hochzeitsglocken läuten hörten. Manche Freunde riefen laut Hurra, andere befürchteten, jetzt sei ich völlig meschugge geworden: »Heiraten? Sie ist doch über vierzig Jahre jünger als du!« Im April 2005 beantragten wir ein US-Visum für Susanna, um im darauffolgenden Jahr heiraten zu können.

Kurz nachdem der Antrag eingereicht war, entspannten wir uns auf einer Reise durch Slowenien. Nach einigen Tagen in der bezaubernden Hauptstadt Ljubljana fuhren wir in ein Seebad. Danach erforschten wir die zweitgrößte Tropfsteinhöhle der Welt in Postojna, wie es lange vor uns schon Kaiser Franz I. von Österreich getan hatte. Wir entdeckten, dass in Slowenien – auch »Preußen des Balkans« genannt – Feingebäck hergestellt wurde, das genauso gut schmeckte wie im benachbarten Österreich. In diesem Sommer reisten wir auch nach Israel, zusammen mit Fred Howard, meinem Freund mit der Berliner Schnauze, dem Kumpel seit Kriegszeiten. Christian Bauers Dokumentarfilm *Die Ritchie Boys* war im Rennen, beim internationalen Jerusalem Film Festival 2005 ausgezeichnet zu werden. Der Abend begann mit einer Überraschung: Mehrere Personen, die mit den Filmen des Festivals zu tun hatten, waren von Israels amtierendem Ministerpräsidenten Ehud Olmert zu einer Gartenparty eingeladen worden. Zwei junge Israelinnen hatten angeboten, uns vom Hotel zur Party zu fahren. In ihrem Eifer setzten sie uns eine halbe Stunde zu früh ab. Herr und Frau Olmert ließen sich davon nicht aus der Ruhe bringen und waren äußerst liebenswürdig. Bis zum Eintreffen der anderen Gäste führten sie uns durch ihre Version des Weißen Hauses. Israels prominentestes Ehepaar unterhielt sich angeregt mit uns. Ehud Olmert stellte uns seine klugen Ideen für einen Friedensplan vor; dazu erfreuten wir uns an den künstlerischen Arbeiten seiner Frau und lauschten den scharfsinnigen Einsichten des Ehepaares über die Regierungschefs führender Staaten. Zuletzt feierten wir gemeinsam Christian Bauers Triumph: *The Ritchie Boys* wurde als bester Dokumentarfilm in der Kategorie »Jüdische Erfahrung« ausgezeichnet und gewann den Preis der Stadt Jerusalem.

Ein Jahr später reisten wir nach Minusio, nahe Locarno in der Schweiz. Renée Gelfer, die Tochter eines Cousins meiner Mutter, hatte uns eingeladen, einige Tage in ihrer Wohnung am malerischen Lago Maggiore zu verbringen. Als Kind hatte Renée den Holocaust überlebt, verborgen bei einer katholischen Familie in Belgien. Wir stehen uns bis heute sehr nahe.

Im Dezember 2005 wurde bei meiner zukünftigen Schwiegermutter Krebs diagnostiziert, nachdem sie schon zwölf Jahre lang gegen eine Autoimmunkrankheit angekämpft hatte. Als

Susanna im April 2006 endlich ihr US-Visum für Verlobte erhielt, eröffnete sie ihrer Mutter, sie werde sie nicht im Stich lassen, sondern lieber Auswanderung und Hochzeit verschieben, um in dieser schweren Zeit bei ihr zu sein. Ingrid, schon sehr geschwächt, protestierte energisch und teilte ihrem einzigen Kind den letzten Wunsch mit: Wir sollten wie geplant heiraten, und Susanna sollte erst danach zurückkehren und ihr zur Seite stehen. Schweren Herzens übersiedelte Susanna am 11. Mai 2006 nach Amerika; wir heirateten am 15. Mai. Nun hat das amerikanische Einwanderungsrecht eine eigenartige Bestimmung: Neuankömmlinge dürfen das Land für 90 Tage nicht verlassen, bei Zuwiderhandlung kann die erneute Einreise verweigert werden. Susanna versuchte sofort, eine Sondererlaubnis zu bekommen. Es dauerte aber zwölf Tage, bis diese eintraf – ihre Mutter war schon am 19. Mai gestorben. Dieser Verlust und auch der Tod meines Sohnes Mark zwei Monate zuvor überschatteten die Anfänge unserer Ehe, und Susanna brauchte viel Zeit, um sich an ihr neues Leben zu gewöhnen.

Als ich zwei Jahre später wieder in die Schweiz reiste, diesmal ohne Susanna, hatte ich eine weitere Zufallsbegegnung. Ich bin froh, dass es Zeugen dafür gibt – ansonsten würde das niemand glauben. Als ich eintraf, war Renées Wohnung schon voll mit Besuchern belegt. Aber meine Unterbringung ließ sich lösen: Renées Lebensgefährte Ernesto Moos hatte sein Appartement behalten; es war nur zehn Gehminuten von ihrer beeindruckenden Wohnung entfernt. Vergnügt zog ich ein. Nach einem Abend bei Renée im Kreis von Freunden und Familie wollte ich mich zur Nachtruhe begeben. Ich bin nicht gerade bekannt für guten Orientierungssinn, und so gab man mir zum Schlüssel für Ernestos Appartement auch eine ausführliche Wegbeschreibung. Ich brachte es fertig, mich innerhalb von zehn Minuten heillos zu verlaufen. Ich lief hin und her – vergeblich. Da erspähte ich ein Gebäude, das vielversprechend aussah. Die Klingelknöpfe am Eingang waren gut beleuchtet, aber es gab auf der linken Seite kein Schild mit dem Namen Ernesto Moos. Versuchen wir es mal rechts, ermutigte ich mich. Auch da kein Moos. Aber ein vertrauter Name sprang mir ins Auge. Ich konnte es nicht glauben: Buchstabe für Buchstabe stimmte er überein mit Susannas Mädchennamen, der keineswegs weit verbreitet ist. Es war zu spät, um zu läuten, außerdem musste ich meine vorläufige Unterkunft finden. Schließlich gelangte ich zu einem luxuriösen Hotel. Dort bestellte ich einen Drink und ein Telefon (ich habe kein Handy). Zehn Minuten später tauchte Ernesto mit seinem Volvo auf. Gleich erzählte ich ihm von meiner Entdeckung.

Am nächsten Tag rief ich Susanna an, berichtete vom Klingelschild mit ihrem Geburtsnamen und fragte, was wir machen sollten. Wie mit ihr abgesprochen, klingelte ich während meines Aufenthalts dort fortan täglich, leider erfolglos. Am letzten Abend schrieb ich schließlich einen Brief an den oder die Unbekannten und schilderte, wie überrascht wir waren und wie begierig, sie kennenzulernen. Nachdem ich das Schreiben in den Hausbriefkasten eingeworfen hatte, warteten wir auf eine Antwort. Monate gingen ins Land – meine Entdeckung hatte offenbar zu nichts geführt. Da traf aus heiterem Himmel eine E-Mail ein: »Tut uns leid, dass wir so spät antworten. Aber wir machen nur zweimal im Jahr Urlaub in Minusio. Wir leben in Deutschland. Lasst uns zusammenkommen!«

So geschah es ein Jahr darauf in Renées Wohnung. Als Susanna Dieter zum ersten Mal erblickte, fiel sie fast in Ohnmacht. Er sah aus wie eine ältere Version ihres verstorbenen Vaters. Es stellte sich heraus, dass Dieter aus derselben oberschlesischen Stadt kam, in der auch ihre Eltern geboren waren, Beuthen. Als Susanna dort nach dem Krieg zur Welt kam, hieß die Stadt Bytom und lag in Polen. Es gelang nicht, herauszufinden, ob und wie ein Verwandtschaftsverhältnis bestand. Da schlug Dieter vor, dass dies keine Rolle spielen solle: Lass uns einfach entscheiden, dass wir zur selben Familie gehören! Susanna war begeistert. Ihr sind Beziehungen sehr wichtig, und sie wendet viel Zeit und Energie auf für ihre Pflege. Das gilt um so mehr, als Susanna bis dahin nur mit einer Verwandten in regelmäßigem Kontakt stand, ihrer Cousine Joanna und deren Mann Christoph, die in Nürnberg leben. Auch ich habe die Konopinskis ins Herz geschlossen. Ihre Gastfreundschaft ist unvergleichlich. Wir treffen sie beinahe jedes Jahr.

Ein weiteres jährliches Reiseziel ist Stratford in der kanadischen Provinz Ontario, wo wir seit 2009 jedes Jahr eine Woche verbracht haben. Susanna war schon immer eine Theater-Liebhaberin, und das Stratford Festival (früher Shakespeare Festival genannt) bietet viel Gelegenheit, sich mit Weltklasse-Stücken verwöhnen zu lassen. Wir haben Glück – Freunde von uns aus Detroit, Elin und Barry Becker, haben dieses reizende kleine Städtchen als Altersruhesitz gewählt und sind Platzanweiser beim Festival geworden. Wir sind sehr dankbar für ihre Gastfreundschaft. Der Ausflug dorthin ist für Susanna der Höhepunkt des Jahres.

Wie soll ich die letzte Liebe meines Lebens beschreiben? Ich vergleiche sie, die Schriftstellerin, mit ihren meisterhaften Kurzgeschichten. Die scheinen auf glattem Fluss dahinzugleiten, und man vermutet, die Autorin werde an einem vorhersehbaren Hafen den Anker werfen. Aber das soll man ja nicht glauben! In Susannas Geschichten wie in ihrem Leben – nein: in unserem Leben – werden die Segel plötzlich anders gesetzt. Und man staunt! Beispiele dafür gibt es im Überfluss, hier nur eines: Vor einigen Jahren nahmen wir an der Weihnachtsfeier meines Instituts an der Wayne State University teil. Nahe dem Gebäude, in dem sie stattfinden sollte, sahen wir einen älteren Obdachlosen im Schnee sitzen. Susanna war am Boden zerstört. Nachdem alle Gäste eingetroffen waren, stieß sie einen lauten Pfiff aus und bat die Anwesenden um Aufmerksamkeit. Innerhalb von fünf Minuten hatte sie 70 Dollar eingesammelt und eine Tasche mit Essen gefüllt. Diese kleine Gabe händigte sie dem alten Mann aus, der vollkommen sprachlos war.

Sie ist nicht nur praktisch veranlagt, sondern auch handwerklich geschickt. Als sie nach Amerika kam, brachte sie ihren großen Werkzeugkasten mit, und sie repariert, abgesehen von der Elektrik, fast alles im Haus. In ihrem Umzugsgut war auch eine riesige Anzahl Bücher. Das ist ihre Schwachstelle: Obwohl wir gewissermaßen in einer Bibliothek leben, kauft sie immer noch Bücher.

Uns beiden ist körperliche Betätigung wichtig. Mein Leben lang bin ich geschwommen. Susanna bevorzugt das Spazierengehen. Sie geht schnell, aber sie nimmt ihre Umgebung aufmerksam wahr. Da gibt es kein Kraut, keinen blühenden Busch, keine Raupe und keinen Vogel, die ihr entgehen oder die sie nicht staunen lassen. Es vergeht kaum ein Tag, an dem sie von einem Spaziergang nach Hause kommt, ohne mindestens eine Münze gefunden zu haben.

Zu ihrer täglichen Routine gehört ein fünfzigminütiger Spaziergang durch unsere Wohnanlage. Dabei pflegt sie nervös die überaus aggressiven kanadischen Gänse im Auge zu behalten, die sich in den letzten Jahren bei uns ausgebreitet haben. Eines Tages machten die Gänse zum ersten Mal einen Ausflug in unsere Sackgasse: Etwa vierzig versammelten sich auf dem Rasen vor unserem Haus. Zu meiner Überraschung öffnete Susanna die Garagentür, griff sich einen großen Regenschirm und stürzte ihren Feinden entgegen. Dabei klappte sie den Schirm auf und zu, machte wilden Lärm, der das Tröten der erschrockenen Vögel übertönte. Zuletzt wurden die Gänse auf ihrem Flug Richtung kanadische Grenze gesichtet.

Seit 2016 spielt Susanna wieder Tischtennis und hat viel Freude daran, nachdem sie etwa vierzig Jahre pausiert hatte. Sie hat zwei Partner, und ihr geht es nur um das Spielvergnügen, egal, wer gewinnt; dabei habe ich ihr gesagt, sie brauche gar nicht nach Hause kommen, wenn sie verliere. Und wie gesagt, sie liebt es, zu tanzen, und Donnerwetter, sie hat Rhythmus. Was kann man sich noch mehr wünschen?

Als Susanna sich von ihrem ersten Ehemann, einem gut verdienenden Arzt, scheiden ließ, verzichtete sie auf Unterhalt. Vor unserer Heirat sagte sie mir, sie wolle nichts von mir erben. Sie begründete das damit, dass sie erst in mein Leben getreten sei, als ich bereits in meinen Achtzigern war, und außerdem habe ich ja einen Sohn. Immer wieder sah ich über die Jahre, dass Susanna lieber gibt als nimmt. Schnell fand ich heraus, dass sie von mir nichts geschenkt haben will. Wenn ich nur laut über ein Geschenk nachdenke, bringt sie das aus der Fassung. Stattdessen bittet sie mich manchmal darum, ein Buch zu lesen, das ihr gefällt. Wenn ich mir dafür Zeit nehme und dann mit ihr darüber diskutieren kann, fühlt sie sich reich beschenkt. Sie hat nichts dagegen einzuwenden – und ist eigentlich entzückt –, wenn ich ihr ein Gedicht schreibe. Wenn ich manchmal wage, ihr eine Kleinigkeit zu kaufen, etwa einen schönen Kalender mit Bildern von Eichhörnchen (ihrem Lieblingstier), ist sie sehr gerührt. Bevor sie zu mir in mein Haus in West Bloomfield einzog, äußerte sie nur eine Bitte: den Einbau eines Bidets. Ihr Wunsch wurde erfüllt.

Genau wie ich ist Susanna pünktlich wie ein preußischer Offizier, das scheint wohl eine deutsche Eigenart zu sein. Sie ist sehr schlagfertig, und wir bringen uns gegenseitig oft zum Lachen. Seit dem ersten Abend in Minden, als mir auffiel, wie klug, witzig, süß und erfindungsreich sie war, hat sie sich nicht verändert. Was ich damals noch nicht wusste, ist, wie liebevoll, fürsorglich und hochsensibel sie ist. Ich vermute, das ist die Konsequenz einer schwierigen Kindheit und Jugend mit einem verbitterten und sehr kranken Vater, der mit vierundzwanzig Jahren aufgrund einer verschleppten Hepatitis arbeitsunfähig geworden war. Das ermöglichte der kleinen Familie – Susanna ist Einzelkind – 1965 die Übersiedlung nach Deutschland, wo der Vater einer lebensrettenden Operation unterzogen wurde. Man sagte ihm, seine Lebenserwartung betrage höchstens zehn weitere Jahre. Das hatte gewaltige Auswirkungen auf die Familie. Seit früher Kindheit macht Susanna sich ständig Sorgen und leidet unter extremer Schlaflosigkeit. Sie lässt niemanden im Stich. Nach dem Tod ihrer Mutter übernahm sie es, deren frühere Arbeitskollegin in Polen zu unterstützen, eine Frau, die Susanna nur als Zweijährige, bis zu ihrer Auswanderung nach Deutschland, »gekannt« hatte. Aber sie schickte nicht nur Pakete und Geld. Viele Jahre lang, bis zum Tod der Frau 2017, schrieb sie ihr Briefe und rief sie an.

Wir besitzen natürlich eine Geschirrspülmaschine. Aber von Anfang an ließ meine Frau mich wissen, dass sie lieber selbst abspült. Sie sagt, das wärme ihre ständig kalten Hände, und außerdem könne sie dabei NPR (National Public Radio) und Hörbüchern lauschen. So viel zum Schicksal einer Spülmaschine, die schon seit vielen Jahren nicht benutzt wird. Stattdessen dient sie als Aufbewahrungsort für Kekse, Schokolade und Brot. Dunkler Schokolade und indischem Essen kann Susanna übrigens kaum widerstehen.

Selten werde ich so intensiv gefordert wie bei unseren Gesprächen. Sie sind unser tägliches Abendbrot und reichen von Weltpolitik bis zu der Raffinesse einer Komposition von Bach. An manchen Abenden lesen wir uns gegenseitig unsere Lieblingsgedichte vor oder singen zusammen. Als ich Susanna kennenlernte, entdeckte ich hocherfreut, dass sie viele Lieder und Liedtexte aus meiner Zeit kennt, besonders Lieder aus der Periode der Big Bands. Sie hat diese Art von Musik immer geliebt.

Und wie steht es um den Altersunterschied? Als wir heirateten, witzelte ich »Meine Frau ist halb so alt und doppelt so klug wie ich.« Natürlich geht diese Gleichung rein mathematisch nicht mehr auf. Aber Susanna revanchierte sich mit einem eigenen Aphorismus: »Ich fürchte, wenn ich fünfzig werde, wird er, mit seiner unbändigen Energie, mich gegen zwei Fünfundzwanzigjährige eintauschen.« Nun, ihr fünfzigster Geburtstag ist vorbei, und der Tausch hat nicht stattgefunden.

Zugegeben: Die ersten Ehejahre erforderten einige Anpassungen, da wir doch unterschiedlich erzogen sind: Mein Beharren auf männlichen Privilegien widersprach ihrem ausgeprägtem Sinn für Gerechtigkeit und Fairness (selbst, wenn es zu ihrem Nachteil ist). Ich neige zu diplomatischen Weitschweifigkeiten, sie ist jederzeit ehrlich und direkt. Ich vernachlässige oft mein äußerliches Erscheinungsbild, sie besteht hartnäckig darauf, dass sich Kleidungsstücke nicht beißen sollen. Und das sind nur einige Beispiele. Aber wir wissen, dass Meinungsverschiedenheiten überwunden werden können, wenn beide zu Kompromissen bereit sind. Das gelingt uns. Gottlob sind wir einig bei den großen Themen, die das heutige Leben so kompliziert machen können. Wir stimmen politisch überein. Wir leben nicht über unsere Verhältnisse. Wir sind einer Meinung, wenn es um Frauenrechte, gerechtes Einkommen, Verantwortungsethik, Umweltschutz und vieles mehr geht. Und wir lieben Wortspiele auf Deutsch – in der Sprache, die wir zu Hause sprechen und wenn wir unter uns sind. Dass wir beide den gleichen Sinn für Humor haben und schlagfertig sind, hilft uns, in einer Welt zurechtzukommen, die manchmal ihren Kompass verloren zu haben scheint.

Am 9. Juni 1944 betrat ich als Eroberer die Normandie. Am 9. Juni 2004 eroberte ich meine seelenverwandte Partnerin. Das Lied von Rodgers und Hammerstein, das den Auftakt zu diesem Kapitel bildet, endet mit der Mahnung, man solle die Richtige nie wieder loslassen, wenn man sie einmal gefunden hat.

An diesen Rat habe ich mich gehalten.

# KAPITEL 10

## Arbeiten jenseits der Neunzig –
## Ein Salut an das Holocaust Memorial Center

Als ich in den 90er Jahren gebeten wurde, Teil des wissenschaftlichen Beirats am Holocaustmuseum im Großraum Detroit zu werden, verstand ich dies als reizvolles Betätigungsfeld. Gefragt waren mein pädagogisches Fachwissen, meine persönlichen Erfahrungen und organisatorischen Fähigkeiten. So hat es mir Rabbiner Charles Rosenzveig, der Gründungsvater des HMC, erläutert, als er mich bat, das Zentrum mit auf den Weg zu bringen, »eine Einrichtung von Weltrang zu werden, die die Öffentlichkeit über alle Fragen zu Holocaust und Völkermord aufklärt«. Das war selbstverständlich ganz in meinem Sinne.

Doch ich musste mich fragen, ob ich dieser neuen Aufgabe gewachsen war. Ich hatte ständig Museen besucht, seit ich sechs Jahre alt war – aber was wusste ich schon über die Leitung eines Museums? Glücklicherweise war die Bezeichnung »Beirat« nicht ganz wörtlich zu nehmen. Weder Rabbi Rosenzveig noch Henry Dorfman, der Vorsitzende des Ausschusses, schienen meinen Rat zu benötigen; sie hatten ihre festen Überzeugungen. Aber »mein« Ausschuss entwickelte sich zu einem Magneten für Mitarbeiter und Förderer des Museums.

Wir konnten viele hochrangige Experten von umliegenden Universitäten dafür gewinnen, ihr Wissen beim HMC einzubringen, so zum Beispiel Kenneth Waltzer, Direktor des Instituts für Jüdische Studien an der Michigan State University, oder den akribischen Historiker Melvin Small von Wayne State. Bei einer Vortragsreise durch Deutschland überzeugte ich deutsche Politiker und Publizisten, dem Campus von Wayne State und dem HMC einen Besuch abzustatten. Es kamen etwa Otto Schily, zu jener Zeit Innenminister der Bundesrepublik, und die prominente deutsche Journalistin Marion Gräfin Dönhoff, die sich am Widerstand gegen Hitler beteiligt hatte.

Kurz bevor ich an der Wayne State University emeritiert wurde, klopfte mir eines Nachmittags Rabbiner Rosenzveig auf die Schulter und fragte, ob ich an einer weiteren Berufung interessiert sei, diesmal in den Vorstand des HMC. Mehrere Stellen seien derzeit unbesetzt.

Ich brauchte nicht lange nachzudenken. Es war ein schmeichelhaftes Angebot und trotz meiner immer noch andauernden Verpflichtungen an der Universität durchaus machbar. Ich sagte zu. Der Vorstand traf sich monatlich, häufig ging es um finanzielle Festlegungen. Am schwersten wog die Entscheidung, wie dem Museum aus seiner Raumnot zu helfen sei. Im Untergeschoss des Jüdischen Gemeindezentrums, wo es untergebracht war, ging der Platz für Ausstellungsstücke aus. Auch konnten wir längst nicht allen Gruppen, die zu uns kommen wollten, Besuchstermine anbieten. Ich schlug vor, dass wir uns alle modernen Holocaust-Gedenkstätten im Land ansehen und dort architektonische Anregungen einholen sollten. Aber unser Rabbiner war ehrgeiziger. Er beauftragte den britischen Innenarchitekten Richard Houghton mit dem Neubau. Der begleitete zuerst eine Delegation des Museums, darunter war auch ich, auf eine Reise nach Berlin, das zu Recht als einer der führenden Standorte für moderne Museen gilt. Wir kamen mit vielen Ideen zurück, und Houghton nahm das neue Gebäude in Angriff. Heute steht es an einer viel befahrenen Straße in einem Vorort von Detroit. Es wurde mit mehreren Architekturpreisen ausgezeichnet.

Als ich mich von meiner Universität verabschiedete, fiel mir das nicht leicht. Ich sah voraus, dass ich die Vorlesungen und Studenten vermissen würde – und ich musste mit der Umstellung fertigwerden. Zum Glück fand mein Rückzug in Phasen statt und nicht abrupt. Mein Übergang vom Professor zum Institutsdirektor, vom Vizepräsidenten von Wayne State zum Emeritus dauerte etwa fünfzig Jahre. Und jeder Schritt auf der Leiter war von einer Kombination aus Aufregung, Trauer, Hoffnung und Angst begleitet. Doch wenn sich eine Tür schließt, öffnet sich eine andere. Auch meine Emeritierung brachte mir unerwartet den Übergang zu neuer Tätigkeit.

Das neue Holocaust Memorial Center wurde 2004 eröffnet. Zu dieser Zeit bat mich der Rabbiner, aus dem Vorstand auszuscheiden und stattdessen die Leitung eines Instituts zu übernehmen, das er seit Langem geplant hatte und in dem neuen Museum verwirklichen wollte. Er nannte es »International Institute of the Righteous«, und dieses Institut der Gerechten sollte rechtschaffenes Handeln im Laufe der Geschichte und speziell während des Holocaust aufzeigen. So stellten wir die historische Freundschaft zwischen David und Jonathan zur Schau, wie sie in nachbiblischen Schriften festgehalten ist: Jonathan beschützte David, obwohl er dadurch nicht selbst König der Israeliten werden konnte. Auch stellten wir Bilder von Rodins berühmter Statue *Die Bürger von Calais* aus. In dem gleichnamigen Drama des deutschen Schriftstellers Georg Kaiser von 1912/1913 beging der Ratsherr Eustache de Saint Pierre Selbstmord, um sechs weitere Geiseln des englischen Eroberers zu retten.

Was den Holocaust betrifft, so haben wir Portraits von Raoul Wallenberg, dem japanischen Konsul Chiune Sugihara und acht weiteren, ebenso heldenhaften Judenrettern aus verschiedenen Nationen und allen Gesellschaftsschichten aufgehängt. Unsere Besucher sehen diese Bilder ganz am Ende ihres Rundgangs. Ihnen soll sich der einzige edle Eindruck einprägen, den man im Holocaust erkennen kann: dass selbstlose Personen es auf sich nahmen, den möglichen Opfern des nationalsozialistischen Massenmordes beizustehen.

Ich nahm die Aufgabe des Rabbiners an. Mit seiner Zustimmung setzte ich zwei Schwerpunkte. Erstens sollten die Beweggründe für altruistisches Handeln untersucht und dazu Sozialwissenschaftler und Psychologen aus den Vereinigten Staaten und dem Ausland verpflichtet werden. Es galt, theoretisch zu ergründen, was Menschen dazu bringt, selbstlos zu handeln. Zweitens galt es, Vorträge an höheren Schulen und Universitäten zu halten; darin wollten wir den Schülern und Studenten den Geist solchen Idealismus nahebringen.

Nach der Eröffnung des neuen Holocaust-Zentrums waren Rabbi Rosenzveig noch vier Jahre des Wirkens vergönnt. Am 11. Dezember 2008 erlag er einem Herzversagen. Der Vorstand des HMC fragte mich, ob ich für den Posten des Direktors kandidieren wolle. Da ich inzwischen in den höheren Achtzigern war, dachte ich, meinen gebührenden Teil an Verantwortung getragen zu haben, und lehnte höflich ab. Aber eine Alternativlösung konnte ich nicht zurückweisen: Man bat mich, den Direktorenposten interimistisch zu übernehmen, bis eine nationale Stellenausschreibung abgeschlossen war, und das sagte ich »für kurze Zeit« zu. Daraus wurde eine zehnmonatige Arbeitsperiode.

Da ich verschiedene Ämter im Museum bekleidet hatte, glaubte ich, als Interimsdirektor einigermaßen effektive Arbeit leisten zu können. Ich hatte ja obendrein Verwaltungsposten an zwei Universitäten innegehabt, deren Größe das HMC in den Schatten stellte. Mit dieser Annahme lag ich nicht ganz falsch. Aber ich hatte nicht bedacht, wie sich die täglichen Verpflichtungen auf mich auswirken würden. Auch mein Dienst im HMC-Vorstand und meine Beschäftigung mit der Idee des Altruismus hatten mich nicht darauf vorbereitet, täglich mit den alptraumhaften Details konfrontiert zu werden, die mir über den Holocaust erzählt wurden.

Zahlreiche Besucher, seien es Überlebende des Holocaust oder deren Nachkommen, kamen zu mir als amtierendem Direktor, um ihre eigenen Erinnerungen – oder solche aus zweiter Hand – mit mir zu teilen. Die erschütternden Details waren mir häufig nicht neu, aber was mich zermürbte, war die tägliche Auseinandersetzung mit diesen Erzählungen. Offensichtlich war ich nicht abgehärtet genug, und ich wurde immer wieder auf den Verlust meiner eigenen Familie zurückgeworfen, wenn Opfer und ihre Verwandten mir von ihren Erinnerungen erzählten. Diese zehn Monate waren, emotional gesehen, die schwierigste Zeit für mich im Holocaust-Gedenkzentrum.

Doch auch Herzerwärmendes ereignete sich während meines Direktorats: Dank unserer Chefbibliothekarin Feiga Weiss, die eine Ankündigung der Anne-Frank-Stiftung in Amsterdam entdeckt hatte, konnten wir einen äußerst wertvollen Gegenstand erwerben. Der Kastanienbaum, das einzige Stück Natur, das Anne Frank aus ihrem Versteck sehen konnte, starb langsam ab. Aber mehrere Setzlinge konnten gerettet werden. Sie sollten weltweit auf Einrichtungen verteilt werden, die sich darum bewarben. Feiga schlug vor, dass wir um einen von ihnen ersuchen sollten. Ich hielt das für einen hervorragenden Vorschlag und schrieb einen Antrag für das HMC. Tatsächlich erhielten wir einen von elf Setzlingen, die an Einrichtungen in den Vereinigten Staaten gingen. Das US-Landwirtschaftsministerium schrieb vor, dass unser Bäumchen zum Schutz der einheimischen Bäume vor Krankheitserregern für drei Jahre isoliert werden müsse. Das tat unserer Freude keinen Abbruch. Wir haben uns liebevoll darum gekümmert, und so hat der kleine Setzling sein »Versteck« überlebt, schmückt nun als robuster Baum einen Rasen neben dem Zentrum und erinnert an das talentierte junge Mädchen, das zu einem Symbol der im Holocaust umgekommenen europäischen Juden geworden ist.

Auf ganz besondere Weise feierten wir das Überleben dieses Kastanienbaums auf unserem Gelände, als Stephen Goldman zum Direktor des HMC ernannt wurde. Ich hatte mich auch im Ruhestand über das kulturelle Geschehen in Deutschland auf dem Laufenden gehalten und Kenntnis davon erhalten, dass zwei prominente deutsche Künstler, der Komponist Volker Blumenthaler und der Librettist Alexander Gruber, eine Kantate zum Gedenken an Anne Frank geschaffen hatten. Sie trug den Titel »Mein Name ist Anne Frank«. Auf Anregung von Direktor Goldman und James Hartway vom Musikinstitut der Wayne State University konnten wir das Werk uraufführen. Unter der Schirmherrschaft des Holocaust Memorial Centers und der Universität musizierte das Orchester der Berkley High School, das auch bei der Amtseinführung von Präsident Obama gespielt hatte.

Mehr als 800 Menschen füllten die Aula der Schule, als das Berkley-Orchester und ein A-cappella-Chor, verstärkt durch zwei Kantoren, Dan Gross von der Kongregation Adat Shalom und Penny Steyer vom Tempel Shir Shalom, das Talent und den Geist von Anne Frank feierten. Die beiden Künstler, die die Kantate komponiert und geschrieben hatten, kamen zur Eröffnung und erhielten wie die Interpreten stehende Ovationen. Der Librettist des Werkes, Alexander Gruber, schickte uns danach eine E-Mail: »Ich werde das Holocaust-Zentrum nie vergessen … und niemals die großartige und überwältigende Erfahrung, die uns die Sänger und Instrumentalisten der Berkley-Schule mit ihrer liebevollen Aufführung unserer Kantate bereitet haben.«

Alles in allem ließ sich meine Interimszeit gut an, aber ich war froh, als der Vorstand einen ständigen Direktor berief. Stephen Goldman war ein vorzüglicher Chef, der bereits lange Jahre Holocaust-Museen geleitet hatte. Nach seiner Anstellung kehrte ich enthusiastisch in meine frühere Position als Direktor des Instituts der Gerechten zurück, um wieder über Altruismus zu forschen und der jungen Generation dieses Ideal nahezubringen. Wir versuchen zu analysieren, was Menschen dazu gebracht

hat, Verfolgte edelmütig zu schützen, auch wenn dies persönliche Nachteile, Verluste oder eine Bedrohung für sie selbst oder
ihre Familien bedeutete. Einige Wissenschaftler argumentieren,
dass dieser noble Impuls von liebevoller Erziehung oder von der
religiösen Überzeugung einer Person herrührt. Andere führen
sie auf den Überlebenstrieb zurück, der sich vor Urzeiten entwickelte, als der Mensch gegen stärkere Säugetiere bestehen
musste und nur in Gemeinschaft überleben konnte. Wieder andere behaupten, dass eine edle Tat Befriedigung erzeugt. Wie
auch immer: Unsere eigenen Forschungen geben Grund zu der
Annahme, dass das schwache Licht des Altruismus in der Vergangenheit eines Tages ein helles Feuer entzünden könnte. Unsere Hoffnung ruht auf der jungen Generation, die der deutsche
Dichter Ludwig Uhland mit den Worten besang:

Ihr seid das Saatkorn einer neuen Welt.
Das ist der Weihefrühling, den Gott will.

Endlich gefüllt werden muss eine Lücke, die in der Würdigung des Altruismus während des Holocaust klafft: Während
die Rettung oder versuchte Rettung von verfolgten Juden durch
Nichtjuden ausführlich und angemessen aufgearbeitet wurde,
ist versäumt worden, die Rettung von Juden durch andere Juden zu dokumentieren. Für ein solches Versäumnis gibt es verschiedene Gründe. Vor allem wird ins Feld geführt, die Heilige
Schrift gebiete den Juden, ihren Glaubensgenossen zu helfen;
daher könne man deren Hilfe nicht ebenso altruistisch gelten
lassen wie Hilfe durch Nichtjuden. Unserer Meinung nach ist es
jedoch unabdingbar, die außerordentliche Tapferkeit jüdischer
Retter genauso anzuerkennen, und ich wurde beauftragt, ein
Komitee zum Gedenken an solch heldenhafte Anstrengungen
zu bilden. Unsere Verpflichtung lautet:

*Zu Ehren derer, die ihr Leben riskierten, um andere zu retten,*
*setzt sich das Holocaust Memorial Center Zekelman Family Campus*

*dafür ein, an das Heldentum und den Altruismus von Juden zu er-*
*innern, die anderen Juden halfen, eine Zeit unsäglichen Grauens zu*
*überleben. Sie sollen den ihnen zustehenden Platz inmitten der tra-*
*gischen Ereignisse finden, die während des Holocaust stattfanden.*
*Die überlebenden Retter und Opfer erreichen bald ihr Lebensende.*
*Es ist unsere Schuldigkeit, ihnen und den bereits Verstorbenen Ge-*
*rechtigkeit widerfahren zu lassen.*

Der neue Direktor, Stephen Goldman, fand Verwendungs-
möglichkeiten für mich, die über die Leitung meines Instituts hinausgingen. Während meiner Aufenthalte in Deutschland konnte ich in Verhandlungen über den Erwerb eines der
eindrucksvollsten Ausstellungsstücke des Zentrums eintreten:
eines Güterwagens, der aller Wahrscheinlichkeit nach für die
schändlichen Deportationen jüdischer Mitbürger eingesetzt
worden war. Während andere Museen sich Güterwagen aus Be-
ständen der Polnischen Staatsbahnen sichern konnten – Goldman hatte einen für sein Museum in St. Petersburg, Florida, erworben –, machte ich die zuständige Stelle der Deutschen Bahn
ausfindig. Zugleich gelang es mir, eine positive Atmosphäre
zwischen dem Museum und dem deutschen Auswärtigen Amt
herzustellen. Das dürfte dazu beigetragen haben, aus Deutschland Regierungsmittel zu erhalten, die die Instandsetzung des
Güterwagens erleichterten.

Eine der befriedigendsten Exkursionen war eine gemeinsame Reise mit Stephen Goldman nach Deutschland, auf der
eine von uns entwickelte Ausstellung an der Otto-Friedrich-
Universität Bamberg eröffnet wurde und anschließend an die
Freie Universität Berlin ging. Die Ausstellung zeigte einige der
Heldentaten der Ritchie Boys im Krieg, ergänzt um ihre Rolle
beim Neuaufbau einer demokratischen Presse in der amerikanischen Besatzungszone Deutschlands. Während unseres Aufenthalts fuhren wir kreuz und quer durch Süddeutschland und
legten den Grundstein für eine künftige Zusammenarbeit mit
deutschen Museen. Beide Zielsetzungen unserer Reise verspra-

chen neue Herausforderungen und gaben mir ein Gefühl tiefer Befriedigung.

Und dann schlich sich in diese strenge und zugleich fesselnde wissenschaftliche Tätigkeit eine persönliche Komponente ein. Es begann mit einem Telefonanruf. Ein Herr stellte sich als Bruce Henderson vor. Er wollte mit mir sprechen und bat um einen Termin. »Kein Problem«, sagte ich. »Ich betreibe eine Politik der offenen Tür.« Wir vereinbarten ein Treffen. Nach dem Telefonat setzte ich mich an den Computer. Wer in aller Welt war Bruce Henderson? Wie ich herausfand, war er ein Sachbuchautor. Er hatte in Bestsellern wenig bekannte, aber wirklich packende Geschichten aus dem Umfeld verschiedener Kriege mit US-Beteiligung popularisiert.

Bruce traf zwei Wochen später mit dem Flugzeug aus Kalifornien ein. Er recherchierte zum Thema Ritchie Boys. Ohne Zeit zu verlieren, nahmen Feiga Weiss und ich ihn mit in unser Archiv über die Ritchie Boys, das wir aufgebaut hatten, als wir unsere Exponate ausstellten und die erste Wiedersehensfeier dieser Veteranen aus dem Zweiten Weltkrieg organisierten. Er bedankte sich ausgiebig bei Frau Weiss, als sie ihre Schätze präsentierte. »Meine Arbeit und mein Vergnügen«, antwortete sie. Und dann begann er, mich zu interviewen. Der Austausch, der für zwei Tage angesetzt war, dauerte eine Woche. An einem Abend lud er meine Frau und mich zum Essen ein. Ich schaute ihn mir etwas genauer an; die meiste Zeit zuvor hatten wir uns in Papiere und Artefakte vertieft. Uns gegenüber saß ein breitschultriger, salopp gekleideter Herr mit gewelltem Haar, ein später Sechziger. Er hatte ein warmes, gewinnendes Lächeln und einen scharfen Verstand. »Wie bist du auf die Ritchie Boys gekommen?«, fragte Susanna ihn. »Ich habe einen Nachruf in der *New York Times* gelesen«, antwortete er. »Die Nachrufe lese ich immer. Man entdeckt die verrücktesten Geschichten dabei. Und in diesem Artikel wurde kurz die Zugehörigkeit des Verstorbenen zu Guys Einheit erwähnt. Ich wurde neugierig und fand heraus, dass es kein englischsprachiges Buch über die Ritchie Boys gibt. Also beschloss ich, es zu schreiben.« »Das freut mich«, sagte ich. »Wir sind in den USA wenig bekannt. Ich denke, wir verdienen es, ›wiederbelebt‹ zu werden.« »Genau das will ich versuchen«, versprach er. Tatsächlich hat er dieses Versprechen übererfüllt: Die gebundene Ausgabe von *Sons and Soldiers* hat sich gut verkauft, und das Taschenbuch stand mehrere Wochen lang auf der Bestsellerliste der *New York Times*. Auf einer Lesereise warb er in verschiedenen Städten der Vereinigten Staaten für sein Buch. Eine Fernsehserie, die auf seinem Buch beruht, ist geplant. In einem Anfall von Eitelkeit bat ich mir aus, dass ich als junger Mann in den Zwanzigern von einem gut aussehenden Schauspieler gespielt würde.

Während ich diese Zeilen schreibe, geht meine tägliche Arbeit im Holocaust Memorial Center Zekelman Family Campus weiter. Das HMC trägt seit 2007 den Namenszusatz, da die Familie Zekelman mehr als jede andere finanziell zu der Einrichtung beigetragen hat und ihr auch mit Rat und Tat zur Seite steht.

Ein Anlass zur Freude war in jüngster Zeit die Verabschiedung eines neuen Gesetzes, das seit 2016 den Holocaust zum verbindlichen Unterrichtsgegenstand für alle Schüler der achten bis zwölften Klasse an öffentlichen Schulen im Staat Michigan erklärt. Unser Staat ist einer von nur zehn Staaten in den USA, die den Holocaust-Unterricht vorschreiben. Als der Gouverneur von Michigan zu uns ins HMC kam, um das Gesetz zu unterzeichnen, veranstalteten wir eine große Feier. Als Public Act 170 verabschiedet wurde, beschlossen wir, das Holocaust Memorial Center zur Zentrale für die Holocaust-Pädagogik in Michigan zu machen. In der Folge starteten wir einen ehrgeizigen Aktionsplan: die Ausbildung von 1000 Lehrern in Michigan auf diesem Gebiet.

Ziel ist, »die Verbreitung präziser Informationen über Holocaust und Völkermord mit der Vermittlung ethischer Prinzipien zu verbinden. Die Fakten des Grauens sollen niemals unterdrückt, aber auf den Reifegrad der Schüler zugeschnitten werden. Die Handlungen der Täter sollen verurteilt, die ›bloßen Zuschauer‹ in ihrer Gleichgültigkeit nicht ausgespart werden. Den Schülern sollen segensreiche Vorbilder gezeigt werden: heldenhafte Christen und Juden, die ihr Leben und die Sicherheit ihrer Familien aufs Spiel setzten, um den Verfolgten zu helfen.«

Diese Absichten sprechen mir aus der Seele. Der Geist des Museums macht uns zu einer verschworenen Familie. Viele Einzelschicksale, die das Museum durch seine Ausstellungen lebendig macht, sind dem Los und dem Ethos meiner Eltern sehr ähnlich – die unermüdliche harte Arbeit, mit der sie versuchten, ihre Situation zu verbessern, ihr Streben, alles zu tun, um das Leben ihrer Kinder zu sichern, und ihre Entschlossenheit, durchzuhalten, bis am Ende die Grausamkeit der Nazis ihre Hoffnungen zerstörte und ihr Leben auslöschte.

## KAPITEL 11

## Frankreich-Besuch 2016

Zu Beginn dieser Chronik habe ich mein Leben mit einer Berg- und Talfahrt verglichen. Zum Abschluss kommt mir eine andere Analogie in den Sinn: ein Karussell. Späte Erlebnisse des alten Guy lassen die Erinnerung an Ereignisse aus seiner Kindheit und Jugend wieder wach werden.

In dieser letzten Phase meines Lebens sind auch meine drei kurzen Jahre als Ritchie Boy in den Vordergrund gerückt. Ich hielt unzählige Reden über diese bedeutsame Episode des Zweiten Weltkriegs, und ich wurde über meine Rolle dabei interviewt, auch im Fernsehen. Doch das nachhallendste Echo kam im Mai 2016, als ich nach dreiundsiebzig Jahren die dramatischste Episode in meinem Leben als Soldat, die Invasion in der Normandie, an Ort und Stelle nachempfand. Aus Gründen, die ich verdrängt hatte, war ich bis dahin Einladungen in die Normandie nicht gefolgt.

Das galt auch für die Einladung einer Kollegin, die ich auf einer Tagung in Laupheim kennengelernt hatte, Professor Helge-Ulrike Hyams. Sie besitzt ein Sommerhaus in Sainte-Marie-du-Mont, nahe Foucarville, wo ich zum ersten Mal deutsche Kriegsgefangene befragt hatte. Viele Ritchie Boys, die bei der Invasion dabei waren, hatten entweder schon diese schicksalhaften Tage im Juni 1944 nicht überlebt, oder sie waren inzwischen gestorben. Ich bedankte mich bei meiner Kollegin für die Einladung, lehnte aber aus Termingründen wiederholt ab.

Aber diese Termingründe waren nur vorgeschoben gewesen. Während ich an meiner Autobiographie arbeitete, drängte mich eine Mitarbeiterin zur Selbstprüfung, warum ich nicht als Besucher in die Normandie zurückkehren wollte. Ich folgte ihrem Rat und zwang mich, an die Schrecken des Invasionsstrandes zurückzudenken. Entgegen all meinen Erwartungen hatte ich mich ja nicht als die zimperliche Person erwiesen, für die ich mich bis zu diesem Erlebnis in meinem 23. Lebensjahr gehalten hatte. Ich habe schon erzählt, dass ich mich selbst damit überraschte, in diesen Tagen meine Pflicht tun zu können, einerlei, welche Schrecken mich umgaben. Freilich: Nachdem ich ins Zivilleben zurückgekehrt war, stellte sich die alte Überempfindlichkeit wieder ein. Kurzum, ich wollte auch nach langer Zeit und nur als Besucher die Normandie nicht wiedersehen, weil ich fürchtete, die Erinnerungen nicht verkraften zu können.

Doch im Mai 2015 kam eine Einladung, die ich als einer der wenigen überlebenden Zeugen nicht ignorieren konnte, ohne meinen einstigen Kameraden einen Bärendienst zu erweisen. Monsieur Gérard Viel, der Kulturbeauftragte des 250 Einwohner zählenden Städtchens Foucarville, stellte gerade für 2016 eine Ausstellung über das erste Kriegsgefangenenlager auf die Beine, das sich auf einer Wiese am Rande des Ortes befunden hatte. Es war zum größten an der Westfront herangewachsen: mehr als 60 000 Gefangene warteten dort auf ihre Verhöre. Gérard Viel schickte mir eine E-Mail, in der er mir seine Pläne für einen Gedenktag an die Invasion und besonders an Foucarville darlegte. Unsere gemeinsame Bekannte, Professor Hyams, hatte mich als einen Augenzeugen vorgeschlagen, der über seine Teilnahme berichten könnte.

Da ich für 2016 bereits mit dem Gedanken an eine Europareise spielte – ich war zu einer Familienfeier in London eingeladen –, stimmte ich Viels Angebot zaghaft zu. Ja, ich würde darüber nachdenken, die Eröffnungsrede zu seiner Ausstellung zu halten. Aber dann kam mir eine Frage in den Sinn. Ich rief meinen französischen Korrespondenzpartner an und erzählte ihm, dass ich Berichte über meine Abenteuer in Foucarville sowohl auf Deutsch als auch auf Englisch geschrieben hätte. Was würde er bevorzugen? Seine Antwort kam wie aus der Pistole geschossen. »Französisch natürlich!« Ich sagte ihm nicht, dass ich seit Jahrzehnten keine Rede mehr auf Französisch gehalten hatte – und die letzte war eine sehr kurze bei einer Konferenz an der Sorbonne Nouvelle gewesen.

Aber mit der Sprachenfrage hatte ich mich so gut wie festgelegt, bei der Eröffnung von Viels Ausstellung dabei zu sein. Ich fühlte mich dazu verpflichtet. Ein Jahr später bestieg ich einen Zug der unter dem Meeresboden verkehrenden Eurostar-Linie von London nach Paris.

Helge-Ulrike Hyams holte mich dort ab und wir fuhren weiter zu ihrem Wohnort, Sainte-Marie-du-Mont, vorbei an Orten, die ich plötzlich in doppelter Perspektive wahrnahm. Caen, Isigny-sur-Mer und Sainte-Mère-Église erschienen vor meinem geistigen Auge, wie ich sie im Juni 1944 zum ersten Mal gesehen hatte, mit Bombenkratern, zerstörten Häusern und Menschen, die gerade aus der Unterdrückung und Depression jahrelanger Tyrannei aufgetaucht waren. Jetzt überlagerte meine Erinnerungen eine neue Realität: sorgfältig bestellte Felder, Blumengärten, Kinderwagen fügten sich zu einem Bild des Friedens.

Eine Person, der ich noch nie zuvor begegnet war, erfasste meine Gefühle genau. Professor Hyams' Tochter Judith, die mit ihrem aufgeweckten zehnjährigen Kind aus Berlin angereist war, schrieb einen Beitrag über mich für ein deutsches Blatt, die *Jüdische Allgemeine*. Darin heißt es:

*Als er in Sainte-Mère-Église aus dem Auto steigt, hat Guy Stern zunächst nur Augen für ein Baby im Kinderwagen, das von seinen Eltern gefüttert wird. »Welch ein Bild des Friedens – und was für ein Unterschied zu damals«, kommentiert der 94-Jährige mit einem fast erleichtert wirkenden Lächeln. [...] »Natürlich kommt die Erinne-*

*rung an dieses riesige Blutbad des Krieges jetzt wieder hoch, und die*
*verzweifelte Erkenntnis, dass all das hätte verhindert werden kön-*
*nen. Wäre die Politik damals nur klüger gewesen! Aber ich schaue*
*nach vorn und hoffe, dass die Welt etwas gelernt hat. Es ist so wun-*
*derbar, hier zu sein – und doch so weit weg vom Krieg.«*

Meine Erkundung der Normandie zu Friedenszeiten brachte
mir auch eine unerwartete Entdeckung. Kurz nachdem wir
1944 an Land gegangen waren, hatten wir einen US-Fallschirm-
jäger gesichtet, dessen Fallschirm sich am Kirchturm mitten in
Sainte-Mère-Église verhakt hatte. Er war am Leben, aber er hing
hoch in der Luft, ohne sich befreien zu können. Tod oder Gefangenschaft schien sein Schicksal. Wir fürchteten, dass er nicht
überleben würde, sahen jedoch keine Möglichkeit, ihn aus seiner misslichen Lage zu befreien. Aber allen Widrigkeiten zum
Trotz: Er hat es geschafft. Während eines Empfangs, den die
Bürgermeisterin des Dorfes gab, sagte man mir: »Als ihr Amerikaner Sainte-Mère-Église zurückerobert hattet, wurde er los-
geschnitten und ins Krankenhaus gebracht. Er war nicht ernsthaft verletzt. Und nach dem Krieg kam er uns besuchen, und
wir bereiteten ihm einen Heldenempfang.« Diese Mitteilung
versetzte mich tagelang in gute Laune.

Dass ich meine Umgebung gewissermaßen doppelt, in zeit-
licher Überlagerung, wahrnahm, geschah während meiner drei
Tage an der Normandieküste immer wieder. Nirgendwo sonst,
vielleicht mit Ausnahme des Britischen Kriegsmuseums und
der Eisenhower-Gedenkstätte in Abilene, Kansas, ist der welt-
geschichtliche Moment der Invasion so getreulich erhalten geblieben wie in der Normandie. Selbst in kleinen Fischerdörfern
sind Museen entstanden. Und keiner der deutschen Bunker
ist abgerissen worden. Ich ging mit Einheimischen durch kilometerlange befestigte Verbindungsgräben, die die Verteidiger
der vermeintlich uneinnehmbaren »Festung Europa« ange-
legt hatten. Lebhafte Erinnerungen an meine Waffenkameraden, vor allem an meine Ritchie Boys, kehrten zurück. Auch

musste ich an die paar Stunden denken, die ich mit dem Gefreiten eines Ranger-Bataillons verbracht hatte, einer Elite-Angriffstruppe, die nur wenige Tage zuvor die steilen, schwer verteidigten Klippen gestürmt hatte, die von deutschen Bunkern gekrönt waren. Er war vier Jahre jünger als ich und erzählte von dem Angriff auf diese Klippen, als wäre es ein Kinderspiel gewesen. Wir beide mussten dafür sorgen, dass große Gruppen von deutschen Gefangenen in ein Lager abgeschoben wurden, von dem aus sie nach England eingeschifft werden sollten. Er war mit einem Gewehr bewaffnet, aber in keiner Weise besorgt, dass einer oder mehrere der Gefangenen einen Fluchtversuch unternehmen könnten. Ganz ruhig sagte er zu mir: »Befehlen Sie denen mal *double-time*, Herr Oberfeldwebel!« Das entsprechende Kommando heißt auf deutsch *Marsch, Marsch* und bedeutet Laufschritt. Es machte ihm nichts aus, dass wir beide mit unseren Gefangenen mitlaufen mussten. Ich habe diesen Gefreiten nie wieder gesehen, und trotzdem stand sein Bild siebzig Jahre später vor mir wie an jenem Tag im Juni.

An einem Vormittag legte ich auf dem örtlichen US-Soldatenfriedhof einen Kranz am Denkmal nieder. Der Kranz wurde mir von dem französischen Grafen Charles de Maupeou übergeben, dessen Adelsgeschlecht bis ins 13. Jahrhundert zurückreicht. Das Familienschloss im nahe gelegenen Colombières bewohnt er mit seinem Vater. Geistig frisch und wohlauf, erinnerte sich Graf Etienne nicht nur an die Invasion, sondern auch mit Sympathie an mehrere Teams der Ritchie Boys, die während und nach der Invasion für kurze Zeit in seinem Schloss einquartiert waren. »Diese Erinnerungen,« sagte er, »sollten nie vergessen werden, und wir wollen eine neue hinzufügen!« Ich wurde eingeladen, den letzten Tag und die letzte Nacht vor meiner Abreise im Schloss zu verbringen. Selten habe ich besser geschlafen.

Mein Aufenthalt in der Normandie wurde, um Hemingway zu zitieren, zu einem »Fest des Lebens«. Die Bürgermeisterin von Sainte-Mère-Église gab mir zu Ehren einen Champagner-Empfang. Ihre Amtskollegen aus fünf anderen Küstenstädten taten sich zusammen und veranstalteten ein Bankett mit fünf Gängen. Wie mir einer von ihnen zuflüsterte, konnten sie auf wundersame Weise ihre politischen Rivalitäten und territorialen Streitigkeiten für diesen Anlass vergessen. In Utah Beach, einer neu gegründeten Gemeinde, benannt nach dem Codewort für einen unserer Invasionsküstenstreifen, überreichte man mir die Medaille für Ehrenbürger.

Auf meine öffentlichen Vorträge über meine Aktivitäten in Foucarville vor dreiundsiebzig Jahren folgte ungeheures Lob, insbesondere für mein Hochschulfranzösisch. Im Geiste von »Adel verpflichtet« mietete Graf de Maupeou für meine Vorträge das örtliche Kino an. Bei freiem Eintritt stellte er mir für die unvermeidliche Frage- und Antwortrunde einen örtlichen Gymnasiallehrer als Dolmetscher zur Verfügung. Er trommelte auch drei seiner Kinder zusammen, die mich bei meinen Auftritten unterstützen sollten.

Warum all die Aufregung um einen ausgemusterten Veteranen und emeritierten Hochschullehrer, fragte ich mich. Gegen Ende meines Aufenthalts zeichnete sich mir eine Antwort in Umrissen ab. Offensichtlich erinnerte mein Erscheinen an die Zeit, als Freiheit, Gleichheit und Brüderlichkeit mit dem Ende der Nazi-Besatzung zurückkehrten und in den Orten die althergebrachte und lieb gewonnene Ordnung wieder einzog. Kurz gesagt, ich war lediglich der Katalysator für Gefühle, an die sich einige meiner Zuhörer aus eigenem Erleben erinnerten, und die über die nachfolgenden Generationen weitergegeben worden waren.

Als ich aus Frankreich zurückkehrte, war ich froh, dass ich die Einladung angenommen hatte, an einen Ort der aufwühlendsten Zeit meines Lebens zurückzukehren. Ich wusste, dass ich immer an diese wenigen Tage in der Normandie mit ihren reizenden alten und neuen französischen Freunden zurückden-

ken würde. Und ich hielt das Frankreich-Kapitel meines Lebens
für abgeschlossen.

Aber darin sollte ich mich getäuscht haben. Ein Jahr verging.
Es kam ein Herbsttag, der wie üblich verlief: Ich beginne immer mit Schwimmen und Gymnastik um 5:30 Uhr im Jüdischen
Gemeindezentrum, dann frühstücke ich dort, was meine Frau
mir zubereitet hat, und fahre danach zur Arbeit ins Holocaust
Memorial Center. Wenn ich abends nach Hause komme, gehe
ich die Post durch. An diesem Tag fiel mir sofort ein ziemlich
großer Brief ins Auge. Der Umschlag trug die französische Tri-
kolore und den Stempel des französischen Generalkonsulats in
Chicago. Ich öffnete den Brief und ließ ihn fast fallen, als ich
den ersten Satz las. Er lautete etwa: »Die Regierung der Französischen Republik gibt sich die Ehre, Sie in die Ehrenlegion aufzunehmen, die höchste Auszeichnung, die sie zu vergeben hat.«

Die Einzelheiten waren schnell arrangiert. Der Generalkonsul selbst würde den Orden überreichen, das Holocaust Memorial Center den Saal dafür bieten und jüdische Kriegsveteranen
die Ehrengarde stellen. Zu Beginn der Zeremonie sollten die
französische und die amerikanische Nationalhymne gespielt
werden.

An diesem Tag, dem 27. Januar 2017, war das große Audito-
rium voll besetzt. Ich entdeckte viele mir nahestehende Per-
sonen im Publikum. Der Generalkonsul hielt eine begeisterte
Rede in englischer Sprache über die Befreiung Frankreichs im
Jahr 1944. Mehrmals erwähnte er die Ritchie Boys. In meiner
Antwort zitierte ich aus einer Rede des früheren französischen
Premierministers Manuel Valls. Er hatte in einer Zeit wachsen-
den Antisemitismus einen historischen Ausspruch getan: »Ein
Frankreich ohne Juden wäre nicht Frankreich.«

Ich erklärte auch, dass ich diese hohe Ehre im Namen aller Ritchie Boys annehme. Und ich erinnerte daran, dass viele
von ihnen jüdischer Herkunft waren, und dass in der amt-
lichen amerikanischen Militärgeschichtsschreibung gewürdigt

wurde, was die Ritchie Boys geleistet hatten. Es drängte mich, meine Dankesrede mit der Erinnerung an eine friedliche Handlung inmitten des Krieges zu beenden: Als wir die Nachricht erhielten, dass im fernen Brooklyn die Frau eines Kameraden im Kindbett gestorben war, sprachen wir für sie das Kaddisch – das hebräische Totengebet – auf französischem Boden. Passend fand ich, dass die Verleihungszeremonie von einem ordinierten Rabbiner beendet wurde, unserem Direktor Eli Mayerfeld.

Der Ordensverleihung folgte ein wohlvorbereiteter Empfang. Als Frauen und Männer, Alte und Junge, Christen und Juden, Menschen aus allen Gesellschaftsschichten auf mich zukamen und mich mit freundlichen Worten überschütteten, kämpften in mir gegensätzliche Gefühle. Ich fühlte mich vollkommen anerkannt – mehr noch, ich schwamm auf einer Woge der Zuneigung. Doch dann sagte ich mir: Sie applaudieren eigentlich nicht dir, sondern einem Zweiundzwanzigjährigen, dem gar nicht richtig bewusst war, was er tat. Da musste ich über mich selbst schmunzeln. Es war doch absurd, dass zweieinhalb Jahre meiner Jugend bis in meine Neunziger hinein tonangebend sein sollten. Diesen Zwiespalt der Gefühle konnte ich für den Rest des Tages nur mit Humor abfedern. So mancher Gratulant bekam zu hören: »Na gut, der Generalkonsul hat mich zum Ritter der Ehrenlegion gemacht. Aber wo ist das Pferd, das ein Ritter braucht?«

Wenn man mich fragt, welches Bild von der Ordensverleihung und von meinem Aufenthalt in Frankreich am häufigsten vor meinem geistigen Auge auftaucht und meine Gefühle bestimmt, kann ich nur antworten: »Der Moment, als ich auf dem amerikanischen Soldatenfriedhof den Kranz niederlegte, den mir Graf de Maupeou gereicht hatte.«

Judith Hyams nannte mich in ihrem Artikel, als sie diese Szene beschrieb, einen »Menschenfreund«. Aber was sonst als Menschenliebe hätte mein Gesicht widerspiegeln können, als ich den Kranz niederlegte? Nur ein eiskalter Mensch hätte

nichts gefühlt in dem herzzerreißenden Moment, als scheinbar aus dem Nichts Musik über das kilometerlange Gräberfeld
hallte: die Hymne, die unseren Kampf begleitet hatte, gefolgt
von dem *Taps* genannten Trompetensignal zum Zapfenstreich
und für die Totenfeier, die einmal für uns alle abgehalten werden wird.

## KAPITEL 12

## Auf der Suche nach der Vergangenheit

In den Jahren, nachdem ich meine Heimatstadt verlassen hatte, dachte ich immer wieder an ein Gebäude in Hildesheim, das zu einem Symbol für wegweisende Entscheidungen meines Lebens wurde. Der uralte Wehrturm ist ohne praktischen Zweck, es sei denn, man glaubt an die magische Kraft seines Namens: Kehrwiederturm. Für mich bedeutet dieser Name den Gegensatz zu Thomas Wolfes berühmtem Buchtitel *Es führt kein Weg zurück*. Der Kehrwiederturm hat mich wiederholt und unerwartet in seinen Bann gezogen. Manche ganz überraschende Wiederkehr wurde mir dadurch möglich, dass mein reiferes Urteilsvermögen voreilige Entscheidungen während meiner Jugend überlagerte.

Gleich nach dem Krieg kehrte ich, noch in Uniform, nach Hildesheim zurück. Was mir die Eltern eines meiner Schulkameraden mitteilen konnten, war niederschmetternd: Ich hatte mich an die schwache Hoffnung geklammert, dass jemand von meinen Angehörigen überlebt hätte, doch jeder Gedanke daran verflog schon nach wenigen Sätzen. Wenn ich ehemaligen Bekannten begegnete, verstärkte das nur meine Überzeugung, dass ich an diesem Ort nicht mehr dazugehörte. Bei einer Zusammenkunft kam ich mit einer jungen hübschen Frau ins Gespräch. Plötzlich machte mir eine Bemerkung von ihr klar, dass sie die Schwester eines Jungen war, der meinen Bruder und mich im örtlichen Schwimmbad schikaniert hatte. Ich verließ das Treffen voller Abscheu. Am Ende dieses ersten Aufenthalts in Hildesheim hätte ich jeden für verrückt erklärt, der mir vorausgesagt hätte, dass ich mich meiner ehemaligen Heimat wieder annähern könnte.

Aber konnte das damals eine wirkliche Heimkehr sein? Praktisch jeder Exilant, der seinen früheren Wohnort wiedersieht, stellt sich diese Frage, damals wie heute. Die Antwort hängt von der individuellen Wahrnehmung von »Heimat« ab. *Heimkehr* ist der Titel mancher Erzählungen aus dem 19. Jahrhundert, *Land der Kindheit* der Titel eines Romans der 90er Jahre. Manche Autoren empfinden »Heimat« als etwas Spirituelles, Religiöses oder Ideologisches. Man kann aber dem Konzept gegenüber auch zynisch sein. Der Dramatiker Bertolt Brecht behauptet, ein Umzug in eine andere Stadt bedeute, dass man nicht mehr weiß, vor wem man kuschen muss oder wen man ohrfeigen kann. Ein Berliner Theaterkritiker, Alfred Kerr, sagte hingegen zu seiner verzweifelten jungen Tochter, als sie während der Nazizeit Deutschland verlassen mussten, ein Mensch könne viele Orte Heimat nennen. Ich bin geneigt, ihm zuzustimmen.

Dieser erste Besuch stellte in keiner Weise die Verbindung zu meiner Heimatstadt wieder her. Aber er lenkte meine Gedanken auf die einstige Abreise zurück. Mir wurde nachdrücklich klar, wie dünn der Lebensfaden gewesen war, der den fünfzehnjährigen Jungen – bestrebt, wie »unsichtbare Tinte« zu sein – von Hildesheim nach St. Louis geführt hatte. Ich grübelte darüber nach, was für geheimnisumwitterte Kräfte am Werk gewesen sein mussten, die es mir ermöglichten, dem schrecklichen Schicksal meiner Familie zu entkommen. Sonderbare Fragen kamen mir in den Sinn; beantwortet wurden sie mir erst 70 Jahre später.

Ich fragte mich: War meine Rettung nicht eine unwahrscheinliche Geschichte? Wie konnte ein arbeitsloser Bäcker in St. Louis einen gestandenen Konsularbeamten hinters Licht führen? Und warum stellte dieser Beamte, Malcolm C. Burke, mir die lächerliche Aufgabe: »Wie viel ist 48 plus 52?« – jeder Erstklässler hätte das ausrechnen können. Und warum begegnete ich während meiner Auswanderung so vielen Mitgliedern eines Komitees, von dem ich noch nie gehört hatte? Sicherlich wusste ich über meine eigene Geschichte nur lückenhaft Bescheid!

Etwa 2010 beauftragte mich Stephen Goldman, der damalige Direktor des Holocaust Memorial Center, eine Ausstellung über die Ritchie Boys zu kuratieren. Dazu brauchte ich Hilfe. Also bat ich zwei Washingtoner Freunde, Nachforschungen in der Library of Congress und den National Archives anzustellen. Während sie Akten und Zeitzeugnisse ausgruben, fand einer von ihnen, Dan Gross, der ein Fan der Ritchie Boys geworden war, einen merkwürdigen Eintrag in der Library of Congress. Zusammen mit Steve Goodell, dem anderen Helfer, einem ehemaligen Abteilungsleiter im US Holocaust Museum, rief er mich eines Nachmittags an. »Guy«, sagten sie, »wir sind auf ein Dokument gestoßen, in dem du als eines der »Tausend Kinder« bezeichnet wirst. Was um alles in der Welt soll das bedeuten?« Natürlich folgte der Scherz: »Und wir dachten immer, du seist einzigartig!«

»Ich habe keinen blassen Schimmer«, antwortete ich. Aber da ich von Beruf neugierig bin, eilte ich zu meiner Lieblingsforscherin im Holocaust Memorial Center, der Chefbibliothekarin Feiga Weiss. In Anspielung auf ihre Belesenheit sage ich über sie immer auf deutsch oder jiddisch »Feiga Weiss alles!«

»Klar«, sagte sie, »Sie sprechen von einer Gruppe jüdischer Frauen, die sich 1933 unter der Bezeichnung ›German Jewish Children's Aid Project‹ (Hilfsprogramm für deutsch-jüdische Kinder) zusammengeschlossen haben. Sie schworen sich, mindestens 1000 Kinder aus Deutschland und Österreich zu retten. Deshalb nannte man sie auch die Tausend-Kinder-Gruppe. Man kann sie etwa mit dem britischen Kindertransport vergleichen.

Und waren sie erfolgreich? Ja, denn bis zum Ende des Krieges haben sie 1400 Kinder aus Deutschland, Österreich und einigen anderen Ländern gerettet.«

»Danke, allwissende Feiga«, sagte ich, »aber warum habe ich noch nie von dieser Organisation gehört?«

»Oh, das ist erklärt in einem Artikel, den wir in unserem Archiv haben, und in einem Buch über die Organisation. Die wussten von dem Antisemitismus, der in unserem Außenministerium herrschte, und deshalb scheuten sie die Öffentlichkeit. Sie wollten unter dem Radar der Bürokratie fliegen, weil sie befürchteten, dass diese Verbohrten in Washington ihnen Knüppel zwischen die Beine werfen würden.«

»Ich verstehe«, antwortete ich. »Anscheinend war ich eines dieser Tausend Kinder. Gibt es wohl eine Akte über mich?«

»Höchstwahrscheinlich«, gab sie zurück. »Alle Unterlagen sind im Archiv des YIVO (Institut für jüdische Forschung) in New York gelandet.«

»Also, ich würde sehr gerne eine Kopie der Akte bekommen.«

»Sicher. Ich rufe Gunnar Berg an, meinen Kollegen beim YIVO.«

Innerhalb von drei Wochen hielt ich meine komplette Akte in Händen. Sie bestand aus über fünfzig Schriftstücken. Mein Vater hatte um meinetwillen eine Bittschrift an das deutsch-jüdische Komitee in Berlin gerichtet. Dieses wiederum hatte sein Anliegen an jene wunderbare Gruppe entschlossener Frauen weitergeleitet, die sofort begann, meinen Fall zu bearbeiten. Das New Yorker Büro vertraute die Angelegenheit dem Sommers Children's Bureau an. Das war eine in das Netzwerk eingebundene Organisation zugunsten jüdischer Kinder, die in St. Louis ganz in der Nähe von Onkel Bennos Wohnung residierte. Die Papiere landeten schließlich auf dem Schreibtisch einer ihrer Sozialarbeiterinnen, der bewundernswerten Margaret Esrock.

In der Organisation gingen viele Briefe hin und her; man erwog, was dafür und was dagegen sprach, mir bei meiner Auswanderung beizustehen. Ich las diese Korrespondenz mit so großer Anspannung, als stünde die Entscheidung noch aus. Frau Esrock wurde für mich zur Heldin. Sie hob alle Punkte hervor, die für mich sprachen, darunter die Empfehlungen, die ich von meinen jüdischen und auch einigen nichtjüdischen Lehrern an der Oberrealschule erhalten hatte. Sie lobte den guten Willen meiner Tante und meines Onkels und strich heraus, dass sie erfahren in der Erziehung von Kindern waren. Und sie empfahl nachdrücklich, dass sich das Büro in St. Louis für mich einsetzen solle. Alles, was dagegen sprach, mich auszuwählen, spielte sie herunter. So war ich nahe an der Altersgrenze von sechzehn Jahren; sollte sich meine Abreise verzögern, käme es überhaupt nicht mehr infrage, mich zu berücksichtigen. Sie und ihre Vorgesetzte, Viola Oschrin, kümmerten sich auch weder darum, dass das Sommers Children's Bureau sein von der New Yorker Zentrale zugemessenes Kontingent bereits überzogen hatte, noch um die Vorgabe des nationales Büros, in erster Linie Jugendlichen zu helfen, die keine Verwandten in den Vereinigten Staaten hatten.

Als ich über dieser Korrespondenz brütete, bemerkte ich mit wachsender Aufregung, dass sich alles auf ein für Juli 1937 anberaumtes Treffen in St. Louis zuspitzte, das ganz meinem Fall gewidmet war. Margaret Esrock schrieb schon vorher das New Yorker Büro um Unterstützung an, als ob die Entscheidung in St. Louis bereits positiv für mich ausgegangen wäre. Aber sie hätte die Direktorin des örtlichen Kinder-Büros, Viola Oschrin, gar nicht zu übergehen brauchen, wie der darauffolgende Brief in der Akte beweist:

SOMMERS CHILDREN'S BUREAU
*3636 Page Boulevard*
*St. Louis, Missouri*

*July 6, 1937*

*Miss Lotte Marcuse*
*German-Jewish Children's Aid*
*221 West 57th Street*
*New York City*

*Liebes Fräulein Marcuse,*
*vor Kurzem haben wir ein Treffen unseres örtlichen Komitees*
*einberufen, um über Günther Stern zu beraten. Da die Silber-*
*bergs so bereitwillig sind, alles ihnen Mögliche für das Kind zu*
*tun und das Kind sich dem Alter von 16 Jahren nähert, haben*
*wir entschieden, dem Jungen zu helfen. Wir gehen davon aus,*
*dass das Kind kein Sozialfall wird, vielmehr die Familie seinen*
*Bedürfnissen gerecht werden kann.*
*Zwar ist unser Kontingent eigentlich ausgeschöpft, aber ich bin*
*ermächtigt, Ihnen mitzuteilen, dass wir Günther sehr gerne bei-*
*stehen werden. Also können Sie in Verhandlungen eintreten,*
*dass er Deutschland verlassen kann. Mit diesem Schreiben er-*
*klären wir verbindlich, dass wir die Verantwortung für Günther*
*mit Freuden übernehmen.*

*Mit freundlichen Grüßen,*
*Viola Oschrin, Direktorin*

Danach verlor das Büro in New York keine Zeit. Es schickte ein
mustergültiges Affidavit in acht Ausfertigungen an das zuständige jüdische Komitee in Deutschland. Vielleicht war es Margaret Esrocks und Viola Oschrins enthusiastischer Fürsprache
zu verdanken, dass mein Name dort auf die Liste gesetzt wurde.
Der Frauenbund hörte nicht auf, mich zu umsorgen, nachdem
ich bei meinen Verwandten eingezogen war. Nach meiner An-

kunft in St. Louis lernte ich Frau Esrock kennen. Einmal im Monat kam sie zu uns nach Hause und erkundigte sich nach mir, sehr zum Leidwesen von Tante Ethel, die sie hinter ihrem Rücken »Buttinsky« nannte; im Deutschen würde man dafür etwa »Schnüfflerin« sagen. Damals wusste ich nicht, wer Margaret Esrock schickte und wessen Interessen sie vertrat. Letztlich natürlich meine.

Nach jedem ihrer Besuche bei uns schrieb Frau Esrock einen Bericht. Sie erkundigte sich auch an meiner Highschool nach meinem Vorankommen und setzte sich sogar noch mit meinen Universitätslehrern in Verbindung. Und dann war es endlich Zeit, loszulassen: Sie meldete, dass ihr ehemaliger Schützling nun in der US-Armee in Europa diente.

Wenn ich dies in einer Zeit berichte, in der so oft beklagt wird, dass egoistisches Verhalten um sich greift, empfinde ich unendliche Dankbarkeit gegenüber einer weitgehend unbekannten Gruppe jüdischer Amerikanerinnen, die dafür sorgten, dass Günther Stern ein Schiff nach Amerika besteigen konnte, statt in einem Viehwagen nach Auschwitz gebracht zu werden. Ich beschäftige mich gegenwärtig damit, eine Ausstellung »Juden retten Juden« zu durchdenken. Margaret Esrocks und Viola Oschrins Werk gehört mit vollem Recht hinein.

Obwohl ich unmittelbar nach dem Krieg mit meiner früheren Heimatstadt abgeschlossen hatte, führte mein Weg in späteren Jahren gelegentlich wieder nach Hildesheim. So wurde ich in den 8oer Jahren eingeladen, Vorträge an meinem ehemaligen Gymnasium zu halten, danach auch an der neu gegründeten Universität. Emotional setzte mir das kaum zu: Ich hatte über mein einstiges Schülerdasein zu referieren, und ich ging diese Aufgabe, wie gewohnt, als Wissenschaftler an. In dieser Funktion aber argumentiert man streng rational. Gefühle lässt man nicht an sich heran. Es blieb jedoch nicht bei solchen »Pflicht«-Veranstaltungen, vielmehr folgte als »Kür«, Schritt für Schritt, meine Versöhnung mit den neuen und fortschrittlichen Generationen in meinem Geburtsland, und dabei konnte ich natürlich Hildesheim nicht von der Landkarte tilgen. Die freundschaftliche Art, in der liebe Menschen gerade dort auf mich zugingen, erleichterte mir das ungemein und linderte meinen Schmerz.

1988 wandte sich meine Heimatstadt wieder einmal an mich. Die Stelle, an der unsere Synagoge gestanden hatte, sollte Gedenkstätte werden. Vier Bildhauer hatten zusammengearbeitet und ein beeindruckendes Denkmal geschaffen. Ich war eingeladen, zur Enthüllung eine Rede zu halten, und ich versuchte, das prächtige Innere des 1938 zerstörten Gebäudes vor dem geistigen Auge der Zuhörer wiedererstehen zu lassen. Mein Vortrag wurde gut aufgenommen, aber noch dramatischer und nachhaltiger klang die Rede am Ende der Zeremonie, die mein ehemaliger deutscher Jugendleiter Fritz Schürmann (Fred Sherman) hielt. Zuletzt rezitierte er mit starker Stimme das hebräische Glaubensbekenntnis, ein Gebet, das seit jenem verhängnisvollen November 1938 an dieser Stelle nicht mehr gehört worden war.

Ebenfalls 1988 fuhr ich im Auftrag des US Holocaust Memorial Center in Washington, D.C., das damals noch im Aufbau war, nach München. Ich sollte weitere Nachforschungen über einen der amerikanischen Retter während des Holocausts anstellen. Es ging um Varian Fry, der von seinem Hauptquartier in Marseille aus maßgeblich an der Rettung Hunderter deutschsprachiger, vorwiegend jüdischer Künstler und Schriftsteller beteiligt gewesen war.

Im Münchner Institut für Zeitgeschichte fand ich nur wenig aussagekräftige Dokumente, doch dann erhielt ich unerwartete Hilfe. Ich hatte meinem Freund und Kollegen Dr. Oskar Holl von meiner Mission erzählt. »Spannend«, kommentierte er. »Du hast doch sicher den Dokumentarfilm über Varian Fry gesehen, den mein Freund Jörg Bundschuh gerade produziert hat? Er heißt *Villa Air Bel*.«

»Was erzählst du mir da?«, rief ich. »Es gibt einen Film über Fry?«

Er antwortete trocken: »Genau! Er läuft gerade in einem Kino in der Stadtmitte.«

Ich sah den Film, war begeistert, sprach mit Jörg Bundschuh – und wurde sofort beauftragt, den Filmemacher zu einer Vorführung mit Aussprache ins Kennedy Center in Washington einzuladen. Unverdientermaßen wurde ich für meine Spürnase gelobt.

Auch ich war bei der Vorführung im Kennedy Center dabei, und danach hatten Jörg und ich Gelegenheit zu einem privaten Gespräch. Wir redeten über unsere Vergangenheit. »Was hast du während des Krieges gemacht?« fragte er mich. »Ich war bei der Feindaufklärung«, antwortete ich.

»Was?« rief er. »Wurdest du etwa in Camp Ritchie ausgebildet?« Ich war verblüfft. Wie konnte dieser Deutsche von einer so geheimen Dienststelle wissen? Jörg sagte es mir: »Mein Kollege Christian Bauer befasst sich mit deiner ehemaligen Einheit. Er plant einen Dokumentarfilm darüber. Ich bitte dich dringend: Wenn du das nächste Mal in München bist, komm ins Tangram-Studio!«

Etwa ein halbes Jahr später konnte ich diesen Wunsch erfüllen. Christian Bauer saß mir in seinem Büro in der Pfisterstraße gegenüber. Er war ganz aufgeregt, zum ersten Mal einen »echten Ritchie Boy« zu treffen, und er ging gleich in medias res: »Erzählen Sie mir etwas Besonderes von Ihren Kriegserfahrungen.«

»Kein Problem«, sagte ich. »Stellen Sie sich vor: Wir sind bei dem berühmten amerikanischen Durchbruch bei Avranches, nahe der Frontlücke zwischen Falaise und Argentan. Ich stoße auf Papiere eines deutschen Kriegsgefangenen namens Günther Halm, mit dem ich zehn Jahre zuvor im selben Turnverein gewesen war. Ich warte bis zum Einbruch der Dunkelheit, bevor ich ihn in einen abgedunkelten Raum bringen lasse, damit er mich nicht erkennen kann. Ich hoffe, etwas über meine Familie zu erfahren. Also stelle ich auch einige Fragen zur Deportation der Juden in meiner Stadt, aber seine Antworten sind nichtssagend.«

Als ich Christian Bauer von dieser Begegnung berichtete, konnte ich nicht ahnen, dass ich in späteren Jahren noch etwas Überraschendes über meinen Turnkameraden aus der Jugendzeit erfahren sollte. Der jüngste Ritterkreuzträger des Afrikakorps hat 2012 seine Memoiren verfasst und darin auch über unsere Begegnung berichtet. Günter Halm hatte mich erkannt, das aber seinerseits nicht gezeigt. Er schrieb: »Es war der Jude Stern.«

»Was für ein Zufall!« rief Christian Bauer aus. »Aus welcher Stadt kamen Sie beide denn?«

»Aus Hildesheim«, antwortete ich.

»Hildesheim?«

»Ja«, erklärte ich mit verletztem Bürgerstolz, »eine mittelgroße Stadt in Niedersachsen.«

»Ich weiß alles über Hildesheim«, rief er und stellte eine Frage, die mich umwarf: »Haben Sie dort die jüdische Volksschule besucht?«

Ich bejahte. Ganz aufgeregt fuhr er fort:

»Dann müssen Sie meine Mutter gekannt haben!«

»Nein«, sagte ich ruhig. »Es gab dort kein Mädchen namens Bauer.«

»Unsinn«, sagte er, und der Rest seiner Rolle als lässiger Filmregisseur fiel von ihm ab. »Vor ihrer Ehe hieß sie von Rossen!«

»Eva von Rossen«, erwiderte ich, fast flüsternd.

Bauer sprang auf und durchquerte den Raum. »Was haben Sie vor?« fragte ich ihn, nun selbst reichlich erschüttert.

»Ich rufe meine Mutter an. Sie muss mit Ihnen sprechen!«

»Aber was soll ich denn zu ihr sagen? Es sind fast 70 Jahre seit unserer letzten Begegnung vergangen!«

Eine Minute später hörte ich mich sagen: »Eva, wie geht es dir?«

Zwei Tage später trafen wir uns in einem Münchener Restaurant. Eva war aus Landsberg am Lech angereist. Sie war immer noch so rank und anmutig, wie ich sie in Erinnerung hatte. Unser Gespräch begann mit einer dringlichen Frage von Eva: »Ich habe mir so viele Sorgen um unsere Schulkameraden gemacht. Weißt du, was mit ihnen passiert ist?«

Ich konnte ihr etliche Auskünfte geben, die geographisch mit Australien, London, New York, der Schweiz und Auschwitz abgesteckt waren. Es nahm uns seelisch ziemlich mit. Ihr Sohn Christian und meine Frau Judy zogen sich zurück, um unser vertrautes Wiedersehen nicht zu stören. Wir waren allein mit unseren Erinnerungen.

Später, viel später, fragte ich sie: »Wie bist du, ein katholisches Mädchen, dazu gekommen, unsere jüdische Schule zu besuchen?«

»Oh, das habe ich meinem Vater zu verdanken. Er hat gemerkt, dass ich in meiner riesigen katholischen Schule zum Mauerblümchen wurde. Guter Vater und sensibler Künstler, der er war, ging er in Hildesheim von einer Schule zur anderen, um die richtige für mich zu finden. Schließlich stieß er auf deinen berühmten Lehrer ›Onkel Oskar‹ und verstand sich sofort mit ihm. Ich kam an meine neue Schule, wurde herzlich aufgenommen und freundete mich schnell mit allen an. Sogar du hast mir zugezwinkert«, lachte sie, »und ich bin aufgeblüht.« »Ich bin froh, dazu beigetragen zu haben«, strahlte ich.

Dann wurde Eva ernst. »Diese Entscheidung meines Vaters hatte ein trauriges Nachspiel. Als die Nazis an die Macht kamen, zahlten sie ihm heim, dass er seine Tochter auf eine ›Judenschule‹ geschickt hatte. Er erhielt keine künstlerischen Aufträge mehr von der Stadt und wurde schikaniert. Von einem Tag auf den anderen zogen wir in ein abgelegenes Dorf in Oberbayern. Ich kapselte mich völlig ab. Aber schließlich bin ich in Papas Fußstapfen getreten und Malerin geworden.«

Ich habe Christian und Eva einige Male in Landsberg besucht. Beim letzten Treffen schenkte sie mir einen ihrer Kupferstiche, die Illustration zu einem Werk des deutschen Schriftstellers E. T. A. Hoffmann. Das Bild hängt heute in meinem Haus in einem Vorort von Detroit und erinnert mich an meine Schulkameradin aus Hildesheim.

Diese außergewöhnliche Kette von Erlebnissen setzte sich fort, als ich ein Jahr später das Buch *Die Ritchie Boys* von Christian Bauer und Rebekka Göpfert erhielt. Darin beschrieb er unsere erste Begegnung von meinen Erinnerungen an das Verhör des Ritterkreuzträgers vom Hildesheimer Sportverein bis hin zu den Erinnerungen, die Christians Mutter und ich teilten. Auch hatte er die Erinnerungen seiner Mutter über ihre Schulkameraden aufgeschrieben, darunter auch mich (»... der hübsche Junge mit pechschwarzen Locken, der sich immer nach ihr umdrehte, wenn der Lehrer nicht aufpasste«). Obendrein schilderte er auch, wie er selbst unsere Zufallsbegegnung empfunden hatte: »Es war ein glücklicher Tag. Unerwartet hatte ich ein Stück Trauer und Schuld aus dem Leben meiner Mutter getilgt. Ich wusste plötzlich, warum ich Filmemacher geworden war.« Natürlich verstand ich, was Christian meinte. Aber warum musste diese wunderbare Frau, Eva, mit Trauer und Schuldgefühlen beladen sein?

Im Jahr 2004 wurde das jährliche Dokumentarfilm-Festival in Toronto mit Christians Film *The Ritchie Boys* eröffnet. Mein Freund und Kriegskamerad Fred Howard und ich waren dort. Christian stellte in seiner Einführung heraus, wie seine Mutter von ihren jüdischen Klassenkameraden in Hildesheim erzählt hatte, und wie sich das auf seinen Entschluss ausgewirkt hatte, die Geschichte der Ritchie Boys zu verfilmen. Nach der Vorführung trat eine Frau an uns heran und stellte sich als Debbie Filler vor, Schriftstellerin, Sängerin und Komödiantin. »Meine Mutter war eine geborene Adler. Auch sie hat die jüdische Schule in Hildesheim besucht.« Ich kannte sie als Ruthie, die

274

uns »ältere« Schüler genervt hatte. Lange nach dem Krieg hatte
ich sie, inzwischen Großmutter, in New York wiedergesehen;
viele Jahre lebte sie in Neuseeland, wo sie 2021 verstarb. Ich
fragte mich, wie viele weitere erstaunliche Begegnungen mir
durch die Ritchie Boys noch beschert sein würden.

Kurz vor meinem 90. Geburtstag lud mich der Kehrwiederturm
dazu ein, wieder einmal nach Hildesheim zurückzukommen,
diesmal mit heimlicher Unterstützung meiner Frau. Die phantasievolle Susanna hatte die Idee, meinem runden Geburtstag
einen besonderen Zauber zu verleihen – ohne ein Sterbens-
wörtchen mir gegenüber. Sie wandte sich an einen unserer Bekannten, den Stadtarchivar von Hildesheim, Herbert Reyer. Sie
schrieb: »Wäre es anlässlich des 90. Geburtstages meines Mannes, Guy Stern, am 14. Januar 2012, nicht die Krönung seines
Lebens, wenn er zum Ehrenbürger der Stadt Hildesheim ernannt würde? Er hat keine Ahnung von meiner Anfrage.« Dr.
Reyer erstellte, wie ich heute der dann folgenden Korrespondenz entnehmen kann, ein Dossier über meine Bemühungen
um meine Geburtsstadt. Er leitete den Vorschlag meiner Frau
mitsamt den in seinem Archiv enthaltenen Unterlagen weiter
an den damaligen Oberbürgermeister der Stadt, Dr. Kurt Machens. Für den Fall, dass er und der Stadtrat zustimmten, schlug
er vor, einen Veranstaltungstermin in meine nächste Reise nach
Deutschland im Frühjahr 2012 zu legen.

Die beiden Verschwörer können stolz auf ihre Arbeit sein.
Am festgesetzten Tag fanden Susanna und ich den Saal des Hildesheimer Rathauses völlig überfüllt vor. Viele meiner Freunde
und Kollegen waren angereist, einige von ihnen aus weit ent-
fernten Städten Europas. Der Oberbürgermeister schilderte be-
redt mein Bemühen, den nachwachsenden Generationen die
Verbrechen einer abscheulichen Vergangenheit verständlich zu
machen und sie dagegen zu sensibilisieren, und auch Harmonie
zwischen den verschiedenen Konfessionen in unserer gemein-

samen Heimatstadt wieder wachsen zu lassen. Über die gesamte Rückwand des Saales hatte man eine große Schautafel gehängt, die mein Leben anhand von Artikeln und Bildern nacherzählte. Ich begriff, dass meine Heimatstadt alles getan hatte, was in ihrer Macht stand, um mir die Hand zur Versöhnung zu reichen. Die dunklen Jahre, die mir Familie und Staatsbürgerschaft geraubt hatten, konnte ich nicht vergessen, aber ich spürte auch, dass ein Lichtstrahl die Dunkelheit erhellte.

Die feierliche Zeremonie blieb nicht folgenlos. Meine Frau und ich frühstückten am nächsten Morgen in unserem Hotel, als etwa zehn Besucher auftauchten. Einer von ihnen ergriff das Wort und stellte sich als Rolf Altmann vor, Präsident des Turnvereins Eintracht. »Der gesamte Vorstand ist hier, um sich für Ihren Ausschluss aus unserem Verein im Jahr 1934 zu entschuldigen«, sagte er. »Sie sind von nun an ein lebenslanges Ehrenmitglied.« Bei einem späteren Besuch verblüffte ich Clubmitglieder und Presse, als ich Jacke und Hemd ablegte und im Turnleibchen mit dem Vereinswappen der Eintracht dastand. Dann schwang ich mich auf eines der Trainingsgeräte, um zu beweisen, dass ich nach wie vor ein tüchtiges Mitglied dieses angesehenen Clubs war. Wann immer ich in Hildesheim bin, nehmen mich Rolf Altmann und sein Freund Hans-Jürgen Bertsche unter ihre Fittiche und sorgen für unvergessliche Tage.

Über solche erstaunlichen, doch ganz realen Begegnungen hinaus erscheint Hildesheim oft in meinen Gedanken und Träumen. Und da sich diese Memoiren dem Ende nähern, möchte ich noch einige der Gelegenheiten anführen, in denen der Ort meiner Geburt und Kindheit plötzlich in das Leben eindrang, das ich Jahrzehnte später führte.

2003 saß ich in meinem Arbeitszimmer in West Bloomfield, Michigan, und wollte die neuesten Veröffentlichungen über Exil und Exilliteratur durchsehen. Was als abseitiges Spezialgebiet begann, ist heute ein ausgedehntes Forschungsfeld; es kostet erhebliche Anstrengung, sich darin auf dem Laufenden zu halten. Ich griff nach dem Titel *Escape to Manila*, dem ersten wissenschaftlichen Werk über die Philippinen als Asylland, geschrieben von Frank Ephraim. Spannendes Thema! Als ich auf Seite 37 ankam, fand ich mich plötzlich in das Hildesheim meiner Jugend zurückversetzt.

Elf Jahre lang hatte ich mich jeden Samstag mit fast allen Jugendlichen der jüdischen Gemeinde getroffen. Wir sangen Volkslieder, deutsche vaterländische und hebräische Lieder, lasen uns reihum Texte vor, die wir entdeckt hatten, und trugen zuletzt einen Vers aus Pirkei Avot (Ethik der Väter) auf Deutsch vor und versuchten, ihn auszulegen. Dies alles geschah unter der Leitung unseres Kantors Cysner, der aus Bamberg stammte. Wir hatten ihn ins Herz geschlossen und waren den Tränen nahe, als die viel größere jüdische Gemeinde in Hamburg ihn uns 1937 schnöderweise abluchste. Bei seinem Abschied überraschten wir ihn mit einem Geschenk: Wir stellten die Protokolle unserer Heimnachmittage zusammen. Nachdem ein erstklassiger Buchbinder die maschine- und handgeschriebenen Blätter bearbeitet hatte, ergaben sie einen prächtigen Wälzer. Auf dem Umschlag prangte der anspruchsvolle Titel *Unser Werk*. Seppl war zu Tränen gerührt. Nach seiner Abreise hörten wir gelegentlich von ihm und erfuhren beispielsweise auch von seinem Erfolg in Hamburg. Doch bald waren wir Hildesheimer in alle Winde zerstreut – oder tragischerweise in verschiedenen Konzentrationslagern gelandet.

Wie Ephraims Buch berichtet, hatte sich Seppl Cysner nach Manila durchgeschlagen. Freilich ist nicht nur diese glückliche Wendung in seinem Leben nachzulesen, sondern auch die Umstände seines frühen Todes. Im Frühjahr 1945, nachdem die japanische Besatzung beendet war, konnten Kantor Cysner und seine Mutter in die Vereinigten Staaten gelangen. In San Francisco traf er mit Sylvia Nagler zusammen, die er schon 1934 in der Bamberger Synagoge kennengelernt hatte. Sie war aus Deutschland geflohen und hatte die Kriegsjahre in England verbracht. Die beiden heirateten am 22. August 1948 im Tempel Sherith Israel in San Francisco, wo Joseph als Kantor diente. Ab 1950 erklang seine melodiöse Stimme bei den Gottesdiensten der Kongregation Tifereth Israel in San Diego.

Doch schon am 3. März 1961 endete sein Leben. Sylvia Cysner erfuhr zu Hause am Telefon von dem schweren Herzinfarkt, der ihren Mann dahingerafft hatte. Er war erst neunundvierzig Jahre alt. Doch er hinterließ ein bleibendes Vermächtnis. Mehr als jeder andere hatte er sein Herz an die jüdischen Gemeinden gehängt, denen er gedient hatte.

Wenn ich die Augen schließe, kann ich ihn immer noch vor mir sehen, sogar seinen Gesang hören. Ich glaube, dass Seppl in meiner Jugendzeit den größten Einfluss auf mein Leben ausgeübt hat. Nicht zuletzt meine Erinnerungen an die glücklichen, herbeigesehnten Samstagnachmittage, die ich mit Kantor Cysner und meinen Freunden verbrachte, ebneten mir den Weg zurück zu meiner Geburtsstadt.

Im Juni 2011 arbeiteten in Basel Dr. Vincent Frank, Sohn des Schriftstellers Rudolf Frank aus Mainz, und Wilfried Weinke, ein Hamburger Germanist und Kurator, zusammen an einer Ausstellung, die von der Universitätsbibliothek Basel gefördert wurde. Mein Bezug dazu ist schnell erzählt: Rudolf Franks Auswanderungsroman *Ahnen und Enkel* war mein Lieblingsbuch. Es war das letzte Chanukka-Geschenk meiner Eltern, eines der wenigen Bücher eines jüdischen Autors, das 1936 – verlegt von der gemeinnützigen Jüdischen Buch-Vereinigung – in Nazideutschland verkauft werden durfte, allerdings nur an jüdische Käufer.

Die Ausstellungseröffnung war ein bemerkenswerter Erfolg, der gefeiert werden musste. Spontan luden Vincent Frank und seine Frau Melinda Veranstalter, Bibliothekare, Referenten, Freunde und Bekannte zu einer Party ein. »Übrigens«, fügte der Gastgeber an, als er mich einlud, »wird die Tochter einer verstorbenen Dame aus Hildesheim dabei sein. Sie sind doch auch aus Hildesheim?« Als Vincent uns zusammenbrachte, war ich fassungslos. Vor mir stand die Reinkarnation meiner ersten Liebe.

Gerda Schönenberg und ich hatten uns schon in der Volksschule kennengelernt. Sie war die Schwester meines Klassenkameraden Robert und ein Jahr älter als ich. Nach der Volksschule ging sie auf das Goethe-Gymnasium für Mädchen. Sie trat der Sabbat-Jugendgruppe von Kantor Cysner bei und war, wie Robert und ich, Mitglied im Bund deutsch-jüdischer Jugend (BDJJ), einer Vereinigung nach Art der Pfadfinder. Darüber hinaus gehörte sie einer Sportverbindung an, die unter der Schirmherrschaft der Hildesheimer Ortsgruppe des Reichsbundes jüdischer Frontsoldaten stand. Sie hatte einen starken Eindruck auf mich gemacht. Als ein Turngruppenleiter sich daran stieß, dass sich Mädchen und Jungen im gleichen Raum umzogen, ermahnte Gerda ihn: »Reg dich nicht so künstlich auf.«

Wir verliebten uns am Lappenbergplatz, gleich nach einem Nachmittag mit dem guten Cysner. Bevor wir uns trennten, fragte ich Gerda: »Möchtest du einen Spaziergang machen?« Er begann vor unserer Synagoge, führte am Kahlenbergsee vorbei und endete nach fast zwei Stunden im treffend benannten Liebesgrund.

Unser Spaziergang wurde zu einer wöchentlichen Gewohnheit. Wir redeten stundenlang. Zwischendurch lernten wir die Freuden des Küssens kennen. Wir unternahmen mit unseren Freunden Lieselotte Rosenberg und Fritz Palmbaum eine dreiwöchige Fahrradtour entlang des Rheins. Gelegentlich umarmten wir uns, aber während dieser Fahrt, die in demselben Jahr stattfand, in dem ich Deutschland verließ, »passierte« nichts. Vor meiner Abreise standen wir einmal im Liebesgrund beisammen, hielten uns umfangen und weinten.

Nachdem ich das Gerdas Tochter erzählt hatte, berichtete sie mir, wie sich ihre Mutter während ihrer Exiljahre in der Schweiz durchgeschlagen hatte. Um uns herum wurde die erfolgreiche Vernissage fröhlich gefeiert; wir hatten keinen Anteil daran. Hildesheim mit all seinen Erinnerungen blendete die sicherlich wunderbare Feier in der Schweiz völlig aus.

2012 hielt ich einen Vortrag in einem Gymnasium nahe Konstanz. Danach verriet mir die Lehrerin ihren Ärger darüber, dass ihre Schüler mich einen »alten Grufti« genannt hatten. Als Neunzigjähriger lacht man herzlich über einen so offensichtlich unzutreffenden Kosenamen. Doch das Lachen verging mir, als ich zu Hause unter einem Stapel Geburtstagskarten Werbung für eine Kette von Krematorien entdeckte. In Anbetracht meines fortgeschrittenen Alters, so stand da zu lesen, sollte ich darauf achten, dass meine Nachkommen nicht durch die Kosten meiner Bestattung ruiniert würden. »Vergleichen Sie!«, wurde mir geraten, und dazu war entgegenkommenderweise eine Tabelle abgedruckt, der zu entnehmen war, wie preisgünstig die Erben davonkommen, wenn das Alterchen – in diesem Fall ich – seine Einäscherung vorab regelt.

Diese Taktlosigkeit machte den Jubelgreis wütend. Ich war drauf und dran, beim Verbraucherschutz anzurufen, als eine plötzliche Erinnerung aus Hildesheim meinen Unmut verfliegen ließ. Als Schuljunge war ich mindestens einmal pro Woche über den Marktplatz gelaufen, zwischen dem Rathaus rechts und einem Bestatter links. Ich kann mich noch an jeden Schritt auf diesem Weg erinnern. Und wie geschmackvoll und traulich wurde dort für die richtige Wahl der Entsorgung nach dem Tode geworben! Im Schaufenster stand eine würdevolle Reklametafel mit einem Gedicht:

Nicht ekle Würmer soll mein Leib einst nähren,
die reine Flamme nur soll ihn verzehren.
Ich liebte stets die Wärme und das Licht,
darum verbrennet mich, begrabt mich nicht.

Das Gedicht stammt von Peter Rosegger, Friede seiner Asche.

Ich habe diese Zeilen einmal meinem Hildesheimer Freund und Kollegen Dieter Sevin vorgetragen – und er erinnerte sich ebenfalls an diese unsterblichen Verse. Jedesmal, wenn ich ihn traf, schwelgten wir in Erinnerungen an Hildesheim. Wir schwammen immer noch mit denselben korrekten Zügen, die wir von unserem Schwimmlehrer gelernt hatten, dem ziemlich korpulenten Herrn Bode, und wir machten Wortspiele über diese gemeinsame Erfahrung. »Wir wurden beide im selben Bad mit Bode-Wasser getauft.« Einmal boten Dieter und seine Frau ihr schön gelegenes Haus in Hildesheim Susanna und mir für ein paar Tage an. In Anspielung auf meinen stets straffen Zeitplan drückte meine Frau später ihre Freude und Dankbarkeit darüber aus, dass wir eine ganze Woche in Hildesheim verbringen konnten: »Ich habe mich wirklich in diese Stadt verliebt. Sie ist mir ans Herz gewachsen.«

Um dieses Kapitel – und dieses Buch – abzurunden, muss ich noch eine bewegende Begegnung mit Hildesheim und seinen Bewohnern erzählen. Ein halbes Jahr, nachdem mir die Ehrenbürgerwürde verliehen wurde, erhielt ich eine weitere Einladung. Am Haus Hoher Weg 36, in dem ich einen großen Teil meiner Kindheit verbracht habe, sollte eine Gedenktafel zu Ehren meiner Familie angebracht werden. Ein Teil der Inschrift darauf lautet folgendermaßen:

*Bis zur Zerstörung am 22.3.1945 stand hier das Haus, in dem die jüdische Familie Stern bis zu ihrer Deportation Ende März 1942 lebte. Vater Julius Stern, Mutter Hedwig und die Geschwister Werner und Eleonore wurden in Auschwitz ermordet. Günther (Guy) Stern, der älteste Sohn der Familie, konnte 1937 in die USA auswandern und überlebte als Einziger.*

Ich muss gestehen, dass ich nie überprüft habe, ob meine Familie tatsächlich in Auschwitz ermordet wurde. Ein letzter Brief meiner Mutter erreichte mich aus dem Warschauer Ghetto, dann verlieren sich die Spuren. Vielleicht wäre es möglich gewesen, in späteren Jahren den Sterbeort meiner Angehörigen ausfindig zu machen, zum Beispiel durch das Internationale Zentrum für NS-Opfer in Bad Arolsen. Aber hätte das meine Familie wieder lebendig gemacht? Hätte es mir Seelenfrieden gegeben? Vielleicht hätte es mich nur noch mehr belastet, und so habe ich beschlossen, keine Nachforschungen anzustellen.

Ich war also dabei und hörte zu, wie Oberbürgermeister Machens eine eingängige Rede hielt, gefolgt von einer kleinen Band, die Klezmer-Musik spielte. Um uns herum stand eine ganze Gruppe von Hildesheimern: meine Mitbürger. Ich sagte einige kurze Dankesworte, und erneut brach Licht durch das Dunkel der Vergangenheit. Meine guten Gefühle für meine Heimatstadt dauern an. Als Oberbürgermeister Machens aus dem Amt schied, folgte ihm nach einer parteiübergreifenden Abstimmung Dr. Ingo Meyer nach. Auch er bemühte sich sehr darum, mir ein Zugehörigkeitsgefühl zu meinem Geburtsort zu erhalten. Ein weiterer Anlass, wenigstens ein Familienmitglied zu ehren, ergab sich Ende 2019, als in meiner Anwesenheit im Angedenken an meinen Bruder Werner vor dem Gymnasium Josephinum ein Stolperstein in das Kopfsteinpflaster eingelassen wurde. Erst kürzlich erreichte mich die Nachricht, dass für 2022 die Verlegung fünf weiterer Stolpersteine geplant ist, nämlich vor meinem alten Wohnhaus Hoher Weg 36 – für jedes Mitglied meiner Familie, einschließlich meiner selbst.

Nachdem ich neue und stabile Bindungen zu Menschen aus Hildesheim aufgebaut hatte, musste ich mich mit dem Aspekt meines Lebens auseinandersetzen, der mir immer am meisten Kraft gegeben hatte – meine Familie und Freunde, die mir das Schicksal so grausam geraubt hat. Wie ich von anderen Holocaustopfern gelernt habe, hat jeder Betroffene einen ganz individuellen Umgang mit dem Verlust entwickelt. Oft räumt man den Verstorbenen einen festen Platz in seinem Leben ein, namentlich durch Ahnenforschung. Durch intensive Recherche werden Personalien festgestellt, mit denen ein detailgenauer Stammbaum entworfen wird. Ein Netzwerk von Nachkommen der Opfer kann vor Augen führen, dass sie nicht vergeblich gelebt haben.

Ich fand einen anderen Weg. Ein hebräisches Sprichwort verheißt, dass »einige überleben werden«. In diesem Geiste machte ich mich auf die Suche nach den wenigen Überlebenden meiner Sippe, die irgendwie der Massenvernichtung entkommen waren. Bei dieser aus Verzweiflung geborenen Nachforschung machte ich manchmal weit entfernte Verwandte ausfindig. Um es auf den einfachsten Nenner zu bringen: Ich suchte nach Blutsverwandtschaft, um mich zu vergewissern, dass wir immer noch zusammengehörten. Die Überlebenden aus meiner größtenteils ermordeten Familie, so fern sie auch sein mochten, waren die Lösung.

Und ich habe sie gefunden: Mütterlicherseits gab es meine Cousine Marianne. Sie war die Tochter eines Bruders meiner Mutter, Willi, der schwerverwundet aus dem Ersten Weltkrieg zurückgekehrt war. Marianne hatte wie durch ein Wunder Auschwitz überlebt und nahm einige Monate nach ihrer Ankunft in New York Kontakt mit mir auf. Ich war in der Lage, ihr ein wenig zu helfen.

Meine Mutter hatte auch einen Cousin in Köln, Rudi Minden. Dieses Energiebündel war mit Frau und Kleinkind über die belgische Grenze geflüchtet. Der Gefangennahme hatte er sich entzogen, indem er in Brüssel ständig sein Versteck wechselte. Die kleine Renée hatte er einer katholischen Familie in der Stadt anvertraut. Aber wo war Rudi jetzt? In einer Fachbibliothek fand ich ein 1959 erschienenes Buch, *Die Juden in Köln*. Und siehe da, auf der letzten Seite waren die jüdischen Gemeindevorsteher der Nachkriegszeit aufgelistet. Rudi war einer von ihnen. Damals, Anfang der 60er Jahre, war ich mit Frau und Sohn in München. Ein Telefonat, und am nächsten Morgen fuhren wir mit unserem VW-Käfer nach Köln. Rudi, seine Frau

Loni und später ihre Tochter Renée und Renées Kinder wurden weitere Mitglieder meines engsten Kreises. Vor einigen Jahren konnte ich mit Renée, ihrem Sohn Alan und dessen Frau die Bat Mizwa seiner Tochter in London feiern.

Auf väterlicher Seite fand sich auch ein Überlebender. David, der Bruder meines Vaters, war hoch angesehen als Lehrer am einzigen ökumenischen Gymnasium in Deutschland, und zwar in Dortmund. Er hatte es geschafft, mit Ehefrau Thekla und Sohn Heinz nach Argentinien zu fliehen. Nach dem Krieg machte Heinz mich in Cincinnati ausfindig und schrieb mir. Er suchte, ganz wie ich, nach überlebenden Mitgliedern der Familie Stern.

Wir begannen zu korrespondieren. Und dann machte er einen Vorschlag. »Wäre es nicht großartig, wenn unser älterer Sohn, der jetzt im Highschoolalter ist, ein halbes Jahr bei deiner Familie verbringen und seinen Horizont erweitern könnte?« »Das würden wir sehr begrüßen«, schrieben wir zurück. Wir meldeten Mario an der Walnut Hills High School an, der angesehensten Sekundarschule in Cincinnati, und er entwickelte sich wunderbar. Nach seiner Rückkehr machten wir einen Gegenbesuch in dem schönen Haus seiner Eltern in La Lucilla, einem Vorort von Buenos Aires. Heute leben Mario und sein Bruder Claudio in München, und wir besuchen sie jedes Mal, wenn wir dort sind.

Nach meiner Rückkehr von den europäischen Schlachtfeldern zog ich nach New York. Doch weiterhin unterhielt ich enge Beziehungen zu meiner Tante und meinem Onkel Silberberg, die mich vor der Naziherrschaft gerettet hatten. Sie waren bei meiner Hochzeit mit Margith dabei. Onkel Benno hatte in seinem früheren Beruf wieder Fuß gefasst; er und Tante Ethel sahen eleganter aus, als ich sie jemals am Maple Place in St. Louis zu Gesicht bekommen hatte.

Dann gab es noch einen Nebenfluss, der erkundet werden musste. Meine erste Frau, Margith, hinterließ mir ein Vermächtnis. Sie pflegte eine enge Freundschaft mit einer ihrer Cousinen. Jo besuchte uns häufig in Queens, und das blieb so, als sie nach Tampa, Florida, zog und Robert Franzblau heiratete, den Mitinhaber einer Zigarrenfabrik. Als Margith und ich uns scheiden ließen, beschlossen die Franzblaus, mich in ihrer Familie zu behalten. Es gab kaum eine Familienfeier, zu der ich nicht eingeladen war, einschließlich zweier großer Familientreffen in Italien.

Mein neuer Familienkreis wurde zuletzt noch einmal erweitert durch die schon erwähnte Nürnberger Verwandtschaft von Susanna. Ich fühle mich geehrt und freue mich über all meine Verwandten und Wahlverwandten.

## KAPITEL 13

## Beifall wie noch nie

Unerwartet wurde mir 2018 eine weitere Ehre zuteil. Ein neuer Bekannter, Chuck Bernard, Mitglied der Vereinigung ehemaliger Nachrichtendienst-Offiziere (AFIO), fragte mich, ob er mich für das Football-Heimspiel an der Universität von Michigan am 6. Oktober 2018 als »Veteran des Spiels« vorschlagen dürfe. Ich antwortete nur einfach und höflich: »Warum nicht?« Aber ich war felsenfest davon überzeugt, die Wahl würde nicht auf einen obskuren Ritchie Boy fallen.

Zudem hatte ich mich mit Football mein ganzes Leben kaum abgegeben. Zum ersten Mal stieß ich als Neuling an der Soldan Highschool auf diesen eigenartigen Sport. Unser Schulleiter verkündete kurzfristig, dass um elf Uhr der Unterricht ausfalle, und zwar zugunsten einer »Pep Rally« in der Aula der Highschool. Was dort geschah, war laut und – zumindest für mich – unverständlich. Es galt, unsere Football-Mannschaft beim entscheidenden Spiel um die Meisterschaft anzufeuern, indem wir am Spielfeldrand komische Lyrik brüllten. Also probten wir unter Anleitung unserer Cheerleader (ausschließlich Männer!) solche denkwürdigen Verse:

> »Izzagasiss, izzagasane,
> Menschenskinder, haut sie um!
> Haut sie kräftig auf den Deez!
> Vorwärts, Soldan! Zack, los geht's!«

Ich stimmte in das Geschrei ein, hatte aber keine Lust, zu dem Spiel zu gehen. Football ließ mich zu meiner ganzen Zeit an der Highschool und auch in meinem ersten Jahr an der Saint Louis University kalt. Aber in meinem zweiten Studienjahr sprach mich Mary Jane an, eine Kommilitonin aus Professor Mihailovichs Soziologiekurs: »He, Guy, mein Paps fährt mich am Samstag zum Footballspiel. Willst du mitkommen?« Ich war überrascht und erfreut. Sie und ich hatten uns das ganze Semester über in den Haaren gelegen. Mary Jane unterstützte unseren Professor bei der Verbreitung seiner konservativen Ansichten. Beispielsweise war er überzeugt, Sündenstrafen vollziehe Gott durch Feuer; schließlich stützten Mythen in Gesellschaften auf der ganzen Welt diese Annahme. Ich hatte ihre und des Professors These einer etwas ruppigen Fundamentalkritik unterzogen und damit Anklang im ganzen Seminar gefunden; schließlich hatte ich vordem zu Füßen des gewieften Logikers Pater Reeve gesessen. Während des Spiels entsetzte sich Mary Jane, dass ich nicht einmal die einfachsten Grundregeln von Football kannte. Sie lud mich nie wieder ein.

Die Jahre vergingen, und ich war zum Vizepräsidenten der Wayne State University aufgestiegen. An einem Herbsttag des Jahres 1993 rief mich unser Präsident, Tom Bonner, in sein Büro. »Guy, nächsten Samstag ist das Eröffnungsspiel unserer Football-Saison. Als Vizepräsident musst du hingehen!« Das war ein Befehl. Ich ging in unsere Bibliothek und vertiefte mich in ein Buch über Regeln und Spielzüge von Football. Mary Janes Verachtung hatte mir eine Lektion erteilt. Ich lernte Begriffe wie Lateral, Double Reverse, Penalty wegen unnötigen Foulspiels und Quarterback Sneak auswendig. Ich warf mit diesen Vokabeln großzügig um mich und vermied so, als Banause abgestempelt zu werden.

Wie man sich schon denken kann, erkoren die Damen und Herren des Auswahlkomitees der Universität Michigan mich nach weiteren 25 Jahren tatsächlich zum »Veteran des Spiels«.

Gegen die Recken der »Michigan Wolverines« traten die »Terrapins« der University of Maryland an. Bärenmarder gegen Sumpfschildkröten, prima. Und ich bekam Anweisungen: »Ihre Frau und Sie sollten zweieinhalb Stunden vor dem Spiel eintreffen. Sie sind zu einem Picknick auf unserem Parkplatz eingeladen. Eine Gruppe von Nachrichtendienst-Veteranen, Studenten der Universität von Michigan-Dearborn unter Leitung von Tom Pitock, wird sich um Sie kümmern.« Ich unternahm heroische Anstrengungen, um mir all die Fachbegriffe ins Gedächtnis zurückzurufen, die mich durch die Terra incognita eines riesigen Football-Feldes geleiten würden. Mir wurde gesagt, meine Fans – alte und neue, von nah und fern – würden sich in einem großen Zelt zum Essen und Trinken versammeln und sich untereinander und mit mir bekannt machen und auf den großen Moment einstimmen. Idyllisches Wetter war vorhergesagt.

Letzteres bewog Susanna dazu, mich zu begleiten. Sie hatte sich in den Tagen vor der Veranstaltung nicht wohlgefühlt, aber sie wollte den herausragenden Moment nicht verpassen, in dem mir ganze 115 000 Zuschauer Beifall klatschen würden. Doch es sollte nicht sein. Ein Sturm riss beinahe das Zelt um; eine besonders heftige Bö verschob die Dachplane und ließ angesammelte Wasserströme auf uns niederprasseln, genau auf Susannas Rücken. Ich überzeugte meine frierende, durch und durch unglückliche bessere Hälfte, dass Zelt und Stadion kein guter Platz für sie seien. Sie ging mit unserer Freundin Diane Bouis nach Hause, bei der wir in Ann Arbor übernachteten.

In Michigan gibt es ein altbekanntes Sprichwort: »Fluche nicht übers Wetter; in zehn Minuten ändert es sich.« Diesmal dauerte es länger als zehn Minuten, das Spiel verzögerte sich um über eine Stunde. Aber beim Anpfiff schien die Sonne. Inzwischen bereitete sich die größte Band, die ich je gesehen hatte, darauf vor, an unserem Zelt vorbeizumarschieren und dem zu ehrenden Veteranen zu salutieren. Dagegen waren die 76 Posaunen, die im Musical *The Music Man* ertönen, ein Nichts. Orchester-Routiniers und Neulinge aus Dutzenden Nationalitäten – sie alle trompeteten, trommelten und pfiffen sich mit der gleichen ernsten Miene an uns vorbei und verneigten sich vor mir. Ich glaubte, damit sei der erste Akt meiner Rolle beendet. Aber nein, mir wurde gesagt, ich solle an Ort und Stelle bleiben. Die Majorette der Band eilte zurück, umarmte mich und drückte mir einen keuschen Kuss auf beide Wangen. Sie war wirklich eine Augenweide, ein Bild von einer Sportlerin. Und bei mir regte sich der Gedanke, sie könnte leicht meine Urenkelin sein.

Wir wurden zu unserer Tribüne geleitet; das Spiel sollte gleich beginnen. Michigan jubelte der Heimmannschaft außer Rand und Band zu, und ich stimmte mit ein. Kein Singsang mehr wie anno dazumal »Izzagasiss«. Stattdessen blinkten Ansagen auf den elektronischen Anzeigetafeln auf: »Macht Lärm!« Im Spiel selbst wurde hart gekämpft, und beide Mannschaften gingen abwechselnd in Führung. Aber zu meiner Freude besiegten unsere »Champions of the West« zuletzt die Eindringlinge aus Maryland nach Strich und Faden. Ich hatte meine leidvollen Tage auf dem Campus der Universität von Maryland nicht vergessen.

Ich war völlig in das Spiel vertieft und dachte gar nicht mehr daran, dass ich noch einen Auftritt hatte. Bryan Assenmacher, ein an der Uni eingeschriebener ehemaliger Offizier im Nachrichtendienst, holte mich in den Plan zurück: »Zeit, nach unten zu gehen! Die Rollstühle warten schon!« Rollstühle? Darauf war ich nicht vorbereitet. In einem Ausbruch übler Laune protestierte ich: Jeder andere könne gerne meinen Platz einnehmen. Aber man beruhigte mich schnell. Der Verantwortliche für das ganze Unternehmen erklärte, es handle sich um eine Vorsichtsmaßnahme. Versicherungsrechtlich sei man verpflichtet, Rollstühle zu benutzen. Seite an Seite mit mir wurde obendrein ein US-Luftwaffen-Veteran namens Joe Melcher geehrt, der auf einen Rollstuhl angewiesen zu sein schien. Er wurde von seiner Tochter Kate begleitet, einer verabschiedeten Luftwaffenangehörigen im Hauptmannsrang. So wurden wir zusammen durch dunkle Gänge, steile Auffahrten und vorbei an Umkleidekabinen gefahren, die, wie man sich erzählte, nie für die Blicke des Publikums freigegeben waren (ich fühlte mich an einen Kriminalroman von Scott Turow erinnert, der in einer ähnlichen Umgebung spielt, nur geht es dort um eine Basketballmannschaft).

Aber uns widerfuhr nichts Schlimmes. Wir wurden während der dritten von vier Spielzeiten in den Katakomben des Stadions nahe dem Ausgang abgestellt, der den Torpfosten der Mannschaft von Michigan am nächsten lag. Während der nächsten Pause trabten wir hinaus. Wir marschierten in guter militärischer Haltung zur Dreißig-Yard-Linie des Spielfeldes. Schließlich wollten wir den Zuschauern demonstrieren, dass wir noch Jahre davon entfernt waren, die vorgeschriebenen Rollstühle zu benötigen. Plötzlich erschien meine Kurzbiographie auf der Anzeigetafel. Sie beschrieb meine »Heldentaten« im Zweiten Weltkrieg und ging, wie von mir gewünscht, auf die Tragödie meiner Familie ein.

Tausende von Zuschauern spendeten ohrenbetäubenden Applaus, während wir dort standen. Das war für mich das Erlebnis meines Lebens. Als wir uns zurückzogen, eilten Wildfremde auf mich zu und dankten mir für meinen Dienst. Damit löschten sie die vielen Selbstzweifel aus, die auf meine Jahre unter einer Diktatur als Opfer von Diskriminierung und Schikanen zurückgingen. Ich fühlte mich eingehüllt in die Zuneigung meiner amerikanischen Mitbürger, und ich genoss diese Anerkennung.

# NACHWORT

## Auf der Suche nach der Zukunft

Wenn ich auf diesen Lebensbericht zurückblicke, der so wahr-
heitsgetreu geschrieben ist, wie mein Gedächtnis es hergab,
drängt es mich zu weiterer Selbstreflexion. Wie ist meine
Einstellung gegenüber meinem Asylland? Unter normalen Umständen hätte sich mir während all meiner Jahre als US-Staats-
bürger diese Frage von selbst beantwortet. Um es einfach auszudrücken: Die Vereinigten Staaten haben mir das Leben
gerettet. Hätten sie mich nicht ins Land gelassen, so hätte mich
ein Zug ins Verderben transportiert, wie es das Schicksal meiner Familie und der weiteren Verwandtschaft war. Als ich hier
Wurzeln schlug, wurden mir beständig Wohltaten erwiesen,
ohne die sich mein Lebenslauf nicht so entwickelt hätte, wie
es geschah. Meine Ausbildung wurde durch Flucht und Krieg
zweimal unterbrochen, doch ich durfte zuerst kostenfrei eine
öffentliche Schule besuchen, und dann eröffnete mir das großzügige Geschenk der sogenannten GI Bill of Rights – des Wie-
dereingliederungsgesetzes für Soldaten – den Weg durch College und Universität.

Mein Land finanzierte meine Ausbildung während der zwei
Jahre des Grundstudiums und während der fünf Jahre des
Hauptstudiums. Mir blieb sogar genug Geld übrig, um meine
Doktorarbeit tippen zu lassen. In meinen ersten Jahren in den
Vereinigten Staaten kam die jüdische Gemeinde von St. Louis
für meine Kranken- und Zahnversicherung und für gelegent-

liche kurze Krankenhausaufenthalte auf. Wenn ich an die hohen Schulden denke, die viele Studenten heutzutage machen müssen, wird mir diese Großzügigkeit doppelt bewusst. Es gab auch noch andere Stipendien und Vergünstigungen. Viele wurden mir durch das Ministerium für Veteranenangelegenheiten (VA) zuteil, wo man stets vorbildlich für mich sorgte, bis hin zu einer Katarakt-Operation. Dass ich immer noch ausreichend hören und sehen kann, verdanke ich der Betreuung durch sein engagiertes und hochqualifiziertes medizinisches Personal.

Schließlich erlebte ich als Veteran eine weitere freundliche Geste: Ein außergewöhnlicher Zusammenschluss amerikanischer Frauen belohnt Veteranen für ihren Dienst auf eine sehr originelle Weise: Die Frauen schaffen mit ihren Nähkünsten einzigartige Quilts. Einmal im Monat beschenken sie Veteranen in einer herzerwärmenden Zeremonie mit ihren Werken. Es handelt sich um eine nationale Organisation namens *Stitching Sisters Quilts of Valor*, also etwa: Schwesternschaft der Tapferkeits-Steppdecken-Näherinnen. Meine Wohltäterinnen leisten ihre Arbeit in Clawson, Michigan. Für mich repräsentieren sie Amerika von seiner besten Seite. Sie seien gesegnet!

Ich war sehr dankbar, als sich nach einigen Jahren die Gelegenheit ergab, ein wenig zurückzugeben. Die bereits erwähnte Kate Melcher, »Captain Kate«, führte eine Initiative an, um ein sogenanntes Fisher House in der Nähe des VA-Hospitals von Ann Arbor zu gründen. Dort sollten Angehörige von verwundeten oder kranken Veteranen unterkommen, während ihre Lieben medizinisch versorgt wurden. Begeistert bot ich an, in ihrem Komitee mitzuarbeiten. Kate sagte, dazu müsse sie mich erst interviewen. »Quiz me, Kate«, antwortete ich. Ich bestand und durfte mich nützlich machen.

Um meine Dankbarkeit in einen Satz zu packen: Ich wurde ein amerikanischer Patriot – wie ich hoffe, im besten und positivsten Sinne des Wortes. Wenn ich voll Begeisterung auf mein Asylland zurückblicke, so räume ich ein, dass diese Haltung nicht kritiklos ist. Mein Land, die Vereinigten Staaten von Amerika, ist einigen seiner Versprechen und Möglichkeiten nicht gerecht geworden.

Kann ich meine patriotische Einstellung für den Rest meines Lebens aufrechterhalten? Diese Frage zu stellen, heißt, auf Momente in meiner Armeelaufbahn zurückzublicken, in denen wir unserem Land mit dem klaren Satz »Eine Nation, unteilbar« Treue gelobten. Gilt dieses Wort immer noch? Sind nicht Ereignisse eingetreten, die unsere Nation tief gespalten haben? Und ist es nicht so, dass die Einheit, zu der sich alle Soldaten, und recht eigentlich alle Bürger bekannt haben, neu errungen werden muss? Müssen wir nicht erneut darangehen, unser Land zu einen? Die Kraft dazu haben wir schon einmal gefunden, nach dem Bürgerkrieg. Ich liebe die Vereinigten Staaten, aber ich möchte sicher sein können, dass das Land, das mich mehr als achtzig Jahre lang beherbergt hat, sich auch heute zu dem Idealismus all der Patrioten aufschwingt, die vordem in unserer Geschichte gelebt haben.

Trotz aller Dankbarkeit den USA gegenüber habe ich mich entschlossen, im hohen Alter zusätzlich die deutsche Staatsangehörigkeit zu beantragen. Dazu ein kurzer Rückgriff: Unmittelbar nachdem sie an die Macht gekommen waren, begannen die Nazis, Bürger- und Freiheitsrechte für unliebsame Bevölkerungsgruppen einzuschränken. Dazu zählten auch die Juden. Zu den Repressionsmaßnahmen gehörte der Entzug der deutschen Staatsangehörigkeit. Mit der 11. Verordnung zum Reichsbürgergesetz von 1941 wurde diese allen Juden aberkannt, die ihren »gewöhnlichen Aufenthalt im Ausland« hatten. Der Schmerz war für mich verkraftbar, weil ich etwa zeitgleich US-Bürger wurde. In der Bundesrepublik Deutschland ermöglichte Artikel 116 (2) des Grundgesetzes von 1949 Menschen wie mir, sich wieder einbürgern zu lassen. Aber das hatte ich nie erwogen, bis mir in den letzten Jahren die Entwicklungen in der amerikanischen Politik einen solchen Schritt nahelegten. Das autokratische Gehabe der Regierung ließ in mir alte Ängste aus der Nazizeit hochkommen. Ermuntert von deutschen Freunden, etwa dem Oberbürgermeister von Hildesheim, Dr. Ingo Meyer, oder der Präsidentin des Niedersächsischen Landtags, Dr. Gabriele Andretta, stellte ich den Antrag auf Einbürgerung. Er wurde bewilligt.

Im Februar 2019 kamen der deutsche Generalkonsul Herbert Quelle und seine Frau von Chicago aus zu uns nach West Bloomfield. In meiner Synagoge »Shir Shalom« wurde mir in einer bewegenden Zeremonie die Einbürgerungsurkunde feierlich überreicht. In seiner inspirierenden Rede vor großer Zuhörerschaft geißelte Quelle den nationalsozialistischen Unrechtsstaat und nannte die Einbürgerung Teil einer Wiedergutmachung. Er unterließ es auch nicht, auf erneute Diskriminierung und steigenden Antisemitismus in Deutschland hinzuweisen.

Da der Generalkonsul während der Zeremonie eine Jarmulke, die jüdische Kopfbedeckung, trug, fragte jemand aus dem Publikum, ob er, Herbert Quelle, ebenfalls Jude sei. Seine Antwort ist mir unvergesslich: »Nein, aber ich trage diese Kopfbedeckung, solange es in Deutschland gefährlich ist, eine solche zu tragen.« Herbert Quelle und seine Frau Corinna sind Freunde von uns geworden. Ich bin, ohne mich von den Vereinigten Staaten abzuwenden, in Deutschland wieder angekommen.

# DANKSAGUNG

Ich hatte Hilfe nötig. Wenn Verwandte, Freunde und Kollegen meine Erzählungen über mein bewegtes Leben mit dem Ausruf begrüßten, ich müsse unbedingt meine Autobiographie schreiben, war ich skeptisch. Sicher, ich schreibe bis heute wissenschaftliche Bücher und Artikel, darunter sind sogar einige kurze Berichte über mein Leben als Soldat im Zweiten Weltkrieg. Aber der Gedanke an umfassende Lebenserinnerungen schreckte mich ab, besonders in meinem fortgeschrittenen Alter.

Aber Hilfe war zur Hand. Das erste Angebot kam von Susanna, meiner Frau. Sie wollte mir andere wissenschaftliche Anforderungen vom Hals halten, meine Texte mit mir durchsprechen und Korrektur lesen. Viele ihrer Gedanken erwiesen sich als nützlich und inspirierend. Und so ist es kein Wunder, dass dieses Buch Susanna gewidmet ist und der Danksagungsteil mit einem Dank an sie beginnt. Überraschend war für mich allerdings, dass sie darüber hinaus anbot, meine Memoiren ins Deutsche zu übersetzen. Sie tat dies mit großem Engagement und vorzüglichem Sprachgefühl und nahm – stets mit meiner Zustimmung – sinnvolle Streichungen, Ergänzungen und Korrekturen vor. Abschließend unterstützt wurde sie dabei von zwei Freunden, die angeboten hatten, Korrektur zu lesen. Herbert Quelle, ehemaliger deutscher Generalkonsul in Chicago, und Heinz Starkulla jr., Zeitungswissenschaftler an der Universität München, stellten einige Schnitzer in der Originalfassung richtig und erwiesen sich als hervorragende Lektoren.

Es gibt viele andere, denen ich Dank schulde. Vom ersten Tag an setzte Amanda Rayha Donigian, Institutssekretärin der Alt- und Neusprachler an der Wayne State University, ihr unübertreffliches Organisationstalent für mein Projekt ein. Die ersten Kapitel tragen die Fingerabdrücke meiner damaligen Assistentin am Holocaust Memorial Center Zekelman Family Campus, Rebecca Swindler, die als Praktikantin von der Universität von Michigan-Dearborn zu uns gekommen war. Auch fand ich in Zusammenarbeit mit dem Museum eine fähige und akribische Assistentin, die meine Arbeit zweieinhalb Jahre lang begleitete. Shirlee Wyman Harris tippte die nicht sehr leserlichen handgeschriebenen Texte ab – auch wenn sie deren deutschen Inhalt erahnen musste –, recherchierte Daten und Fakten für mich und warnte mich, wenn ich in akademische Ausdrucksweise verfiel. Vor allem aber überzeugte sie mich, dass der Titel des Buches für die amerikanische Ausgabe, *Invisible Ink (Unsichtbare Tinte)*, passender war als alle anderen Entwürfe.

Es gab weitere unschätzbare Helfer. Wie am Anfang tauchte auch ganz am Ende eine Retterin auf: Ich hatte schon seit einiger Zeit eine zweisprachige Büroassistentin gesucht. Ich fand eine, die nicht nur der deutschen Sprache mächtig, sondern auch eine äußerst sensible Beobachterin und Praktikerin der englischen Sprache ist. Zu Recht wurde ihr einst der Ehrentitel »Grammatikpolizistin« verliehen – Liesa Hess Helfer entpuppte sich als Lektorin mit vielen Talenten.

Aber dann brauchte ich mehr als Fingerabdrücke. Ich brauchte Platz und Ruhe. Meine Vorgesetzten im Holocaust Memorial Center, Stephen Goldman und sein Nachfolger, Rabbi Eli Mayerfeld, bestärkten mich, an dem »neuen Buch« zu arbeiten, wann immer es mir meine Pflichten erlaubten, und die geistlichen Häupter meiner Synagoge, Temple Shir Shalom, die Rabbiner Dannel Schwartz, Michael Moskovitz und Daniel Schwartz, stellten mir einen ruhigen Raum in einem Nebengebäude des Gotteshauses zur Verfügung.

Es gab zwei Teams, die mich ermutigten, als ich Anzeichen von Müdigkeit zeigte. Das waren erstens meine Kollegen an der Wayne State University, Don Haase und Al Cobbs, sowie Walter Hinderer von der Princeton University. Das zweite Team, das sich selbst zu meinen Forschungsassistenten ernannte, bestand aus Dan Gross, einem pensionierten Ingenieur, Stephen Goodell, einem ehemaligen Abteilungsleiter am United States Holocaust Memorial Museum und Feiga Weiss, der Chefbibliothekarin und Chefarchivarin des HMC.

Zu guter Letzt möchte ich Joel E. Jacob meinen Dank sagen. Wir hatten uns in der Sportumkleide des Jüdischen Gemeindezentrums in West Bloomfield kennengelernt. Bei einer späteren Begegnung erzählte er mir, er habe gehört, dass ich meine Autobiographie für die Wayne State University Press schreibe: »Wissen Sie, ich bewundere die Wayne State und ihren Verlag sehr. Ich würde ihn gerne unterstützen – mit einem Zuschuss für Ihr Buch.« Seine Unterstützung erwies sich als wirklich großzügig. Und das brachte mich dazu, Schreibblockaden zu überwinden, wann immer sie sich mir in den Weg stellen wollten.

# QUELLENVERZEICHNIS

HILDE DOMIN, *Vorsichtshalber.* In: Dies., Sämtliche Gedichte. Frankfurt am Main: Fischer 2009.

GÜNTER GRASS: Gesamtdeutscher März. In: Günter Grass: *Sämtliche Gedichte. 1956–2007*, hg. von Werner Frizen. München: dtv, 2007.

WILLIAM SHAKESPEARE: *Sämtliche Werke.* Erste Abt.: Dramatische Werke. Bd. 1: Komödien. Übersetzt von August Wilhelm von Schlegel und Ludwig Tieck, hg. von Erich Loewenthal. 5. Aufl. Heidelberg: Schneider 1987.

KARL WOLFSKEHL: *Das fünfte Fenster: Ultimus vatum.* In: Ders.: Gesammelte Werke. Bd. 1: Dichtungen. Dramatische Dichtungen, hg. von Margot Ruben und Claus Victor Bock. Hamburg: Claassen 1960.

# ABBILDUNGSVERZEICHNIS

Abb. 1–3, 5–9, 11, 13–18, 20, 21, 23, 25–27: Aus dem Privatarchiv des Autors

Abb. 4: Stadtarchiv Hildesheim Best. 952 Nr. 154/1

Abb. 10: Landon Grove

Abb. 12: Vgl. Klaus Kirchner: Leaflets from the U. S. Armies for German Soldiers in Western Europe / CT, CPH, PWB, 7A Series; 1944–1945. Erlangen: Verl. D+C, 2006 (Flugblattpropaganda im 2. Weltkrieg, Europa; 18)

Abb. 19: Office of Public Information, Denison University, Granville, Ohio

Abb. 22: Wayne State University

Abb. 24: Alina Klin

Abb. 28: Joshua Nowicki

Abb. 29, 31, 38: Holocaust Memorial Center

Abb. 30: Renée Gelfer

Abb. 32: Gabrielle Alioth

Abb. 33: Burkhard P. Bierschenck

Abb. 34: Fred Viebahn

Abb. 35: University of Michigan Athletics

Abb. 36: Mike McManus

Abb. 37: Deborah Filler